FORMAÇÃO DE PROFESSORES

REFERENCIAIS TEÓRICOS E METODOLÓGICOS INTERNACIONAIS

PROFI

FORMAÇÃO DE
PROFESSORES

REFERENCIAIS TEÓRICOS E METODOLÓGICOS INTERNACIONAIS

inter
saberes

SUSANA SOARES TOZETTO
(ORG.)

inter saberes

Rua Clara Vendramin, 58, Mossunguê
CEP 81200-170 – Curitiba – PR – Brasil
Fone: (41) 2106-4170
www.intersaberes.com
editora@intersaberes.com

Conselho editorial
Dr. Ivo José Both (presidente)
Dr. Alexandre Coutinho Pagliarini
Drª. Elena Godoy
Dr. Neri dos Santos
Dr. Ulf Gregor Baranow

Editora-chefe
Lindsay Azambuja

Gerente editorial
Ariadne Nunes Wenger

Assistente editorial
Daniela Viroli Pereira Pinto

Preparação de originais
Ana Maria Ziccardi

Edição de texto
Palavra do Editor
Mycaelle Albuquerque Sales

Capa
Débora Gipiela (*design*)
Rawpixel.com/Shutterstock (imagem)

Projeto gráfico
Regiane Rosa

Adaptação de projeto gráfico
Iná Trigo

Diagramação
Rafael Ramos Zanellato

Equipe de *design*
Iná Trigo
Débora Gipiela

Iconografia
Regina Claudia Cruz Prestes

1ª edição, 2021.

Foi feito o depósito legal.

Informamos que é de inteira responsabilidade dos autores a emissão de conceitos.

Nenhuma parte desta publicação poderá ser reproduzida por qualquer meio ou forma sem a prévia autorização da Editora InterSaberes.

A violação dos direitos autorais é crime estabelecido na Lei n. 9.610/1998 e punido pelo art. 184 do Código Penal.

Dados Internacionais de Catalogação na Publicação (CIP)
(Câmara Brasileira do Livro, SP, Brasil)

Formação de professores: referenciais teóricos e metodológicos internacionais/Susana Soares Tozetto (Org.). Curitiba: InterSaberes, 2021.

Vários autores.
Bibliografia.
ISBN 978-65-5517-458-8

1. Educação – Filosofia 2. Filosofia marxista 3. Freire, Paulo, 1921-1997 4. Prática pedagógica 5. Professores – Formação 6. Sociologia educacional 7. Sociologia e educação I. Tozetto, Susana Soares.

21-71513   CDD-370.71

Índices para catálogo sistemático:
1. Professores: Formação: Educação 370.71

Cibele Maria Dias – Bibliotecária – CRB-8/9427

SUMÁRIO

Prefácio, 7

Apresentação, 11

1 Neoliberalismo e a descartabilidade humana: reflexões com base na obra de István Mészáros, 19

2 Kenneth Zeichner: um intelectual engajado, 57

3 Formação de professores para a mudança educativa: as proposições de Carlos Marcelo Garcia, 87

4 Docência, brincadeira e linguagem na educação infantil: contribuições de Mikhail Bakhtin, 137

5 As contribuições de François Dubet no processo formativo do docente, 161

6 Cultura e mundo da vida na educação – uma análise em Habermas, 187

7   Contributos de António Nóvoa à formação e profissão docente no Brasil, 217
8   Krupskaya: uma pedagoga revolucionária, 257
9   Lee Shulman e suas contribuições para a formação de professores por meio dos conhecimentos docentes, 287
10 Contribuições da teoria marxista para a formação de professores, 319
11 Contribuições de Paulo Freire para a formação de professores, 347
12 Formação de professores na perspectiva da pedagogia histórico-crítica, 365

Considerações finais, 397
Sobre os autores, 401

PREFÁCIO

Muito me orgulha escrever o prefácio da obra intitulada *Formação de professores: referenciais teóricos e metodológicos internacionais*, visto que representa uma literatura que emerge de dentro do próprio tema, ou seja, da formação de professores. Foi produzida por formadores que têm discutido autores que são referência nesse campo da formação, ora apontados nos resultados de estudos e pesquisas de uma Rede Interinstitucional de Pesquisas de Formação e Práticas Docentes (Ripefor).

A leitura é instigante tanto para aqueles que estudam o tema quanto para aqueles que desejam conhecê-lo, pois apresenta, de forma única e peculiar, alguns dos principais autores que debatem a formação de professores. Sua elaboração é composta pela riqueza de debates e reflexões, profundamente vinculados a uma práxis acadêmica do processo de construção coletiva do conhecimento. No decorrer de cada capítulo, tem-se a certeza de um mergulho na obra dos autores, destacando-se os elementos teórico-metodológicos para a formação de professores. Nesse movimento, refletido e elaborado de forma crítica e criteriosa, é possível perceber não apenas o aspecto epistemológico, mas também o vivido e o pensado no campo da/para a docência.

O leitor desavisado pode pensar que já existem muitas produções que refletem a obra dos teóricos selecionados para este livro, mas engana-se aquele que assim ajuíza. A obra é inédita, não simplesmente pela elaboração de autoria inaugural ou mesmo pela profundidade teórica. Ainda que não promova uma "nova visita", de forma clássica, vai buscar raízes na concepção de um sujeito e de um objeto que não são novos, mas que sempre se superam na dialética da realidade e no provisório da construção dinâmica de formar o professor.

Entendo que o campo da formação de professores carece de uma obra dessa envergadura, capaz de marcar epistemologicamente diferentes abordagens teórico-conceituais sobre o formar, o ser e o fazer do professor. Na presente obra, não se encontra apenas uma vertente teórico-metodológica sobre a formação de professores, mas, sobretudo, pela diversidade de contribuições que marca uma perspectiva pluridimensional, há claramente a abertura do horizonte que permite ao leitor conhecer e apropriar-se de diferentes visões. Embora, ao mesmo tempo, não seja eclética, pois a clareza em cada capítulo permite a compreensão das diferenças e das possibilidades dialógicas entre os autores, trata-se de uma proposta, ou desafio, no qual "se aprende, mas o que se aprende, mais, é só fazer outras maiores perguntas [...]" (Guimarães Rosa).

Chego, então, a minha principal análise: este livro possibilita ao leitor a visão panorâmica das teorias sem o descuido da apresentação das abordagens metodológicas, incluindo o uso e o emprego de instrumentos conceituais. Isso se faz na capacidade de síntese dos autores, os quais descortinam o específico da formação de professores ao comporem um campo de *status* científico. Fica evidente a importância da complexidade na elaboração da presente obra, pois o fio condutor que une as partes – formação de professores – permite a compreensão de que se trata de uma área com especificidades e de rica produção teórica.

Ressalto que a presente obra trata da formação de professores aliada ao debate da profissão do professor e, consequentemente, às condições de sua formação, observando os campos econômico, social, político, gnosiológico e ético, o que implica não apenas a questão conceitual da formação, mas também a indicação da necessidade de criar as melhores condições de trabalho para que o ato educativo possa ser produzido de forma integral.

Assim, como toda obra coletiva, ao ser lida em meio à diversidade de autoria e de autores do campo da formação de professores, é preciso que se tenha em consideração a riqueza específica de cada contribuição. A leitura dos diferentes capítulos me proporcionou um encontro dialético, contraditório e rico em cada seção. Entretanto, o conjunto da obra, alinhavada pelo eixo da formação de professores, anuncia sua riqueza para o deleite de leitores e estudiosos.

A leitura da obra renovou meu sentimento de esperança, do verbo *esperançar* (Paulo Freire), pois, assim como eles (autores e intelectuais), também quero uma formação de professores que tenha como centro a práxis, a pesquisa, a emancipação, o acolhimento, o diálogo. Em outras palavras, uma formação que valorize e que prepare para a leitura do mundo. Ler, como diz Clarice Lispector, "a entrelinha, o que não está sendo dito, o silencioso e o não dito [...]", formando em cada professor um revolucionário da formação humana.

Comecei dizendo do meu orgulho em prefaciar esta obra; termino expressando o privilégio da prioridade e da leitura que me trouxe alegria, descoberta, conhecimento e, principalmente, a certeza de que é na resistência da práxis – teórica e prática –, referenciada nos diferentes estudos e pesquisas do campo da formação de professores, que encontraremos o caminho para uma educação emancipadora.

Na certeza de muitas aprendizagens e descobertas, convido-os a se deleitarem com esta leitura. Saboreiem cada palavra, cada capítulo, refletindo sobre formar o professor e se formar.

Kátia Augusta Curado Pinheiro Cordeiro da Silva
Doutora em Educação, docente da Universidade de Brasília (UnB), coordenadora do GT8 – Formação de Professores da Anped Nacional.

APRESENTAÇÃO

O livro que o leitor tem em mãos, sob o título *Formação de professores: referenciais teóricos e metodológicos internacionais*, destaca a preocupação que a categoria docente mantém em relação à produção científica e ao trabalho docente – para fazer ciência é preciso que as práticas sejam fundamentadas teoricamente. Nesse sentido, a formação de professores não pode prescindir dos referenciais teóricos e metodológicos que encaminham e norteiam as ações no campo da educação e, nessa direção, este livro objetiva discutir proposições teóricas constitutivas dos processos de formação docente com base em diferentes teóricos e pesquisadores.

A obra é composta de doze capítulos, que enfocam perspectivas teóricas e metodológicas diferenciadas, apresentando cada uma das contribuições importantes para a educação e, em especial, para o processo formativo de professores. Os capítulos são resultado de estudos e pesquisas sobre a formação de professores de uma Rede Interinstitucional de Pesquisas de Formação e Práticas Docentes (Ripefor), composta por pesquisadores de diferentes grupos de pesquisa que investigam a formação de professores. As atividades de cooperação acadêmica da Ripefor têm as seguintes características:

a. articulação entre os grupos de pesquisa que constituem a rede;
b. elaboração e desenvolvimento conjunto de atividades de pesquisa e projetos de investigação no campo da formação, profissionalização, trabalho e práticas docentes;
c. organização de iniciativas de dinamização acadêmica, cultural e científica, designadamente pela realização conjunta de seminários, conferências e/ou outros encontros;
d. intercâmbio pedagógico e científico de docentes, pesquisadores e estudantes em programas conjuntos de formação graduada e pós-graduada;
e. desenvolvimento de produções coletivas, comunicações e publicações, articuladas aos estudos dos grupos de pesquisa.

Assim, organizamos um rol de teóricos que abordam conceitos e temas contemplados na discussão sobre a formação de professores.

No Capítulo 1, "Neoliberalismo e a descartabilidade humana: reflexões com base na obra de István Mészáros", Carla Irene Roggenkamp e Gisele Masson apresentam um estudo sobre as características do sistema de exploração do trabalho sob a égide do capitalismo global, apontando para a sua crise nos últimos anos. As autoras examinam os principais aspectos constitutivos do pensamento neoliberal em suas características econômicas, totalizantes e globalizantes; analisam o avanço do subemprego e do desemprego estrutural, pela via da intensa exploração do trabalho; e descrevem as estratégias globais de dominação e de controle da classe trabalhadora, materializadas nas tecnologias de educação e avaliação mercantilizadas.

No Capítulo 2, "Kenneth Zeichner: um intelectual engajado", Júlio Emílio Diniz-Pereira presenteia o leitor com algumas das principais contribuições de Zeichner para a formação de professores, "um dos intelectuais mais conceituados no campo da pesquisa sobre formação docente". Mais ainda, o fato de seu doutorado ter sido sob a orientação de Zeichner, na Universidade de Wisconsin, em Madison, nos Estados Unidos, entre 2000 e 2004, confere ao autor condição confiável de compartilhar com os leitores histórias e impressões sobre esse importante teórico, um intelectual que não se limita a escrever, mas, ao contrário, circula pelas mais diversas realidades no mundo, atuando na luta por uma educação de qualidade.

Em "Formação de professores para a mudança educativa: as proposições de Carlos Marcelo Garcia", título do Capítulo 3, Joana Paulin Romanowski e Simone Regina Manosso Cartaxo destacam a importância da formação de professores, especialmente em contextos adversos, como o de pandemia, pelo qual passamos. As autoras se propõem a examinar as propostas de Carlos Marcelo Garcia em seus livros, artigos, conferências e pesquisas sobre formação de professores e desenvolvimento profissional, considerando que esse teórico tem contribuído profundamente para o debate sobre a melhoria da educação, especialmente sobre a formação de professores, enfatizando eixos como a inserção profissional e os professores iniciantes; a formação e as novas tecnologias; e o desenvolvimento profissional docente.

Joselma Salazar de Castro e Luciane Maria Schlindwein, no Capítulo 4, "Docência, brincadeira e linguagem na educação infantil: contribuições de Mikhail Bakhtin", enriquecem nosso debate lembrando que "a linguagem é estabelecida por múltiplas dimensões, não se restringindo à fala; manifesta-se também pelo gesto, pelo olhar, pelo movimento, pela escrita, pelo desenho, pela música, pela brincadeira e pela arte", possibilitando aos participantes de um discurso a dialogia no desenvolvimento da comunicação. Portanto, é fundamental a comunicação instaurada entre professores e alunos na relação com o objeto a ser aprendido.

"As contribuições de François Dubet no processo formativo docente" são apresentadas por Camila Macenhan, Flavia Martinez e Susana Soares Tozetto no Capítulo 5, no qual discorrem sobre os princípios de igualdade, mérito e autonomia na perspectiva de Dubet, na qualidade de princípios fundamentais para o trabalho em educação com a ideia de justiça. Os conceitos desenvolvidos pelo teórico "alicerçam as discussões sobre as desigualdades no trabalho e sobre a forma como os sentimentos de (in)justiça são percebidos pelos sujeitos a partir das condições dispostas nesse mundo do trabalho".

No Capítulo 6, "Cultura e mundo da vida na educação – uma análise em Habermas", Ari Raimann enfatiza a relevância do encontro comunicativo entre os sujeitos, na consideração de sua história cultural também no ambiente escolar, uma vez que indivíduo e sociedade constituem-se reciprocamente. O teórico alemão afirma que cada contexto é um "mundo da vida", que emprega um saber comum e é uma comunidade de saber. Pensando a educação e, mais propriamente, os espaços da sala de aula, a teoria habermasiana ressalta a importância do uso racional dos argumentos, que incluem a vida cotidiana com todos os seus sentidos para cada indivíduo do processo. Evidencia-se, assim, que é preciso levar em conta o aluno, que, muitas vezes, nem é ouvido, tampouco seus argumentos ou suas explicações são consideradas.

No Capítulo 7, "Contributos de Antonio Nóvoa à formação e profissão docente no Brasil", Rita Buzzi Rausch, Isabela Cristina Daeuble Girardi, Luciane Schulz e Andressa Gomes Dias analisam as principais contribuições teóricas de Nóvoa à formação e à profissão docentes por meio de suas obras que circulam no Brasil. As autoras selecionam as obras do autor e, em seguida, procedem à leitura minuciosa de cada obra, utilizando-se de fichamentos para registrar a leitura de forma sistemática.

No Capítulo 8, "Krupskaya: uma pedagoga revolucionária", Marta Chaves aborda as ideias da intelectual e revolucionária Nadežda Krupskaya, cujos escritos e propositivos foram praticamente desconsiderados em determinados períodos da história da educação em nosso país. Nesse sentido, se os estudos sobre a educação do final dos séculos XIX e XX e da atualidade considerassem os desafios, as conquistas e as elaborações dos intelectuais russos, não apenas poderiam propiciar a compreensão da história, como também favoreceriam ações para pensar, ou quem sabe superar, os desafios educacionais atuais.

No Capítulo 9, "Lee Shulman e suas contribuições para a formação de professores por meio dos conhecimentos docentes", as autoras Susana Soares Tozetto e Thaiane de Góis Domingues discutem a docência e a constituição de saberes apropriados durante a formação e ao longo da vida do professor, tanto pessoal como profissional. No Brasil, o autor é referencial em pesquisas que envolvem o conhecimento docente nas mais diversas áreas, considerando-se que o domínio de tal conhecimento possibilita a articulação de respostas e a adaptação do conteúdo a ser ministrado ao modelo de aprendizagem do aluno, bem como confere segurança ao professor em seu processo de ensino.

As autoras Valéria Marcondes Brasil e Gisele Masson, no Capítulo 10, tratam das "Contribuições da teoria marxista para a formação de professores". A abordagem da concepção marxista para a formação docente apresentada pelas autoras fundamenta-se nas análises marxistas sobre a formação humana e destaca aspectos que problematizam a temática.

Em "Contribuições de Paulo Freire para a formação de professores", Capítulo 11, Juliano Agapito e Márcia de Souza Hobold partem de um cenário no qual a fragilidade em que se encontra o Estado democrático de direito tem reflexos sobre o campo educacional. A proposta dos autores é retomar os postulados de Paulo Freire no que concerne à formação de professores conforme a perspectiva por ele desenvolvida, cujo conceito central é a conscientização.

No Capítulo 12, "Formação de professores na perspectiva da pedagogia histórico-critica", Vera Lucia Martiniak, Luciana Kubaski Alves e Eliane Travensoli Parise Cruz tratam da escola e de sua organização, defendendo que a educação sozinha não tem dado conta de responder ao meio produtivo, ficando de lado a questão da emancipação humana, razão pela qual é preciso buscar uma teoria que confira uma nova perspectiva ao ensino e à formação de professores.

Ari Raimann
Joana Paulin Romanowski
Susana Soares Tozetto

Carla Irene Roggenkamp
Gisele Masson

CAPÍTULO 1

Neoliberalismo e a descartabilidade humana:
reflexões com base na obra de István Mészáros

INTRODUÇÃO

A obra filosófica de István Mészáros (1930-2017), pertencente à tradição marxista, caracteriza-se pela vigorosa crítica ao sistema do capital neoliberal, que ascende a partir da década de 1970. Nascido na Hungria, no ano de 1930, Mészáros ingressou no curso de Filosofia da Universidade de Budapeste em 1949. Foi assistente de György Lukács, no Instituto de Estética dessa mesma universidade, a partir de 1951 e defendeu sua tese de doutorado em 1954. Em virtude da ocupação soviética da Hungria, ocorrida em 1956, exilou-se na Itália, onde lecionou na Universidade de Turim, trabalhando, nas décadas seguintes, em universidades na Escócia, no Canadá e na Inglaterra (Jinkings, 2008).

As relações pessoais de Mészáros com o mundo do trabalho explorado foram significativas para forjar sua compreensão da realidade social, vivenciada pela maior parte da população mundial, no contexto da produção sob o sistema do capital. Nesse sentido, Jinkings (2008, p. 10) destaca o seguinte aspecto de sua biografia:

> Proveniente de uma família modesta, foi criado pela mãe, operária, e por força da necessidade tornou-se ele também – mal entrara na adolescência – trabalhador numa indústria de aviões de carga. Com apenas doze anos, o jovem István alterou seu registro de nascimento para alcançar a idade mínima de dezesseis anos e ser aceito na fábrica. Passava assim – como homem "adulto" –, a receber maior remuneração que a sua mãe, operária qualificada da Standard Radio Company (uma corporação transnacional estadunidense). A diferença considerável entre suas remunerações semanais foi a primeira experiência marcante e a mais tangível em seu aprendizado sobre a natureza dos conglomerados estrangeiros e da exploração particularmente severa das mulheres pelo capital.

Mais do que uma simples nota biográfica, a citação anterior revela o fio condutor do pensamento de Mészáros, que se estenderá por sua vasta produção teórica. Entre suas obras encontram destaque: *Para além do capital* (1994), *O poder da ideologia* (1989), *A teoria da alienação em Marx* (1970), *A educação para além do capital* (2005) e *A montanha que devemos conquistar* (2014).

A exploração do trabalho pelo capital não respeita fronteiras, avançando globalmente, e impõe-se, principalmente, sobre as populações marginalizadas, negros e mulheres, provocando seu empobrecimento. Ao mesmo tempo, os sistemas ideológicos e formadores, sendo a escola um de seus principais componentes, deslocam a responsabilidade por essa exploração e empobrecimento para os próprios trabalhadores e trabalhadoras localizados na periferia do sistema do capital.

Diante desse contexto, neste capítulo, apresentaremos um estudo sobre as características do sistema de exploração do trabalho sob a égide do capitalismo global, focando as últimas décadas de seu desenvolvimento e a crise em que se encontra na atualidade.

A discussão aqui apresentada foi organizada em três seções: (1) "**A crise do capitalismo e o Estado neoliberal**", na qual discorreremos sobre os principais aspectos constitutivos do pensamento neoliberal em suas características econômicas, totalizantes e globalizantes; (2) "**Emprego, desemprego e descartabilidade humana**", em que apresentamos uma reflexão sobre o avanço do subemprego e do desemprego estrutural, mediante a intensa exploração do trabalho; e (3) "**Educação neoliberal e internalização ideológica**", que se volta à reflexão sobre as estratégias globais de dominação e controle da classe trabalhadora, por meio das tecnologias de educação e avaliação mercantilizadas.

Por se identificar com o referencial teórico-epistemológico marxista, o presente estudo não parte de considerações lógicas *a priori*, considerando-se que os conceitos devem ser buscados na compreensão da própria realidade concreta. Assim, as categorias de análise e de conteúdo serão destacadas ao longo do texto, à medida que forem se apresentando.

Para compormos o cenário no qual se deram as análises, no âmbito deste trabalho, recorremos às pesquisas de Ball (2014), sobre neoliberalismo e educação, e Harvey (2011, 2016), sobre neoliberalismo, sistema econômico e trabalho, além, é claro, dos escritos de Mészáros (2002, 2008, 2011).

A CRISE DO CAPITALISMO E O ESTADO NEOLIBERAL

O neoliberalismo se desenvolveu a partir da crise que acometeu o sistema do capital desde a década de 1970. Suas definições básicas versam sobre liberdade individual, responsabilidade pessoal, autonomia, privatização e livre mercado. No entanto, sob essa aparência benéfica, esconde-se um sistema que, segundo Harvey (2011, p. 16), serviu para legitimar "políticas draconianas destinadas a restaurar e consolidar o poder da classe capitalista", com evidente sucesso, dada a centralização de riqueza e de poder cada vez mais acentuada e excludente que se desenhou no cenário mundial nas décadas seguintes.

Na década de 1980, o neoliberalismo apresentou importante "inovação" ao sistema do capital: "que o poder do Estado deve proteger as instituições financeiras a todo custo" (Harvey, 2011, p. 16). Isso significa, de forma clara, que se instituiu desde então, como nova regra, a política de privatizar os lucros e socializar os riscos. O resultado, segundo Harvey (2011, p. 16), "foi o conhecido 'risco moral' sistêmico. Os bancos se comportam mal porque não são responsáveis pelas consequências negativas dos comportamentos de alto risco".

Mas o neoliberalismo não se apropria do Estado apenas como socorro para suas crises financeiras. Segundo Ball (2014, p. 42), o Estado "é importante para o neoliberalismo como regulador e criador de mercado". Ainda que, em sua superfície, o neoliberalismo defenda uma política de menos Estado e mais mercado, as frequentes tensões entre público (estatal) e privado demonstram a necessária permanência do Estado para a manutenção do sistema do capital.

Nesse sentido, a "reforma neoliberal é tanto exógena (privatizadora) quanto endógena (reformista), o setor público é substituído e reformado ao mesmo tempo, e as duas coisas são conectadas" (Ball, 2014, p. 43).

Em última instância, o que conecta o setor privado ao Estado não é a doutrina neoliberal, mas o dinheiro. O Estado moderno é capitalista na medida em que

> políticas custam dinheiro, e esse dinheiro deve vir de algum lugar, e uma das respostas dos Estados em todo o mundo para a crise financeira de 2008 foi fazer "cortes" com despesa pública e procurar formas de fazer políticas mais baratas – mercantilização e privatização são tomadas como uma forma de fazer política mais barata, bem como de forma mais efetiva. (Ball, 2014, p. 222)

Tendo como base de seu funcionamento o fator econômico, as políticas, incluindo as políticas educacionais e de criação de empregos, encontram-se vinculadas ao sistema de gestão neoliberal do capital, uma vez que "a própria política é agora comprada e vendida, é mercadoria e oportunidade de lucro, há um mercado global crescente de ideias de política" (Ball, 2014, p. 222).

A mercadoria, uma das mais tradicionais categorias do pensamento marxista, caracteriza-se por sua tripla constituição nos âmbitos da produção, da circulação e do consumo (Mészáros, 2002). Originalmente, uma mercadoria é um objeto qualquer que agrega em si um valor (de uso e de troca). Na medida em que, no sistema capitalista industrial, o trabalhador vende sua força de trabalho, o tempo de vida do trabalhador também passa a ser mercadoria. Por último, conforme disposto por Ball (2014), as próprias ideias e políticas de gestão pública se tornam mercadorias no sistema neoliberal, sendo produzidas por instituições privadas para consumo de Estados e populações ao redor do globo.

Para que esse sistema avance, é necessário, contudo, que o neoliberalismo atue sobre o macrocosmo das políticas globais e, simultaneamente, sobre o microcosmo dos indivíduos e das comunidades locais. De acordo com Ball (2014, p. 227), o neoliberalismo

> funciona ao nos neoliberalizar, tornando-nos empreendedores e responsáveis, oferecendo-nos a oportunidade de ter sucesso, e, fazendo-nos culpados se não o fizermos – transformando-nos em sujeitos neoliberais emaranhados nos "poderes de liberdade". Isso não acontece basicamente por meio de opressões, mas através das ansiedades e das oportunidades, não por constrangimento, mas por incitamento, medição e comparação.

Isso significa que o neoliberalismo atua de forma a moldar novos comportamentos e sujeitos, dispostos à maleabilidade necessária ao funcionamento do sistema e mantidos em constante disputa uns com os outros. Esses novos sujeitos estão "cada vez mais desconectados das identidades e lealdades nacionais" (Ball, 2014, p. 230).

A superação das fronteiras nacionais é fundamental para o processo de expansão do sistema do capital. Essa expansão, no entanto, por não apresentar limites e ser de todo incontrolável, tornou-se, ao longo das últimas décadas, cada vez mais destrutiva. A lógica de valorização do capital, que não considera os fatores sociais e humanos mais básicos, é caracterizada pela produção e pelo consumo de produtos (coisas, pessoas, ideias) cada vez mais descartáveis. Essa "produção e o consumo supérfluos acabam gerando a corrosão do trabalho, com a sua consequente precarização e o desemprego estrutural, além de impulsionar uma destruição da natureza em escala global jamais vista anteriormente" (Antunes, 2011, p. 11).

Mészáros (2011) descreve a natureza estrutural dessa falta de limites e dessa incontrolabilidade do sistema do capital e situa o problema como ausência completa de qualquer possibilidade de planejamento racional do sistema. Recorrendo aos pensadores liberais originais, que, primeiramente, tentaram compreender o sistema do capital em seu nascedouro, Mészáros (2011, p. 115) observa que Adam Smith, Immanuel Kant e Georg Hegel constataram que um aspecto fundamental

> estava ausente de sua descrição da ordem sociorreprodutiva estabelecida sem o qual não poderia de forma alguma ser sustentada sobre uma base duradoura, e muito menos estar qualificada como a primeira e única forma de reprodução sociometabólica da humanidade, já que a declararam ser.

Esses autores utilizaram-se, portanto, de explicações abstratas, introduzindo conceitos como "mão invisível" (Smith), "espírito comercial" (Kant) e "astúcia da razão" (Hegel), considerando que uma misteriosa entidade supraindividual, independentemente de sua denominação, [...] alcance aquilo que [...] deveria ser obtido pelo planejamento abrangente livremente determinado. E supõe-se que a agência supraindividual projetada iria cumprir as tarefas de coordenação e direção globais incomparavelmente melhor, por definição, do que os indivíduos particulares jamais poderiam sonhar. (Mészáros, 2011, p. 115)

Segundo a lógica do pensamento de Mészáros (2011), a destruição efetiva provocada pelo sistema do capital, principalmente em seu modelo neoliberal atual, consiste no "lavar as mãos" da humanidade (representada, ou subjugada, pelos gestores do sistema) em relação ao seu destino, aceitando a ausência de limites e a incontrolabilidade do capital como fatos imutáveis.

Essa noção, que Mészáros (2011, p. 116) chama de "mitológica", determina que "não poderia ser possivelmente confiada aos indivíduos particulares a tarefa de assegurar a coesão ordenada da atividade reprodutiva em uma escala societal sem que a nova ordem econômica se esfacelasse. A segunda condição que tinha que ser satisfeita era a produção da coesão societal global". Essa coesão deveria ser alcançada por meio do "milagre" em que "cada um, ao ganhar e produzir para sua fruição, ganha e produz também para a fruição dos outros" (Mészáros, 2011, p. 116). Em outras palavras, é o egoísmo benéfico, que se configura na condição de uma inversão ideológica da realidade.

A inversão ideológica da realidade, que transmuta o negativo em positivo, o efeito em causa e culpabiliza o oprimido (seja o indivíduo, seja o Estado periférico), constitui uma importante categoria de análise para a compreensão do todo social neoliberal, dadas as suas superlativas habilidades de mascarar sua face menos benevolente.

Conforme Mészáros (2011, p. 116), esse tipo de inversão, promulgado pelo egoísmo benéfico, "foi celebrado pelos pensadores que viram o mundo do ponto de vista do capital como a harmonização ideal do progresso sociorreprodutivo em sua totalidade", sendo promovido pela entidade supraindividual kantiana ou hegeliana, que realizaria a "reconciliação ideal do irreconciliável". Essa entidade supraindividual toma o lugar do planejamento racional da economia.

O capital não é, portanto, controlável pelo supostamente neutro "mecanismo de mercado", mas é "uma forma incontrolável de controle sociometabólico" (Mészáros, 2002, p. 96). Em sua voragem epicêntrica e descontrolada, o capital controla, de forma totalizadora, tudo o que se encontra ao alcance de sua influência – o que, na atualidade, corresponde à quase totalidade das relações humanas em dimensão planetária. Tudo, inclusive a humanidade, deve se ajustar ao sistema do capital como "viabilidade produtiva", ou ser descartado. Nesse sentido, afirma Mészáros (2002, p. 96):

> Não se pode imaginar um sistema de controle mais inexoravelmente absorvente – e, neste importante sentido, "totalitário" – do que o sistema do capital globalmente dominante, que sujeita cegamente aos mesmos imperativos a questão da saúde e a do comércio, a educação e a agricultura, a arte e a indústria manufatureira, que implacavelmente sobrepõe a tudo seus próprios critérios de viabilidade, desde as menores unidades de seu "microcosmo" até as mais gigantescas empresas transnacionais, desde as mais íntimas relações pessoais aos mais complexos processos de tomada de decisões dos vastos monopólios industriais, sempre a favor dos fortes e contra os fracos.

Ironicamente, entretanto, os defensores desse sistema exaltam sua pretensão democrática, sustentada sobre a liberdade individual e a igualdade meritória – outro exemplo de inversão ideológica da realidade.

A ausência de limites para sua expansão destrutiva e a incontrolabilidade do sistema do capital, todavia, cobram seu preço, considerando-se que a crise econômica do início da década de 1970, que alavancou o pensamento neoliberal, nunca foi superada realmente.

Em suas fases anteriores, do século XVIII até a década de 1960, o capital viveu diversas crises cíclicas, entremeadas por fases de reconstrução, desenvolvimento e crescimento (Mészáros, 2002; Harvey, 2011). Contudo, a partir da década de 1970, o capital se encontra em crise permanente, o que tem aprofundado significativamente os conflitos sociais desde então.

A relação ambígua entre Estado e mercado se manifesta sempre que, nos picos de sua crise contínua, o sistema do capital precisa ser socorrido. Em editorial publicado em outubro de 2008, o periódico financeiro de inclinação neoliberal *The Economist* (2008, citado por Mészáros, 2011, p. 20) menciona que

> a economia mundial está claramente com um aspecto fraco, mas poderia ficar bem pior. Esse é o momento de colocar dogma e política de lado e concentrar-se em respostas pragmáticas. Isso significa mais intervenção governamental e cooperação no curto prazo, mais do que os contribuintes, políticos ou os jornais do livre mercado normalmente gostariam. [...] A história ensina uma lição importante: que as grandes crises bancárias são essencialmente resolvidas pela injeção de grandes somas de dinheiro público.

Nesse contexto, reafirmando o discurso neoliberal da década de 1980, o Estado, cooptado pela lógica neoliberal, tem por prioridade, acima da gestão pública e da responsabilidade por seus cidadãos, socorrer o sistema do capital. Capitaneado por seu sistema de bancos de investimentos irresponsáveis e fundos "abutres" – muito bem ilustrados pela participação das financeiras imobiliárias Fannie Mae e Freddie Mac, consideradas por Harvey (2011) como responsáveis diretas pelo *crash* do sistema financeiro estadunidense e mundial de 2008 –, o sistema do capital, em última análise, socializa suas perdas eficientemente.

No centro dos acontecimentos, em 2008, Mészáros escreve:

> a crise na qual estamos realmente entrando [...] está destinada a piorar consideravelmente. Vai se tornar à certa altura [sic] muito mais profunda, no sentido de invadir não apenas o mundo das finanças globais mais ou menos parasitárias, mas também todos os domínios da nossa vida social, econômica e cultural. (Mészáros, 2011, p. 17)

Isso porque as grandes empresas de crédito imobiliário, e de outros setores afetados, "constituem uma simbiose total com o Estado capitalista, isso é, um relacionamento que corruptamente se reafirma também em termos do pessoal envolvido, por meio do ato de contratar políticos que poderiam servi-las preferencialmente" (Mészáros, 2011, p. 26). Nesse sentido, além de ser incontrolável – ou talvez justamente por isso –, o sistema do capital também se reproduz por meio da cooptação e corrupção daqueles que deveriam, prioritariamente, estar a serviço da população.

Fiéis à sua premissa elementar de privatizar lucros e socializar riscos e perdas, os Estados são instigados a nacionalizar empresas e bancos falidos, injetando quantias astronômicas de recursos públicos – muitas vezes, inexistentes, criando e ampliando, virtualmente *ad infinitum*, a dívida dos Estados nacionais – para torná-los novamente viáveis. Usualmente, tão logo estejam recuperadas, essas mesmas empresas tornam a ser privatizadas a custos irrisórios (Harvey, 2011).

O domínio do sistema do capital sobre o Estado neoliberal fica evidente nos momentos de pico da crise. Nesse contexto, é bastante ilustrativa a nomeação para a Secretaria do Tesouro (nos EUA) do presidente da Goldman Sachs – que apresentou ao governo e ao congresso daquele país "um documento de três páginas exigindo 700 bilhões de dólares para socorrer o sistema bancário" (Harvey, 2011, p. 12) – em meio às turbulências financeiras de 2008. Essa ascensão de representantes das grandes corporações aos postos políticos revela, mais uma vez, a intrínseca relação entre os interesses do mercado e os do Estado, pois "são de tal modo grandes os interesses em jogo que as formas tradicionais de controle indireto (econômico) das decisões são obrigadas a ceder lugar a um controle direto dos 'postos de comando' da política pelos porta-vozes do capitalismo monopolista" (Mészáros, 2011, p. 65).

As tentativas de conter a crise por meio da nacionalização e socialização das falências, segundo Mészáros (2011, p. 29),

> cumprem o papel de sublinhar as determinações causais antagônicas profundamente enraizadas da destrutividade do sistema capitalista. Pois o que está fundamentalmente em causa hoje não é apenas uma crise financeira maciça, mas o potencial de autodestruição da humanidade no atual momento do desenvolvimento histórico, tanto militarmente como por meio da destruição em curso da natureza.

As recorrentes reformas que visam corrigir aspectos negativos do sistema do capital tendem a separar os efeitos de suas causas. É por isso que "a 'guerra à pobreza', tantas vezes anunciada com zelo reformista, especialmente no século XX, é sempre uma guerra perdida, dada a estrutura causal do sistema do capital – os imperativos estruturais de exploração que produzem a pobreza" (Mészáros, 2002, p. 39).

O sistema do capital, baseado na exploração do trabalho, desconsidera ostensivamente "a miséria e o subdesenvolvimento crônico que necessariamente surgem da dominação e da exploração neocolonial da esmagadora maioria da humanidade por um punhado de países capitalistas desenvolvidos" (Mészáros, 2002, p. 39). Aposta-se na "modernização", que nunca se concretiza, mas sempre está no horizonte e deverá obrigatoriamente alcançar o resto da população mundial quando o sistema do capital tiver se desenvolvido suficientemente.

Essa crença na "modernização", no entanto, ignora o fato de que a prosperidade dos países centrais se deu (e ainda se dá) em virtude da exploração predatória de recursos materiais e humanos ao redor do planeta. A modernização capitalista, portanto, não é generalizável, pois as vantagens de um "passado imperialista" nunca estarão à disposição dos países estruturalmente dependentes e menos desenvolvidos. Assim, "somente num mundo inteiramente fictício, em que os efeitos podem ser separados de suas causas, ou mesmo postos em oposição diametral a elas, é que essa interpretação pode ser considerada viável e correta" (Mészáros, 2002, p. 40).

As crises econômicas não podem, contudo, ser distinguidas do resto do sistema. Os capitalistas, como personificações do capital, não são agentes livres, mas executores dos imperativos incontroláveis do sistema. Logo, o problema que se coloca para a humanidade não é destituir um grupo específico de capitalistas. Para Mészáros (2011, p. 133), "a única solução possível é encontrar a reprodução social com base no controle dos produtores. [...] Nós alcançamos os limites históricos da capacidade de o capital controlar a sociedade".

Finalizando esta primeira seção, mencionamos ainda um elemento importante de sustentação do sistema capitalista, a globalização, que, como quase tudo o que floresce sob o neoliberalismo, é bastante problemática. Conforme Mészáros (2002, p. 63-64), o processo de globalização se afirma "reforçando os centros mais dinâmicos de dominação (e exploração) do capital, trazendo em sua esteira uma desigualdade crescente e uma dureza extrema para a avassaladora maioria do povo".

Isso ocorre porque o sistema do capital age mediante os diferentes Estados nacionais com base em um "duplo padrão", garantindo,

> em casa (ou seja, nos países "metropolitanos" ou "centrais" do sistema do capital global), um padrão de vida bem mais elevado para a classe trabalhadora – associado à democracia liberal – e, na "periferia subdesenvolvida", um governo maximizador da exploração, implacavelmente autoritário (e, sempre que preciso, abertamente ditatorial), exercido diretamente ou por procuração. (Mészáros, 2002, p. 111)

Em síntese, a globalização de caráter neoliberal não passa de um sistema internacional de dominação e subordinação, correspondendo a uma hierarquização de Estados mais ou menos poderosos que poderão usufruir ou padecer da posição "a eles atribuída pela relação de forças em vigor [...] na ordem de poder do capital global" (Mészáros, 2002, p. 111).

A organização global afeta diretamente as relações de trabalho nos diferentes países, com graves consequências para a classe trabalhadora. Tais relações serão discutidas na próxima seção.

EMPREGO, DESEMPREGO E DESCARTABILIDADE HUMANA

A crise, que se manifesta e reflete diretamente nas relações humanas de trabalho, tem sido confrontada mediante a aplicação de soluções milagrosas e paliativas que visam resolver ou ocultar seus efeitos mais perversos, mas que deixam suas causas intactas.

O controle do trabalho produtivo e do consumo, que, idealmente, deveria ser regulado socialmente, "foi alienado do corpo social e transferido para o capital, que adquiriu assim o poder de aglutinar os indivíduos num padrão hierárquico estrutural e funcional, segundo o critério de maior ou menor participação no controle da produção e da distribuição" (Mészáros, 2011, p. 55).

Uma vez sob a tutela do capital, o sistema de produção e de consumo se torna destrutivo, em virtude de sua incontrolabilidade. Nesse sentido, Antunes (2011, p. 12) pergunta: "O que será da humanidade, quando menos de 5% da população mundial (os norte-americanos) consomem 25% do total dos recursos energéticos disponíveis? E se os 95% restantes viessem a adotar o mesmo padrão de consumo?". Diante das altas taxas de desemprego e da consequente degradação social, a solução aparente seria a retomada de níveis ainda mais elevados de produção de supérfluos e de desperdício, o que acentuaria ainda mais a lógica destrutiva do sistema.

Ainda sob o domínio do capital, as políticas, que nada mais são que "a aplicação consciente de medidas estratégicas capazes de afetar profundamente o desenvolvimento social como um todo" (Mészáros, 2011, p. 65), transformam-se em instrumentos grosseiros, desprovidos de "qualquer plano global e de uma finalidade própria" (Mészáros, 2011, p. 65), sendo impostas de forma generalizada aos Estados nacionais.

Desse modo, os Estados nacionais não têm mais condições reais de regular as políticas de criação de empregos e de distribuição de renda. Em vez disso, os índices de desemprego registrados nas últimas décadas têm motivado empresários a pressionar, "em todas as partes do mundo, para aumentar a flexibilidade da legislação trabalhista, com a falácia de que assim preservariam empregos" (Antunes, 2011, p. 14).

Tal flexibilização atinge toda a classe trabalhadora na forma de "erosão do trabalho relativamente contratado e regulamentado, herdeiro da era taylorista e fordista, modelo dominante no século XX – resultado de uma secular luta operária por direitos sociais" (Antunes, 2011, p. 13). O trabalho regulamentado vem sendo paulatinamente substituído por formas de empreendedorismo, cooperativismo, subemprego, remuneração por metas ou por hora etc., "isso sem falar na explosão do desemprego que atinge enormes contingentes de trabalhadores, sejam homens ou mulheres, estáveis ou precarizados, formais ou informais, nativos ou imigrantes" (Antunes, 2011, p. 13).

Com o aprofundamento da crise nas últimas décadas, o desemprego atinge um novo patamar. Até recentemente, ele se restringia

> aos bolsões de subdesenvolvimento, e as milhões de pessoas afetadas por ele costumavam ser otimisticamente ignoradas no grande estilo de autocomplacência neocapitalista, como representando os "custos

inevitáveis da modernização" sem que houvesse muita preocupação – se é que havia alguma – pelas repercussões socioeconômicas da própria tendência. (Mészáros, 2011, p. 67)

A novidade, portanto, são os crescentes índices de desemprego e o empobrecimento que atingem as populações dos países centrais, diante da derrocada do sistema de bem-estar social. O problema também não se restringe mais aos trabalhadores não qualificados; de acordo com Mészáros (2011, p. 69), "atinge também um grande número de trabalhadores altamente qualificados, que agora disputam, somando-se ao estoque anterior de desempregados, os escassos – e cada vez mais raros – empregos disponíveis".

O desemprego global, neste início do século XXI, não pode mais ser considerado um subproduto normal e necessário ao crescimento e ao desenvolvimento do sistema, mas um indicativo de seu iminente colapso. Quem sofre as consequências dessa situação "não é mais a multidão socialmente impotente, apática e fragmentada das pessoas 'desprivilegiadas', mas todas as categorias de trabalhadores qualificados ou não qualificados: ou seja, obviamente, a totalidade da força de trabalho da sociedade" (Mészáros, 2011, p. 69).

Assim, ao longo dos séculos XIX e XX, os operários das fábricas foram sendo substituídos por maquinários cada vez mais sofisticados e, no século XXI, observamos a mesma substituibilidade avançando sobre os trabalhadores do conhecimento. Segundo Harvey (2016, p. 104-105),

> uma das consequências do crescimento exponencial da capacidade dos computadores é que categorias inteiras do emprego tradicional correm o risco de ser expressivamente informatizadas num futuro

próximo. A ideia de que a criação de empregos pelas novas tecnologias compensará essas perdas é pura fantasia. Ademais, a ideia de que apenas os trabalhos rotineiros mal remunerados serão eliminados, ao contrário dos trabalhos qualificados, com alta remuneração (como radiologistas, médicos, professores universitários, pilotos de avião etc.), é um equívoco. No futuro, a automação incidirá fortemente sobre os trabalhadores do conhecimento, em particular os mais bem pagos.

A sociedade de produção predatória de desperdício, portanto, cresce por meio do desenvolvimento tecnológico que, ao descartar mais e mais trabalhadores, deslocando-os para o subemprego e o desemprego, pretende baratear os custos de produção e ampliar as margens de lucro. A descartabilidade do humano, contudo, além de todos os problemas de ordem social e moral que possa oferecer, também acarreta uma contradição e uma irracionalidade do próprio sistema do capital.

Já dizia Marx que o trabalho humano, a mercadoria "força de trabalho", é a única mercadoria que produz valor, de modo que, no limiar, não pode existir lucro sem trabalho humano explorado.

Conforme Mészáros (2002, p. 102, grifo nosso), o "capital se transforma no mais dinâmico e mais competente **extrator de trabalho excedente** em toda a história", sob a máscara do trabalho livre contratual. Diferentemente do que ocorria com o trabalho escravizado e a servidão, o trabalho livre contratual "absolve o capital do peso da dominação forçada, já que a 'escravidão assalariada' é internalizada pelos sujeitos trabalhadores e não tem de ser imposta e constantemente reimposta externamente a eles, sob a forma de dominação política, a não ser em situações de grave crise" (Mészáros, 2002, p. 102).

A liberdade individual, alicerce do sistema ideológico neoliberal, encontra-se em íntima conexão com a falaciosa noção capitalista de democracia. Assim, Mészáros (2002, p. 97) afirma, com escancarada ironia, que "o desemprego para incontáveis milhões, entre inúmeras outras bençãos da 'economia de livre mercado', pertence então à categoria da 'livre opção econômica'". Muito longe de ser um incentivador da liberdade, o sistema do capital é o mais totalitário, "irrecusável e irresistível", sistema da história (Mészáros, 2002, p. 97).

Para assegurar sua lucratividade, o sistema do capital sempre buscou o controle, do modo mais abrangente possível, sobre o trabalhador e sobre o processo de trabalho. A necessidade de controle, com vistas a garantir e aumentar a lucratividade, aguçou o fetiche do capital pelo desenvolvimento tecnológico. Invenção e inovação se apresentaram, durante toda a história do capitalismo, como alavancas para a competitividade e a garantia de vantagens diante do mercado. Segundo Harvey (2016, p. 102), essa obsessão pelo controle "envolve não só a eficiência física, mas também a autodisciplina dos trabalhadores empregados, a qualidade da mão de obra disponível no mercado, os hábitos culturais e a mentalidade dos trabalhadores em relação às tarefas que se espera que realizem e os salários que esperam receber".

O controle, que passa também pelos mecanismos de internalização ideológica, entretanto, nem sempre, ou raramente, consegue se impor sobre a consciência da classe trabalhadora de forma inequívoca. Na década de 1960, por exemplo, a classe trabalhadora, notadamente a dos países desenvolvidos (parte da Europa e dos EUA), detinha certo poder de negociação que lhe garantia remuneração razoavelmente justa e condições de trabalho melhores. Essas condições existiam em decorrência da escassez de trabalhadores, o que, porém, diminuía o impulso do acúmulo contínuo de capital. Diante desse quadro, o capital precisava encontrar fontes de trabalho mais baratas e dóceis. De acordo com Harvey (2011), diversas ações foram colocadas em prática a fim de diminuir o poder da classe trabalhadora. Uma delas foi

> estimular a imigração. O Ato de Imigração e Nacionalidade de 1965, que aboliu as cotas de origem nacional, permitiu o acesso ao capital dos EUA à população excedente global [...]. No fim dos anos 1960, o governo francês começou a subvencionar a importação de mão de obra da África do Norte, os alemães transportaram os turcos, os suecos trouxeram os iugoslavos, e os britânicos valeram-se dos habitantes do seu antigo império. (Harvey, 2011, p. 20)

A partir da década de 1980, "o capital também teve a opção de ir para onde o trabalho excedente estava. As mulheres rurais do Sul global foram incorporadas à força de trabalho em todos os lugares, de Barbados a Bangladesh, de Ciudad Juárez a Dongguan" (Harvey, 2011, p. 21). O movimento do capital teve como resultado a crescente feminização da classe trabalhadora global, além da destruição do campesinato, que veio a ser competentemente substituído pelo agronegócio. O aumento significativo da pobreza no mundo, principalmente a pobreza feminina, proporcionou ao capital um contingente expressivo de produtos para o "tráfico internacional de mulheres para a escravidão doméstica e prostituição [...], na medida em que mais de 2 bilhões de pessoas, cada vez mais amontoadas em cortiços, favelas e guetos de cidades insalubres, tentavam sobreviver com menos de dois dólares por dia" (Harvey, 2011, p. 21).

A partir da década de 1990, o capital, que já tinha acesso a trabalhadores precarizados no mundo todo, diante do "colapso do comunismo, drástico no ex-bloco soviético e gradual na China, acrescentou cerca de 2 bilhões de pessoas para a força de trabalho assalariado global" (Harvey, 2011, p. 21).

Na atualidade e nos últimos 30 anos, a disponibilidade de força de trabalho não se apresenta mais como um obstáculo ao acúmulo de capital. Todavia, e aqui se estabelece a grande contradição desse sistema,

> o trabalho desempoderado significa baixos salários, e os trabalhadores pobres não constituem um mercado vibrante. A persistente repressão salarial, portanto, coloca o problema da falta de demanda para a expansão da produção das corporações capitalistas. Um obstáculo para a acumulação de capital – a questão do trabalho – é superado em detrimento da criação de outro – a falta de mercado. (Harvey, 2011, p. 22)

Ora, é conceito central do marxismo, e Mészáros (2002) o reafirma, que o tripé produção-circulação-consumo é essencial à lucratividade do capital, pois o capital só se efetiva, como ganho, no consumo. Substituir o trabalhador por máquinas não faz sentido sob nenhum aspecto, quer político, quer econômico. Harvey (2016, p. 103), portanto, refuta a máxima do egoísmo benéfico, segundo a qual cada um, ao ganhar alguma vantagem para si, também produz vantagens para os outros, ao afirmar: "Percebemos com muita clareza qual mecanismo eleva essa contradição a um ponto de crise. Empreendedores ou empresas individuais consideram que as inovações que poupam trabalho são decisivas para a lucratividade perante os concorrentes. Coletivamente, isso destrói a possibilidade de lucro".

Assim, pensando em termos de microcosmo, se uma empresa individual consegue reduzir seu quadro de funcionários e seus gastos com salário, pode vender seus produtos a um preço mais baixo e, no fim, lucrar mais, tornando-se mais competitiva. No entanto, no macrocosmo, se muitas empresas recorrem a esse expediente, a economia passa a sofrer a escassez de massa salarial disponível para o consumo, gerando, de um lado, um excedente produtivo sem possibilidade de se efetivar no consumo e, de outro, o agravamento exponencial do desemprego e da pauperização da população trabalhadora.

A crença capitalista na lucratividade a partir da inovação tecnológica, "voltada para o disciplinamento e o desempoderamento dos trabalhadores", não passa de perversa fantasia, sendo que "o sistema fabril, o taylorismo (que tentou reduzir o trabalhador a um 'gorila treinado'), a automação, a robotização e a substituição do trabalho humano pela máquina" (Harvey, 2016, p. 103) são, simultaneamente, mecanismos de autodestruição do sistema em permanente crise.

Ainda é necessário mencionar outro elemento que desponta, com muita força na atualidade, como tentativa de controle do trabalho: o expediente de colocar "trabalhadores individuais em concorrência uns com os outros para os postos de trabalho em oferta" (Harvey, 2011, p. 57).

Uma vez que a implantação em larga escala de tecnologias mecânicas e robotizadas redundou em desemprego massivo, foi preciso criar novas estratégias de controle populacional. O mesmo sistema que, décadas atrás, estimulou fortemente ondas migracionais da periferia para o centro do capital lança agora sobre essas populações a culpa pela crise e pela falta de postos de trabalho. A classe trabalhadora, instigada de forma implícita ou explícita pelo sistema do capital (por meio de seus mecanismos ideológicos, como escola, meios de comunicação de massa e instituições religiosas ou militares), fragmenta-se em disputas de gênero, raça, etnia, língua, orientação sexual, crença religiosa, entre inúmeras outras questões.

Todos esses fatores levaram à escalada dos conflitos e da violência em forma de discriminação, racismo e sexismo, aspectos que se tornaram notórios nas últimas décadas. Essas distinções não são novas na história do capitalismo, que traz em seu bojo a produção de teorias que afirmam a superioridade "natural", baseada em aspectos da biologia ou da religião, de algumas pessoas sobre outras.

Harvey (2011, p. 58) aponta que, ao longo de sua história, o capital

> não foi de maneira nenhuma relutante em explorar, se não promover, fragmentações. [...] A capacidade de preservar tais distinções é ilustrada pelo fato de que, mesmo após quase meio século de campanha pelo princípio "salário igual para trabalho igual", o fosso salarial entre homens e mulheres não desapareceu. [...] Entre negros e brancos, bem como entre hispânicos e asiáticos, têm persistido igualmente, se não, em alguns casos, crescido ao longo dos anos.

Em suma, apesar do enorme aumento das forças produtivas (incluindo todo o novo aparato tecnológico), a misteriosa entidade supraindividual kantiana ou hegeliana, que habita o imaginário neoliberal, não foi capaz de promover o bem-estar comum. Muito pelo contrário, o abismo social entre as classes capitalista burguesa e trabalhadora apenas se aprofundou. Nesse sentido, "o capital está fadado a produzir uma estrutura de classe oligárquica e plutocrática cada vez mais vulnerável, sob a qual a massa da população mundial deve se virar para ganhar a vida ou morrer de fome" (Harvey, 2016, p. 93), tendo em vista que "segmentos cada vez maiores da população mundial serão considerados redundantes e descartáveis como trabalhadores" (Harvey 2016, p. 105). Entretanto, esse excedente populacional, segundo Harvey (2016), é potencialmente rebelde e, por estar fora do processo de trabalho, também escapará cada vez mais ao controle do capital.

O sistema do capital, pautado na superfluidade e na descartabilidade, inclusive no que diz respeito à força de trabalho humana, é incontrolável e assume a forma de "uma crise endêmica, cumulativa e permanente, o que recoloca como imperativo vital de nossos dias, dado o espectro da destruição global, a busca de uma alternativa societal visando a construção de um novo modo de produção" (Mészáros, 2011, p. 17).

Apesar da crise em que se encontra, o sistema do capital insiste em se perpetuar e, para isso, precisa contar com mecanismos de cooptação e controle sobre as populações trabalhadoras. Esses mecanismos, entre os quais se destacam os sistemas educacionais, serão discutidos na próxima seção.

EDUCAÇÃO NEOLIBERAL E INTERNALIZAÇÃO IDEOLÓGICA

Para assegurar o interesse de acumulação de capital, o sistema neoliberal de sociorreprodução precisa lançar mão de um sofisticado aparato ideológico que dê sustentação às suas práticas e garanta a coesão societal (Mészáros, 2011). Uma das muitas estratégias utilizadas envolve a mercantilização da educação, em escala global.

Para garantir a coesão societal, foi necessário, primeiro, difundir o discurso da neutralidade educacional, baseada no modelo de neutralidade das ciências. Apple (1989, p. 28) critica essa suposta neutralidade, que configura o currículo como "um conjunto geral de princípios que oriente o planejamento e a avaliação educacionais" como elementos imaculados, isentos de posicionamento político.

Para Apple (1989, p. 29), o discurso da neutralidade é falacioso, pois admite que,

> ao mesmo tempo que a racionalidade processo/produto crescia, o fato de que a educação é, do começo ao fim, um empreendimento político, perdia importância. [...] Um método "neutro" significava nossa própria neutralidade, ou assim nos parecia. O fato de que os métodos que empregávamos tinham suas raízes nas tentativas da indústria para controlar os trabalhadores e aumentar a produtividade, nos movimentos de eugenia popular e em grupos com interesses particulares de classe, era obscurecido pela carência extrema de uma visão histórica na área.

A crença na neutralidade científica, aplicada ao âmbito educacional, foi acintosamente utilizada para "ajudar a legitimar as bases estruturais da desigualdade" (Apple, 1989, p. 29), a saber, o trabalho explorado. Pode-se defender o sistema ao apontar que, de fato, algumas crianças e jovens, de modo individual, foram beneficiados pelas políticas educacionais promovidas por meio do mercado. No entanto, mesmo que se considerem as ressalvas individuais, "isto significa dizer que macroeconomicamente o nosso trabalho [como professores e pesquisadores] serve a funções que pouco têm a ver com nossas melhores intenções" (Apple, 1989, p. 29).

Sobre a relação entre economia (mercado) e educação, Apple (1989, p. 59) destaca duas teorias: a teoria do capital humano, que se opõe à teoria da alocação. Conforme esse autor, a **teoria do capital humano** entende as escolas como importantes agentes de crescimento econômico e de oportunidades que favoreçam a mobilidade social. Nessa perspectiva, as escolas, segundo Apple (1989, p. 59),

> maximizam a distribuição do conhecimento técnico e administrativo entre a população. Na medida em que os estudantes aprendem esse conhecimento, eles podem "investir" suas especialidades e capacidades adquiridas para ascender a melhores ocupações. Isso propiciará taxas mais elevadas de mobilidade individual e garantirá também a oferta de pessoas bem qualificadas exigidas por uma economia em expansão.

A teoria do capital humano preconiza que o crescimento econômico absorverá os profissionais mais capacitados (treinamento técnico), o que, "naturalmente", possibilitará a ascensão social dos trabalhadores. Para isso, a escola deve investir em currículos de formação técnica e científica.

Em resposta a essa compreensão, os partidários da **teoria da alocação** afirmam que as escolas não existem para estimular a mobilidade, mas como "mecanismos de classificação" (Apple, 1989, p. 59). Elas atuam na distribuição adequada dos indivíduos na divisão hierárquica do trabalho e "transmitem as disposições, normas e valores (por meio do currículo oculto) necessários aos trabalhadores para sua participação eficaz no seu lugar respectivo da escala ocupacional" (Apple, 1989, p. 59).

Dessa forma, o conhecimento, compreendido como fator de mobilidade social, não é a prioridade na escola voltada para a classe trabalhadora, e sim "a internalização do currículo oculto – aquelas disposições, normas e valores [que fazem] com que o poder permaneça nas mãos de outros" (Apple, 1989, p. 59).

O interesse empresarial (vale dizer, neoliberal) pela escola se avulta ao longo das últimas décadas, em decorrência de dois aspectos interligados: o primeiro é que os processos sociais de reprodução não podem ser desvinculados dos processos educacionais; o segundo se refere ao próprio potencial de lucratividade na comercialização de ideias educativas e currículos.

Em termos gerais, o que os autores aqui analisados demonstram (Mészáros, 2002, 2008; Apple, 1989; Ball, 2014) é que as mudanças e reformulações curriculares impostas pelo aparelhamento empresarial da educação se estabelecem mediante a insistência na manutenção e perpetuação do existente. É mudança que não muda nada de fato.

Nesse sentido, Mészáros (2008, p. 35) afirma que não é possível mudar a educação, na medida das necessidades sociais urgentes da classe trabalhadora, sem "o rasgar da camisa de força da lógica incorrigível do sistema: perseguir de modo planejado e consistente uma estratégia de rompimento do controle exercido pelo capital, com todos os meios disponíveis, bem como com todos os meios ainda a ser inventados, e que tenham o mesmo espírito".

Essa estratégia não diz respeito apenas ao âmbito da educação, mas a todos os âmbitos sociais, principalmente no processo de produção-circulação-consumo de mercadorias. As escolas não são entidades separadas da sociedade, isto é, estão "estritamente integradas na totalidade dos processos sociais. Não podem funcionar adequadamente exceto se estiverem em sintonia com as determinações gerais da sociedade como um todo" (Mészáros, 2008, p. 43).

As transformações, todavia, não são, de modo algum, interessantes para o sistema do capital, que, como estratégia de manutenção do *status quo*, precisa

> assegurar que cada indivíduo adote como suas próprias as metas de reprodução objetivamente possíveis do sistema. Em outras palavras, no sentido verdadeiramente amplo do termo educação, trata-se de uma questão de "internalização" pelos indivíduos [...] da legitimidade da posição que lhes foi atribuída na hierarquia social, juntamente com suas expectativas "adequadas" e as formas de conduta "certas", mais ou menos explicitamente estipuladas nesse terreno. Enquanto a internalização conseguir fazer o seu bom trabalho, assegurando os parâmetros reprodutivos gerais do sistema do capital, a brutalidade e a violência podem ser relegadas a um segundo plano. (Mészáros, 2008, p. 44)

As aspirações e desejos pessoais devem ser, sempre, limitados pela internalização do papel de cada indivíduo no grande esquema das perspectivas globais, limites estes impostos de forma inquestionável pela sociedade mercantilizada. A internalização age no sentido de que cada indivíduo tenha como seus os imperativos do sistema do capital e da exploração do trabalho, e os defenda firmemente.

É esse sistema de internalização que garante o controle das populações descontentes, muitas vezes dispondo os trabalhadores uns contra os outros (usando de artifícios vinculados a discursos de xenofobia, misoginia, homofobia etc., como visto anteriormente).

O que precisa ser confrontado, portanto, é "o sistema de internalização, com todas as suas dimensões, visíveis e ocultas. Romper com a lógica do capital na área da educação equivale, portanto, a substituir as formas onipresentes e profundamente enraizadas de internalização mistificadora por uma alternativa concreta abrangente" (Mészáros, 2008, p. 47).

A educação a serviço da manutenção do sistema do capital, principalmente em sua crescente mercantilização, exclui grande parte da população mundial de uma atuação consciente, como sujeitos sociais, condenando-os a ser "apenas considerados como objetos (e manipulados no mesmo sentido), em nome da suposta superioridade da elite: 'meritocrática', 'tecnocrática', 'empresarial', ou o que quer que seja" (Mészáros, 2008, p. 49).

Nas sociedades capitalistas mais avançadas, a internalização tem como resultado a "naturalização" das relações sociais desiguais. Para as pessoas doutrinadas por essa perspectiva, os valores da ordem social capitalista constituem "a ordem natural inalterável, racionalizada e justificada pelos ideólogos mais sofisticados do sistema em nome da 'objetividade científica' e da 'neutralidade de valor'" (Mészáros, 2008, p. 80). Essa naturalização das relações de desigualdade justifica a atitude de indiferença em face dos problemas e desumanidades sofridos pelas populações periféricas, principalmente nos países mais pobres, a quem se passa a atribuir a culpa direta de seu subdesenvolvimento (Mészáros, 2002).

Ao mesmo tempo que o sistema culpabiliza os despossuídos (indivíduos ou nações), reafirma o discurso da mobilidade social individual, ou seja, em vez de propor soluções abrangentes, que possam beneficiar uma coletividade (toda a humanidade), o sistema propõe abertamente a competição, por meio de sofisticados sistemas de medição e avaliação e do desenvolvimento de parâmetros comparativos injustos, em âmbito global.

Segundo Mészáros (2002, p. 188), a insistência no discurso da mobilidade social individual é "abertamente ilusória em seu intento e autoenganadora em sua influência sobre todos os que dela esperam sua emancipação". Na atualidade, a única coisa dotada de real mobilidade é o próprio capital, que

> pode ser transferido na velocidade da luz de um país para outro sob circunstâncias de expectativas favoráveis de lucro. Em compensação, a "mobilidade do trabalho" internacional depara com imensos obstáculos práticos e custos materiais proibitivos, pois deve sempre estar rigorosamente subordinada ao imperativo da acumulação lucrativa de capital – para não mencionar o fato de que a prática consciente da educação de baixo nível e da mistificação ideológica dos trabalhadores, exercidas em nome do interesse de seu capital nacional, ergue obstáculos enormes para o desenvolvimento da consciência internacional do trabalho. (Mészáros, 2002, p. 188)

Na condição de mercadorias e, portanto, formas de capital, as políticas educacionais têm, igualmente, alcançado notória agilidade e mobilidade ao redor do planeta. Ball (2014) elenca exemplos de projetos ou programas de ensino desenvolvidos em algum lugar distante do continente asiático que são transladados, sem nenhum respeito pelas identidades e culturas locais, para outros continentes, onde são vendidos às instituições governamentais como fórmulas milagrosas.

Grandes personagens da economia internacional têm se envolvido ativamente na implantação dessas propostas educacionais, como o Banco Mundial, a International Finance Corporation (Corporação Financeira Internacional), a World Trade Organization (Organização Mundial do Comércio) e a Organização para a Cooperação e Desenvolvimento Econômico (OCDE), que não poupam esforços para propagar suas "panaceias genéricas de consultorias de gestão e empresas de educação internacionais" (Ball, 2014, p. 36).

Para agrupar esse e diversos outros problemas, Ball (2014, p. 36) introduz o conceito de "transferência de política", que se refere a

> um amálgama de ideias diversificadas que tentam capturar e modelar as formas pelas quais o conhecimento de política circula globalmente. É um conceito genérico que é utilizado em diversas literaturas. Ele se refere à importação de política inovadora desenvolvida em outros lugares pelas elites de elaboração de políticas nacionais; para a imposição de política por agências multilaterais; e para processos de convergência estrutural.

Esse sistema empresarial está fundado na busca por novas oportunidades de lucro e percebe na educação um mercado em crescimento e expansão. Essas relações mercantis "atravessam e apagam as fronteiras nacionais e formam a base para novos tipos de agenciamentos globais dentro dos quais novas políticas educacionais são produzidas e disseminadas" (Ball, 2014, p. 36).

O Estado neoliberal, que está na base da proposição desses novos modelos, tem por característica transformar as relações sociais em relações de capital, mercantilizando essas relações educativas por meio de recompensas pontuais e individuais por desempenho e cumprimento de metas. Para tanto, dispõe de ferramentas de flexibilização e substituição do trabalho qualificado, de modo a "produzir um corpo docente e discente 'dócil e produtivo', e professores e alunos responsáveis e empreendedores" (Ball, 2014, p. 64).

Essa mercantilização vem alterando profundamente o sentido do ser professor. Em face dos discursos dos empreendedores educacionais e da ação dos pesquisadores, ser "apenas" professor assumiu uma conotação pejorativa, frequentemente utilizada para designar "aquele que não logrou ser diferenciado material e simbolicamente por sua produtividade. [...] O trabalho docente mudou, o *ethos* acadêmico é outro" (Leher, 2011, p. 162).

A performatividade é o conceito central desse "currículo" neoliberal, que pretende, como efeito,

> reorientar as atividades pedagógicas e acadêmicas para [...] ter um impacto positivo nos resultados de desempenho mensuráveis para o grupo, para a instituição e, cada vez mais, para a nação, e como tal é um desvio de atenção dos aspectos do desenvolvimento social, emocional ou moral os quais não têm nenhum valor performativo mensurável imediato. (Ball, 2014, p. 67)

Essas exigências distorcidas modificam as práticas e as relações professor-aluno, afetando o sentido de propósito e valor de suas atividades, que correm o risco de se tornarem inautênticas e alienantes, uma vez que "a agenda empresarial em curso é difundida por materiais didáticos que devem ser cegamente aplicados" (Leher, 2011, p. 164), prática que expropria os professores do conhecimento, subordinando-os ao capital.

No entanto, sem a calculabilidade dos resultados, os setores do mercado educacional não poderiam medir e corrigir seus sistemas, nem calcular suas possibilidades de valor e lucro. Ao mesmo tempo, as medições, que comparam descontextualizadamente o desempenho de indivíduos, escolas e nações, incutem e tiram proveito "dos medos e dos desejos do público, que são 'convocados' por meio das políticas e das pressões de reforma. É um discurso salvador que promete salvar escolas, líderes, professores e alunos do fracasso, dos terrores da incerteza e das confusões políticas e deles mesmos – suas próprias fraquezas" (Ball, 2014, p. 160).

O medo do fracasso é um importante mantenedor da coesão societal, na medida em que leva os indivíduos e grupos a buscar as soluções oferecidas pelo sistema do capital global. Contudo, enquanto promete a salvação para todos, "a necessidade de trabalhadores com formação acadêmica mais elevada sempre se restringiu a uma minoria, em comparação ao grande número de trabalhadores que executam operações simples, que não necessitam dessa formação" (Scaff, 2006, p. 51). Novamente, o sistema promete o que não tem nenhuma possibilidade de realizar.

Esse sistema ilusório se reproduz ao manter na ignorância as populações periféricas, garantindo, assim, a continuidade de sua venda de soluções educacionais. Trata-se de um "conjunto genérico de conceitos, de linguagens e de práticas que é reconhecível em várias formas e está à venda" (Ball, 2014, p. 185), que detém hoje, claramente, uma política educacional de abrangência global.

FINALIZANDO

As principais questões discutidas neste capítulo – a crise do sistema capitalista, o enfraquecimento das relações de trabalho e a mercantilização da educação – apontam para o pensamento neoliberal como base ideal de sustentação do sistema capitalista na atualidade. Para assegurar sua reprodução, esse sistema precisa manter, por meio da internalização e da naturalização das desigualdades sociais, a grande maioria da população mundial na ignorância em relação aos verdadeiros mecanismos de exploração do trabalho e da taxa de acumulação de riquezas à custa da devastação dos recursos naturais, em âmbito planetário.

Trabalho explorado e educação excludente, ambos baseados em princípios de descartabilidade humana, são domínios sobre os quais o sistema do capitalismo neoliberal estende seus tentáculos de forma prioritária. Nesse contexto, o papel do Estado (dos Estados nacionais) se modifica, passando a ser, segundo Ball (2014, p. 73), um "prestador de serviços em uma combinação de regulação, monitoramento de desempenho, contratação e facilitação de novos prestadores de serviços públicos".

Para a implantação desses novos serviços, fez-se necessário "quebrar o monopólio do saber dos professores" (Leher, 2011, p. 165), que passaram a ser responsabilizados, principalmente nos países periféricos, pelo fracasso educacional e, consequentemente, social de vastas camadas da população.

O neoliberalismo, no entanto, não é natural, imutável e inevitável, ele está "sendo feito, planejado e aplicado" (Ball, 2014, p. 226). Os defensores do sistema afirmam que o capitalismo funciona, mas, questiona Mészáros (2008, p. 75), "ele funciona para quem?". Talvez o capitalismo funcione para alguns grupos que tomam as decisões, porém, ainda assim, dados os seus contínuos entraves e contradições, não funciona tão bem sequer para eles. Para a classe trabalhadora do mundo, que representa a imensa maioria da população, rotineiramente descartada como supérflua para a reprodução do sistema, ele obviamente não funciona.

A globalização de moldes neoliberais, na mesma esteira do sistema do capital, não funciona nem pode funcionar. Pois não consegue superar as contradições irreconciliáveis e os antagonismos que se manifestam na crise estrutural global do sistema. A própria globalização capitalista é uma manifestação contraditória dessa crise, tentando subverter a relação causa/efeito, na vã tentativa de curar alguns efeitos negativos mediante outros efeitos ilusoriamente desejáveis, porque é estruturalmente incapaz de se dirigir às suas causas. (Mészáros, 2008, p. 76)

A contradição central do sistema – a impossibilidade de se sustentar sem um mercado consumidor viável, ou a ideia de um sistema baseado em produção que visa ao lucro justamente pelo consumo – tem se demonstrado cada vez mais evidente.

Sobre a iminência da falência do atual sistema de produção e reprodução social global, Mészáros (2011, p. 48) observa que

> a questão não é "se haverá ruptura ou não", mas "por quais meios" vai ocorrer. Ele se romperá por meios militares devastadores ou haverá válvulas sociais adequadas para o alívio das crescentes tensões sociais, que hoje estão em evidência mesmo nos cantos mais remotos de nosso espaço social global?

É a urgência do pensamento de István Mészáros, em sua análise das condições sociais e econômicas, que o torna um marco relevante e revolucionário a apontar para a construção de um novo modelo de produção e reprodução social baseado na autogestão da classe trabalhadora.

REFERÊNCIAS

ANTUNES, R. Introdução: a substância da crise. In: MÉSZÁROS, I. **A crise estrutural do capital**. São Paulo: Boitempo, 2011. p. 10-16.

APPLE, M. W. **Educação e poder**. Porto Alegre: Artes Médicas, 1989.

BALL, S. J. **Educação global S.A.**: novas redes políticas e o imaginário neoliberal. Ponta Grossa: Ed. da UEPG, 2014.

HARVEY, D. **17 contradições e o fim do capitalismo**. São Paulo: Boitempo, 2016.

HARVEY, D. **O enigma do capital**: e as crises do capitalismo. São Paulo: Boitempo, 2011.

JINKINGS, I. Apresentação. In: MÉSZÁROS, I. **A educação para além do capital**. São Paulo: Boitempo, 2008. p. 9-14.

LEHER, R. Desafios para uma educação além do capital. In: JINKINGS, I.; NOBILE, R. (Org.). **Mészáros e os desafios do tempo histórico**. São Paulo: Boitempo, 2011. p. 159-168.

MÉSZÁROS, I. **A crise estrutural do capital**. São Paulo: Boitempo, 2011.

MÉSZÁROS, I. **A educação para além do capital**. São Paulo: Boitempo, 2008.

MÉSZÁROS, I. **Para além do capital**: rumo a uma teoria da transição. São Paulo: Boitempo, 2002.

SCAFF, E. A. da S. Diretrizes do Banco Mundial para a inserção da lógica capitalista nas escolas brasileiras. In: PARO, V. H. (Org.). **A teoria do valor em Marx e a educação**. São Paulo: Cortez, 2006. p. 33-55.

Júlio Emílio Diniz-Pereira

CAPÍTULO 2

Kenneth Zeichner: um intelectual engajado

INTRODUÇÃO

O propósito deste capítulo é apresentar um pouco da trajetória de vida de um dos intelectuais mais conceituados no campo da pesquisa sobre formação docente: o Professor Kenneth Zeichner. Além disso, procurarei analisar brevemente, neste texto, as principais contribuições de sua obra para esse campo. Cabe observar que, desde o início, eu percebi a enorme responsabilidade que eu tinha pela frente: escrever um texto sobre um dos nomes mais respeitados mundialmente no campo da pesquisa sobre formação de professores! Mesmo assim, resolvi aceitar o desafio.

Gostaria de esclarecer, no entanto, que não fiz uma pesquisa sistemática sobre a vida e a obra do Professor Zeichner* para escrever este capítulo. Apesar de, talvez, ser o ideal, eu não teria, infelizmente, tempo hábil para fazer isso. O que fiz, então, foi reler vários textos do autor e buscar na internet informações disponíveis sobre ele para dar a minha singela contribuição a este livro. Devo acrescentar que, por ter feito meu doutorado sob a orientação dele na Universidade de Wisconsin, em Madison, nos Estados Unidos (UW-Madison), entre 2000 e 2004, posso compartilhar com os(as) leitores(as) algumas histórias e algumas impressões que tenho sobre Zeichner justamente pela convivência que tivemos nesse período e pelo fato de mantermos contato desde então. Assim, assumo tranquilamente o caráter subjetivo e enviesado desta análise breve e incompleta sobre a vida e a obra do Professor Kenneth Zeichner (ou, simplesmente, Ken).

---

* Algum tempo depois da feitura deste capítulo, Zeichner gentilmente nos forneceu uma breve autobiografia atualizada, que se encontra ao final desta discussão.

O PROFESSOR KENNETH ZEICHNER
(OU, SIMPLESMENTE, KEN)

Por favor, permita-me que eu inicie este texto contando uma breve história sobre o meu primeiro encontro com o Professor Kenneth Zeichner. O caso nos ajuda a conhecer melhor quem é Ken Zeichner.

Era agosto de 2000. Eu havia marcado meu primeiro encontro de orientação com o Professor Zeichner em seu escritório no quinto andar do Teacher Education Building (TEB) na UW-Madison. Naturalmente, eu estava muito ansioso com esse encontro. Além disso, também estava muito nervoso. Pensava: "Como ele vai me receber? Eu conseguirei me expressar de modo que ele me entenda? Seremos capazes de nos comunicar minimamente?". Foi a primeira vez que eu tive a oportunidade de viver em um país de língua inglesa e a minha capacidade de me comunicar naquela língua ainda era muito limitada.

Ao entrar no prédio, eu me deparei com o elevador que me levaria ao quinto andar. Logo que adentrei no elevador, entrou também um senhor de meia altura, barbudo, usando camiseta, bermuda, sandálias franciscanas e segurando uma caneca de chá nas mãos (lembre-se: no mês de agosto, ainda é verão nos Estados Unidos e, em Madison, faz muito calor nessa época do ano!). Coincidentemente, ele também ia para o quinto andar. Ao entrar, ele me cumprimentou: *"Hi! How is going?"* (literalmente, "Oi! Como está indo?", de uma maneira extremamente informal). Como eu não entendi bem o que aquele senhor havia falado, apenas disse *"Hi!"* e fiz um sinal de positivo com a cabeça, sem saber ao certo se tinha respondido ou não a pergunta dele.

Ao chegarmos ao quinto andar do TEB, ele saiu antes de mim do elevador. Notei que esse senhor e eu estávamos indo na mesma direção. Mas não era apenas isso. Estávamos indo para o mesmo local: o escritório do Professor Kenneth Zeichner. Então, pensei: "Talvez o Zeichner também tenha marcado um encontro com esse senhor no escritório dele, antes ou depois do encontro que eu terei com ele". Porém, para minha surpresa, aquele senhor no elevador era o próprio Professor Kenneth Zeichner!

Eu não o havia reconhecido no elevador. Até então, eu o tinha visto uma única vez: quando assisti a uma palestra dele durante a Reunião Anual da Associação Nacional de Pós-graduação e Pesquisa em Educação (Anped), em Caxambu, em 1997, e já não me lembrava mais da fisionomia dele. Além disso, eu sinceramente esperava encontrar uma pessoa mais velha do que aquela que eu acabara de ver no elevador – eu não sabia, mas o Zeichner, na época, tinha apenas 52 anos! – e, ademais, em razão dos meus preconceitos e do meu "elitismo", não passava pela minha cabeça que o Professor Kenneth Zeichner estaria na universidade vestindo camiseta e bermuda e calçando sandálias franciscanas!

Aliás, essa foi uma das minhas primeiras lições na UW--Madison: não julgue as pessoas pela aparência! Eu aprendi que as universidades nos Estados Unidos, via de regra, são mais informais do que as universidades brasileiras (e eu, sinceramente, gosto disso!) e ainda mais informais do que as universidades europeias (no ano anterior, em 1999, eu havia trabalhado por quatro meses na Universidade de Barcelona (UB) e, por ocasião de um encontro que eu tive lá, recomendaram-me usar gravata!).

Como ele nunca tinha me visto antes – até então, havíamos nos comunicado apenas por correio eletrônico –, ele também não sabia quem eu era. Ele sabia apenas que tinha um encontro marcado com um novo estudante de doutorado que ele havia aceitado para o 2000-2001 Fall Semester (Primeiro Semestre do ano de 2000-2001) e que vinha do Brasil. Quando ele veio até a antessala para me convidar para entrar em seu escritório, nós nos demos conta de que tínhamos acabado de nos encontrar no elevador! Foi engraçado.

A primeira coisa que fiz ao vê-lo em seu escritório foi, então, pedir desculpas por não tê-lo reconhecido no elevador e por não saber me comunicar muito bem na língua dele. Ele me respondeu com um sorriso no rosto: *"Don't worry! For sure, your English is much better than my Portuguese"* ("Não se preocupe! Com certeza, o seu inglês é muito melhor do que o meu português!"). Essa foi a maneira como ele "quebrou o gelo" do nosso primeiro encontro, deixando-me bastante à vontade e encorajando-me a falar aquela língua que eu ainda lutava tanto para aprender.

O nosso primeiro encontro de orientação foi curto. Ele me deu as boas-vindas a Madison e à Universidade de Wisconsin e falou um pouco sobre os projetos e as atividades com que ele estava envolvido na universidade. Eu também tive a oportunidade de falar um pouco sobre as minhas expectativas em relação ao meu doutorado na UW-Madison. Antes de sair, perguntei a ele o que eu deveria trazer para o próximo encontro de orientação. Eu esperava como resposta algo como "O seu pré-projeto de pesquisa..." ou "O seu pré-projeto de pesquisa revisado...". Porém, ele simplesmente me respondeu: *"Ideas! Bring ideas!"* ("Ideias! Traga ideias!").

Eu saí desse encontro com a seguinte impressão sobre o Professor Kenneth Zeichner: eu nunca havia me encontrado com uma pessoa do meio acadêmico tão simples, tão humilde e, ao mesmo tempo, tão brilhante! Essa primeira impressão se confirmou nos outros quatro anos de convivência que eu tive com ele em Madison.

Antes mesmo de me encontrar pessoalmente com ele, eu já havia notado toda essa simplicidade e humildade pela maneira como ele respondia meus *e-mails*: de uma maneira bastante informal. E detalhe: ele sempre assinava as mensagens usando apenas o seu apelido: Ken.

Kenneth Michael Zeichner nasceu em 24 de junho de 1948, na Filadélfia, no estado da Pensilvânia, nos Estados Unidos. Filho de Albert e Bernice (Levinson) Zeichner, a família de Ken, de origem judia, era simples e de classe trabalhadora. Certa vez, ele me revelou: "Eu vendia garrafas de água em um estádio de futebol na Filadélfia". Ken casou-se em 1969 com Andrea Wachs e, juntos, tiveram três filhos: Noah, Aaron e Jordan.

Antes de fornecer mais informações biográficas sobre o pesquisador, o acadêmico e o autor Kenneth Zeichner, eu gostaria de focar um pouco mais a pessoa e o ser humano Ken. Na verdade, para mim, é impossível separar o autor da pessoa; não há como dissociar o acadêmico e pesquisador do ser humano. Para isso, reproduzo a seguir um trecho da entrevista que ele concedeu para a UW-Seattle, em setembro de 2009, em que ele fala sobre o que gosta de fazer nas horas de lazer:

> Eu gosto de acampar e de fazer caminhadas. Eu procuro ler romances e outros livros de literatura, além de todas as leituras que eu tenho que fazer regularmente para me manter atualizado em meu campo de pesquisa. Na maioria das vezes, sou eu que cozinho em casa e estou me esforçando para melhorar a minha comida. A minha esposa, Andrea, tem um *blog* – Andrea's Easy Vegan Cooking – sobre culinária vegana. Eu uso as receitas dela e tenho aprendido a fazer pratos deliciosos!

Eu também faço aulas de culinária e procuro me concentrar bastante naquilo que estou fazendo para que as pessoas gostem da comida que eu preparo. Eu também já fiz aulas de ioga e de meditação. Mas eu gosto mesmo é de caminhar ao ar livre. (Zeichner, 2009b, tradução nossa)

Esse homem descrito na citação é o Ken. Uma pessoa simples, generosa, extremamente comprometida e que busca sempre coerência (na incoerência, como diria Paulo Freire) entre o discurso e a prática. Uma coisa eu posso garantir a você, leitor(a): o Ken é exatamente aquilo que ele escreve (claro, como todo ser humano, ele também tem suas contradições). Infelizmente, isso é muito diferente do que acontece com muitas pessoas que conheço e que conheci no meio acadêmico, inclusive, que se autointitulam *de esquerda* ou *progressistas*, que escrevem textos inspiradores, mas contradizem tudo o que publicam por meio de seu comportamento cotidiano.

Em termos de trajetória escolar e acadêmica, Ken concluiu o ensino médio em 1965, na Germantown High School*, uma escola pública da Filadélfia, na Pensilvânia. Bacharel em Direito pela Temple University, na mesma cidade, terminou seu mestrado em 1970 e seu doutorado (Ph.D.) em 1976, ambos na Universidade de Syracuse, no estado de Nova Iorque. O tema geral da sua tese de doutorado foi comportamento organizacional escolar e mudança (*School Organizational Behavior and Change*). No mesmo ano em que concluiu o doutorado, tornou-se professor

---

* A Germantown High School foi fundada em 1914 – uma das mais antigas dos Estados Unidos – e fechou as portas em junho de 2013. Nesse ano, a taxa de evasão era superior a 50%, o nível de proficiência em leitura dos alunos era de 18% e o nível de aprendizagem em matemática atingia 15%. A maioria dos estudantes que frequentavam essa escola de ensino médio era de afro-americanos. A instituição estava localizada em uma região próxima a áreas pobres da Filadélfia. Dez por cento do corpo discente eram meninos de rua. Entre ex-alunos famosos que frequentaram a escola está o comediante e ator Bill Cosby.

na UW-Madison, onde trabalhou por 33 anos até a sua aposentadoria, em 2009.

Na entrevista que concedeu à Faculdade de Educação da Universidade de Washington, em Seattle, instituição em que passou a trabalhar a partir de 2009, o Professor Zeichner esclareceu o porquê de ter escolhido a área de educação e, mais especificamente, de formação de professores:

> Minha paixão pela educação e pela formação de professores vem de minhas próprias experiências como estudante de um sistema público escolar da Filadélfia. Essa experiência de passar por um grande sistema público escolar me despertou o desejo de trabalhar para melhorar a qualidade da educação das crianças nas escolas públicas, particularmente nas áreas mais pobres e vulneráveis. Depois que me formei no ensino médio e fui para a universidade, fui enviado para aulas de reforço, como acontece ainda hoje com um grande número de jovens que saem das escolas públicas nos Estados Unidos. Embora eu tenha saído bem na minha escola, isso significava muito pouco em termos da minha capacidade para fazer o mesmo nível de trabalho que as crianças que frequentaram escolas mais privilegiadas faziam.
>
> Há uma distribuição desigual de professores bem-preparados hoje nos EUA. Algumas crianças têm acesso a professores bem-preparados, mas muitas crianças, principalmente as que pertencem às minorias raciais/étnicas ou os estudantes que vivem na pobreza, não têm. Eu já visitei escolas nas principais cidades dos Estados Unidos, onde eles não conseguem encontrar professores bem-preparados para trabalhar e as crianças são frequentemente ensinadas por professores com pouca ou nenhuma preparação formal. A certa altura, tomei a decisão de que essa era uma questão importante para mim. Eu queria abordar os problemas que eu tinha vivido pessoalmente como estudante. Realmente tive de trabalhar duro para ter sucesso na universidade em termos de adquirir as habilidades e os hábitos acadêmicos que eu e muitas outras crianças que frequentavam escolas públicas não tínhamos.

Para dar a contribuição que eu queria como educador, tive que ter as credenciais [acadêmicas] e comecei, como estudante universitário, a me concentrar em [como adquirir essas credenciais] acadêmicas. Eu tive a sorte de conhecer a mulher com quem acabei me casando. Ela foi para a Philadelphia High School for Girls, uma escola pública de grande prestígio na Filadélfia, e ela me ensinou muito sobre como estudar e sobre como escrever.

Fui professor do ensino fundamental em bairros predominantemente pobres e de maioria negra e comecei minha carreira como formador de professores e como líder de uma equipe no National Teacher Corps, um programa federal para preparar professores para escolas [localizadas em regiões] de alta pobreza. Enquanto estava nas escolas, eu me tornei diretor e superintendente e quis implementar algumas mudanças nessas escolas. Eu tenho a formação necessária para gestão escolar, mas eu acabei não indo por esse caminho porque eu consegui um trabalho como professor universitário na UW-Madison. Este foi meu primeiro emprego em um programa de pós-graduação de uma universidade forte em pesquisa e eu estou lá desde 1976. (Zeichner, 2009b, tradução nossa)

Foi, então, na Universidade do Estado de Wisconsin, em Madison, que o Professor Kenneth Zeichner construiu a carreira acadêmica e tornou-se um dos nomes mais importantes do campo da pesquisa sobre formação de professores. Nessa mesma entrevista, ele refletiu um pouco sobre a experiência dele no meio oeste estadunidense:

Eu realmente gostei do tempo em que eu vivi e trabalhei em Madison. A Universidade me contratou para criar um programa de doutorado sobre formação de professores e, ao mesmo tempo, desenvolver um projeto de pesquisa sobre os cursos de formação docente da UW. Meus colegas e eu criamos um programa empolgante para preparar novos professores e também para formar alunos de doutorado para investigar o tema da formação docente. Um dos principais objetivos de se ter um programa de formação de professores em uma universidade forte em pesquisa, como a UW-Madison, é formar novos pesquisadores, claro, mas também novos formadores de professores. Os cursos de formação de professores em universidades fortes em pesquisa precisam ser de ponta, experimentais, inovadores para que a próxima geração de pesquisadores e de formadores de professores faça as coisas avançarem nesse campo. Foi muito estimulante em Wisconsin, no sentido de trabalharmos sempre em algo novo no programa, procurando torná-lo melhor. (Zeichner, 2009b, tradução nossa)

Nesses 33 anos em que trabalhou na Universidade do Estado de Wisconsin, o Professor Kenneth Zeichner ajudou a estabelecer uma parceria entre a Faculdade de Educação (School of Education), a Rede Municipal de Ensino (Madison School District) e o Sindicato dos Professores (Madison Teacher's Incorporated) para o desenvolvimento profissional dos docentes desse município. Zeichner ajudou a criar ainda uma rede de pesquisa-ação em Madison por meio da qual os professores de educação básica pesquisavam sobre suas práticas nas escolas municipais. Para isso, a Secretaria de Educação do município contratava egressos do programa de doutorado em formação de professores da UW para aturem como "facilitadores" das pesquisas desenvolvidas pelos professores sobre suas práticas.

Por sua vez, os resultados dessas pesquisas – várias publicadas na forma de livros – eram lidos e discutidos nos cursos de licenciatura da universidade. Os livros dos professores-pesquisadores da educação básica eram adotados nos programas de formação inicial de professores da universidade, e os docentes do município, que atuavam como coformadores de futuros professores nesses programas, eram recorrentemente convidados para socializar os resultados de suas pesquisas com os licenciandos nas salas de aula da universidade.

As escolas que mais se destacavam na realização dessas pesquisas (chamadas de *professional development schools* – PDS, ou escolas de desenvolvimento profissional) eram selecionadas para receber os estagiários dos cursos de licenciatura para o desenvolvimento de seus estágios profissionais (*student teaching*, o estágio de tempo integral), e os licenciandos, por sua vez, também eram socializados na cultura e na prática da pesquisa-ação.

Não por acaso, a educação pública em Madison foi considerada, por muitos anos, a melhor dos Estados Unidos! Todas essas ações integradas de desenvolvimento profissional docente fizeram com que a UW-Madison e, mais especificamente, o Professor Kenneth Zeichner se tornassem mundialmente conhecidos no campo da formação de professores.

Eu tive o privilégio de conhecer pessoalmente essa experiência em funcionamento em Madison e de participar dela ao atuar como professor contratado (*teacher assistant* – TA) e orientador de estágio intermediário (*practicum*) da UW-Madison por três anos (2001-2002; 2002-2003; 2003-2004)*. Durante esse período, em razão do meu trabalho, visitei muitas escolas da região metropolitana de Madison. Além disso, tive uma colega de doutorado que, mais tarde, foi contratada pelo município como facilitadora da pesquisa dos professores da educação básica sobre suas práticas. Conversei muito com ela sobre o papel que desempenhava na

---

* Caso tenha interesse em saber um pouco mais sobre essa minha experiência no programa de formação docente da UW-Madison, leia também o artigo que publiquei na *Cadernos de Pesquisa*, periódico do Programa de Pós-Graduação em Educação da Universidade Federal de Pelotas (UFPel), no Rio Grande do Sul (Diniz-Pereira, 2003).

Rede Municipal de Ensino de Madison e que me chamava muito a atenção nessa experiência. Portanto, testemunhei o quanto as pessoas se engajavam nas ações de desenvolvimento profissional docente desse município e o quanto essas ações realmente surtiam resultados positivos.

Outra experiência marcante na vida do Professor Kenneth Zeichner, e que eu não poderia deixar de destacar neste texto, foi o trabalho que ele realizou na Namíbia, no continente africano, entre 1994 e 2004. Ao falar, em suas entrevistas, sobre outros países que já visitou e nos quais já trabalhou, Zeichner nunca se esquece de mencionar a Namíbia. O país tinha acabado de se tornar independente em 1990; o governo local tinha interesse em democratizar o sistema educacional e, para isso, a formação de professores foi considerada uma área estratégica pelos governos pós-independência. A sistematização dessa experiência resultou na organização do livro *Democratic Teacher Education Reform in Africa: The Case of Namibia* (Uma reforma democrática de formação de professores na África: o caso da Namíbia), junto com o Professor Lars Dahlström, da Universidade de Umeä, na Suécia, em 1999, sendo que 16 dos 19 capítulos do livro foram escritos por professores namibianos.

Como mencionado anteriormente, depois de trabalhar 33 anos na UW-Madison e de se aposentar por lá, Zeichner se mudou com a esposa para Seattle, no noroeste dos Estados Unidos, em 2009. Ele recebeu uma oferta irrecusável de emprego para assumir a Cátedra Boeing* na Universidade do Estado de Washington (UW-Seattle).

---

* A fabricante de aviões Boeing, com sede no estado de Washington, nos Estados Unidos, apoia a educação superior nesse país, por meio do financiamento de cátedras que levam o nome da empresa em várias universidades estadunidenses e também por meio da manutenção de um programa de bolsas para a qualificação e o aperfeiçoamento de pesquisadores e docentes universitários.

Eu acompanhei esse período difícil que Ken viveu desde a sua aposentadoria até a mudança para Seattle. Mesmo com a oferta irrecusável que recebera da UW-Seattle, não foi fácil para ele decidir se aposentar pela Universidade de Wisconsin e se mudar de Madison. Afinal de contas, foram 33 anos de vida e de trabalho no meio oeste estadunidense! O que pesou mais na decisão dele e da esposa de se mudar para Seattle foi a possibilidade de permanecerem mais próximos dos filhos e dos netos que, na época, viviam em estados da Costa Oeste dos EUA.

Em Seattle, Zeichner iniciou uma nova etapa em sua carreira. A UW-Seattle é, assim como a UW-Madison, uma universidade forte em pesquisa e de bastante prestígio acadêmico nos EUA. Apesar de a UW-Seattle receber estudantes e pesquisadores do mundo inteiro, a Faculdade de Educação (College of Education), particularmente, não era tão internacionalizada se comparada com o restante da universidade ou se comparada com o Departamento de Currículo e Ensino da UW-Madison, por exemplo. Essa foi a impressão que eu tive quando vivi em Seattle e trabalhei na Universidade de Washington, em 2011-2012. A partir do momento em que Zeichner se tornou professor na Faculdade de Educação (College of Education) da UW-Seattle, ela também passou a se internacionalizar bastante, uma vez que, em razão de sua reputação internacional, Zeichner conseguiu atrair estudantes e pesquisadores de várias partes do mundo para a instituição.

Se, em Madison, Zeichner havia ajudado a estabelecer uma forte parceria entre a universidade e as escolas públicas para o desenvolvimento profissional dos docentes daquela região dos EUA, em Seattle, ele incluiu nesse tipo de parceria o que chamou de *terceiro espaço* (*a third space*) – as comunidades no entorno das escolas –, em um esforço coletivo para formar novos professores da educação básica. Como veremos um pouco mais adiante neste texto, Zeichner passou, então, a desenvolver pesquisas sobre um tema ainda inédito no campo da pesquisa sobre formação docente: "universidade, escola e **comunidade** na formação de professores" (Zeichner, 2009b, tradução e grifo nossos). Para ele, a formação de novos professores da educação básica deve acontecer em um espaço híbrido (*hybrid space*) em que a interseção entre os conhecimentos produzidos nas universidades, nas escolas e nas comunidades é essencial para a preparação desses profissionais.

Ao longo de toda a sua carreira, o Professor Kenneth Zeichner publicou (até o presente) 91 artigos avaliados por pares em revistas indexadas, 20 livros, sendo 10 autorais, e 94 capítulos de livro, além de ter orientado 56 estudantes de doutorado sobre a temática da formação de professores (há outras 5 orientações de teses de doutorado em andamento, neste momento). O nome de Zeichner chegou a ser listado pela Thomson ISI como um dos pesquisadores mais citados na área das ciências sociais entre 1981 e 1999. Em razão do grande número de artigos publicados em revistas indexadas, ele figurou, em 2002, entre os dez professores mais produtivos da UW-Madison entre todas as áreas do conhecimento! Eu estava lá quando o boletim da universidade publicou essa notícia e esse feito foi motivo de orgulho para todos no Departamento de Currículo e Ensino.

Mais recentemente, Zeichner tem se preocupado também com a divulgação de suas ideias e de seu conhecimento sobre formação de professores para um público mais amplo, para além da academia. Consequentemente, tem escrito e publicado diversos artigos em jornais e em revistas (*magazines*) e concedido várias entrevistas para rádios e outros veículos de comunicação a fim de popularizar o tema da preparação de docentes. A intenção dele é que essa temática não fique restrita ao meio universitário. Foram 32 publicações desse tipo desde que ele se mudou para Seattle, em 2009.

Ken Zeichner também assumiu cargos de liderança ao longo de sua carreira acadêmica. Ele foi Diretor da Faculdade de Educação (School of Education) da UW-Madison por nove anos (2000-2009) e coordenou a Division K – Teaching and Teacher Education (grupo de trabalho sobre Ensino e Formação de Professores) da American Educational Research Association – Aera (Associação de Pesquisa Educacional dos Estados Unidos), entre 1996 e 1998. Zeichner também foi membro eleito da Diretoria da American Association of Colleges for Teacher Education – AACTE (Associação de Faculdades de Formação de Professores dos Estados Unidos), de 1997 a 2000. Em 2009, foi eleito para a National Academy of Education (Academia Nacional de Educação), uma instituição não governamental de prestígio nos EUA para o desenvolvimento de pesquisas de ponta para a melhoria das políticas e das práticas educacionais no país.

Na Aera, destaca-se também a coordenação, junto com a Professora Marilyn Cochran-Smith, do Boston College, de um estudo do tipo "estado do conhecimento" a respeito da pesquisa sobre formação de professores nos EUA. Os resultados dessa pesquisa foram socializados por meio da organização de mesas-redondas nas reuniões anuais da Aera de 2000 a 2004 e por meio da publicação de um livro*, em 2005: *Studying Teacher Education: the Report of the AERA Panel on Research and Teacher Education* (Estudando a Formação de Professores: o relatório da mesa-

---

* Há uma versão em português do capítulo de Zeichner publicado nesse livro que está disponível na *Formação Docente: Revista Brasileira de Pesquisa sobre Formação de Professores*, periódico eletrônico do GT8 da Anped (ver Zeichner, 2009a).

-redonda da Aera sobre pesquisa e formação docente) (Cochran-Smith; Zeichner, 2005).

Em razão dessa trajetória acadêmica de destaque, Ken Zeichner recebeu vários prêmios ao longo de sua carreira. Os mais importantes estão listados a seguir, em ordem cronológica decrescente:

- Honorary Doctor of Humane Letters Degree, concedido pela Syracuse University, em 2018.
- DeGarmo Lecture Award, concedido pela Society of Professors of Education, em 2011.
- Legacy Award, concedido pela Division K – Teaching and Teacher Education da American Educational Research Association (Aera), em maio de 2010.
- Lifetime Achievement Award, concedido pela American Association of Colleges for Teacher Education (AACTE), em fevereiro de 2009.
- Fulbright Senior Specialist Award, em julho de 2004.
- The Margaret B. Lindsay Award for Distinguished Contributions to Research on Teacher Education, também concedido pela AACTE, em fevereiro de 2002.
- The University of Wisconsin-Madison School of Education Distinguished Achievement Award, concedido pela Faculdade de Educação da UW-Madison, em maio de 2000.
- Award for Excellence in Professional Writing, também concedido pela AACTE, nos anos de 1982, 1993 e 2006.

Mas o mais fascinante, para mim, foi descobrir que Zeichner nunca se importou muito em receber esses prêmios. Uma vez, testemunhei uma situação interessante que comprova essa minha afirmação. Enquanto eu fazia o meu doutorado em Madison, uma notícia sobre um prêmio que Zeichner acabara de receber foi publicada no boletim da UW. Ele não divulgou essa notícia para ninguém, nós a descobrimos por acaso. Eu me lembro de que algumas orientandas dele foram euforicamente cumprimentá-lo e ele não deu a mínima importância para aquilo. Ele agradeceu, mas não permitiu que aquela conversa fosse adiante. Simplesmente mudou de assunto e continuou a se dedicar ao que estava fazendo antes de ser interrompido por elas. Para mim, essa foi mais uma lição de humildade e de simplicidade dada pelo Professor Ken Zeichner.

Zeichner, definitivamente, não é um "carreirista" – infelizmente, o "carreirismo" é uma forte tendência adotada acriticamente hoje em universidades do mundo inteiro em razão do chamado *capitalismo acadêmico*. Ao contrário, ele é o que denominamos de *intelectual engajado* – um ser em extinção, segundo a Professora Marilena Chaui. Está muito clara para ele sua "razão de ser" na educação e no campo da pesquisa sobre formação de professores. O reconhecimento por meio de prêmios, se vier, será consequência da realização de um trabalho sério, competente, coerente e comprometido politicamente. Com certeza, não são os prêmios que o motivam a continuar se dedicando a esse campo. É isso o que me faz preservar um grande respeito e uma enorme admiração pelo Professor Ken.

Nos tópicos seguintes, destacarei algumas das principais contribuições da obra de Zeichner para o campo da pesquisa sobre formação de professores. Essas contribuições estão divididas em três partes: 1) a formação de professores reflexivos; 2) a formação de educadores para a justiça social; 3) universidade, escola e comunidade na formação docente, o tema da pesquisa atual dele.

A FORMAÇÃO DE PROFESSORES REFLEXIVOS: UMA IDEIA AINDA HOJE POUCO COMPREENDIDA

Em 1993, o Professor Kenneth Zeichner publicou o livro *A formação reflexiva de professores: ideias e práticas*, pela Editora Educa, com sede em Lisboa, Portugal. A versão revisada e em inglês do livro foi publicada nos EUA apenas em 1996, em coautoria com Dan Liston: *Reflective Teaching: an Introduction* (Ensino reflexivo: uma introdução). Por ter sido publicado primeiro em Portugal e por estar escrito em português, esse livro chegou rapidamente ao Brasil e foi lido e analisado nos meios acadêmicos brasileiros por várias pessoas ligadas à área da formação de professores. Em geral, eu avalio que, apesar das críticas, esse livro foi bem recebido no Brasil.

Em razão disso, Ken Zeichner ficou bastante conhecido no Brasil como um dos autores que ajudaram a popularizar a ideia da formação de professores reflexivos. Aliás, ainda hoje, quando alguém me pergunta quem foi meu orientador de doutorado e eu respondo que foi Ken Zeichner, geralmente, ouço o seguinte comentário: "Ah, sei. O da formação de professores reflexivos?!"

Contudo, o livro lançado em Portugal e a versão em inglês lançada nos EUA não foram as primeiras publicações de Zeichner sobre o tema. Em artigo publicado na revista *Educação & Sociedade*, em 2008, ele explica o contexto em que divulgou o seu primeiro texto sobre essa temática.

> Eu publiquei o meu primeiro artigo sobre a ideia de prática reflexiva na formação docente, em 1981, no Canadá, quando a psicologia comportamentalista era força dominante na formação de professores nos Estados Unidos (Zeichner, 1981). Quando era estudante da [graduação] e professor do ensino fundamental em escolas públicas dos EUA, a ênfase recaía sobre a preparação de professores para se comportarem de certas maneiras (por

exemplo, levantando certos tipos de pergunta em sala de aula), o que se acreditava ser mais eficiente para elevar o rendimento dos estudantes nas avaliações sistêmicas. Não havia ainda pesquisa ou discussão séria na formação de professores sobre os saberes docentes e que os ajudassem a compreender as racionalidades subjacentes ao uso de diferentes estratégias de ensino, ou que os auxiliassem a tomar decisões que vão ao encontro das necessidades dos estudantes que, por sua vez, estão em permanente transformação. (Zeichner, 2008b, p. 536)

Antes mesmo de publicar o seu primeiro texto sobre o tema, a "reflexão" já fazia parte da sua prática como formador de professores. É o que ele revelou nesse mesmo artigo da revista *Educação & Sociedade*:

O meu envolvimento com a tentativa de formar professores que fossem mais reflexivos sobre suas práticas iniciou em 1976, quando comecei a trabalhar na Universidade de Wisconsin e desenvolver pesquisas sobre a aprendizagem dos estudantes de licenciatura dos nossos programas de formação docente. Um dos resultados das nossas pesquisas foi que muitos dos nossos estudantes, apesar de tecnicamente competentes em sala de aula, eram demasiadamente preocupados em *passar o conteúdo* de uma maneira mais tranquila e organizada. Eles não pensavam muito sobre o porquê de fazerem aquilo que faziam, se aquilo que ensinavam representava uma seleção de um universo muito mais amplo de possibilidades e como os contextos em que ensinavam facilitavam ou não certos tipos de prática. (Zeichner, 2008b, p. 537, grifo do original)

Zeichner enfatiza, nesse mesmo artigo, que a ideia da prática reflexiva é, na verdade, bastante antiga e remonta ao início do século XX. Ele destaca a importância da publicação do livro *Como pensamos*, de John Dewey, em 1933, para a difusão dessa ideia nos Estados Unidos. Cinquenta anos depois, a publicação de outro livro, *O profissional reflexivo*, de Donald Schön, em 1983, foi essencial para "a re-emergência da prática reflexiva como um tema importante da formação docente norte-americana" (Zeichner, 2008b, p. 538).

Zeichner lamenta profundamente que a formação de professores reflexivos tenha se tornado um *slogan* e que, em razão disso, tenha se esvaziado de sentido. Segundo ele, "O ensino reflexivo tornou-se rapidamente um *slogan* adotado por formadores de educadores das mais diferentes perspectivas políticas e ideológicas para justificar o que faziam em seus programas e, depois de certo tempo, ele começou a perder qualquer significado específico" (Zeichner, 2008b, p. 538).

Todavia, Zeichner, ao buscar enfatizar o sentido político dessa expressão, aproveita-se dessa mesma publicação para explicitar a ligação entre a reflexão docente e as lutas por justiça social. Ele assume a seguinte posição política: "Na minha visão, a formação docente reflexiva [...] não deve ser apoiada, a não ser que contribua para a construção de uma sociedade melhor para os filhos de todos" (Zeichner, 2008b, p. 545). E, então, ele conclui: "O propósito de se trabalhar para a justiça social é uma parte fundamental do ofício dos formadores de educadores em sociedades democráticas e não deveríamos aceitar outra coisa" (Zeichner, 2008b, p. 548).

As publicações de Zeichner sobre a formação de professores para a justiça social inauguram, a meu ver, uma nova fase da obra desse autor: ainda mais crítica e mais politizada.

TORNANDO-SE AINDA MAIS CRÍTICO E MAIS POLITIZADO: A FORMAÇÃO DE PROFESSORES PARA A JUSTIÇA SOCIAL

Em 2009, o Professor Kenneth Zeichner publicou o livro *Teacher Education and the Struggle for Social Justice* (Formação de professores e a luta por justiça social), pela Editora Routledge, de Nova Iorque. Considero que a publicação desse livro sinaliza o início de uma fase ainda mais crítica e mais politizada desse autor no campo da pesquisa sobre formação de professores. Naquela entrevista que concedeu à UW-Seattle em 2009, Zeichner comenta sobre o lançamento desse livro e responde à questão elaborada pelo entrevistador sobre a importância do tema da formação de professores para a justiça social nos EUA:

> [Entrevistador] **Seu livro mais recente é intitulado Teacher Education and the Struggle for Social Justice (Routledge, abril de 2009). Por que a questão da justiça social é tão importante para a formação de professores e a educação em geral?**
>
> [Ken Zeichner] Essa questão é realmente importante para o país em razão das enormes lacunas existentes na qualidade da educação disponível para alunos de diferentes perfis nos EUA. Em uma sociedade democrática, isso é injustificável. Essas lacunas estão, em parte, relacionadas à distribuição desigual de professores de alta qualidade nas escolas do país. E, como Jonathan Kozol escreveu, diferentes quantias de dinheiro são gastas na educação de estudantes em diferentes redes de ensino. De muitas maneiras, as escolas se tornaram mais segregadas hoje do que quando se iniciou o movimento pelos direitos civis nos EUA, nos anos 1960. É importante para a nossa nação que os professores estejam preparados para entrar nas escolas públicas e trabalhar um ensino de alta qualidade para todos os alunos, não importando a origem deles. Isso requer ação nas salas de aula e para além das salas de aula. Fatores como o acesso a cuidados de saúde, a alimentos nutritivos, a moradia, a empregos que pagam um salário digno etc. afetam a qualidade da aprendizagem. Essas questões não podem ser completamente resolvidas na sala de aula, mas os professores têm uma importante contribuição para a luta mais ampla por uma sociedade mais justa e mais humana. Isso é importante para o futuro da democracia em nosso país. Nós realmente precisamos nos concentrar em melhorar a qualidade da educação para as crianças que não estão recebendo uma educação de alta qualidade atualmente.

O meu livro inclui uma variedade de ensaios sobre diferentes aspectos dessa questão e diferentes discussões sobre como abordar o problema. Ele inclui uma análise mais ampla do panorama da educação pública nos EUA, bem como minhas opiniões sobre a direção que precisamos tomar para formar os professores para as nossas escolas públicas. (Zeichner, 2009b, tradução nossa)

Na minha humilde compreensão da obra de Ken Zeichner, a publicação desse livro, em 2009, em que ele defende a relação entre os programas de formação docente e as lutas mais amplas por justiça social, na verdade, o faz retomar algumas ideias que ele já havia defendido nas décadas de 1980 e 1990. Por exemplo, no livro que escreveu com Dan Liston em 1991, *Teacher Education and the Social Conditions of Schooling* (Formação de professores e as condições sociais da educação escolar), Zeichner critica as "agendas" que ele chamou de "acadêmica", "para a eficiência social" e "desenvolvimentista" para a formação de professores nos EUA e defende, explicitamente, uma agenda sociorreconstrucionista para a preparação de novos professores nesse país.

O próprio Zeichner reconhece, no texto que escreveu para o livro publicado pela Editora Autêntica em 2008, que "a abordagem da formação docente que se tornou conhecida como formação de professores para a justiça social" (FPJS) não é nova e que "vários rótulos", tais como "**formação de professores sociorreconstrucionista**, antirracista, crítica ou multicultural", podem ser associados a ela (Zeichner, 2008a, p. 11, grifo nosso). Porém, mais adiante no texto e por meio de uma nota de rodapé, ele esclarece que "Embora a FPJS faça uso de aspectos dessas tendências de formação de professores, ela é distinta delas em razão do seu foco ajudar a promover a mudança social em larga escala nas esfera social, econômica, política e educacional da sociedade" (Zeichner, 2008a, p. 30).

Zeichner, mais uma vez, lamenta que, assim como aconteceu com a ideia da prática reflexiva, a FPJS também se tornou um mero *slogan* nos Estados Unidos.

A FPJS, assim como ocorreu com a "reflexão", nos anos 1980 e 1990, se tornou o novo *slogan* daqueles que se consideravam formadores de professores progressistas. Atualmente, isso chegou a um ponto tal que é muito difícil encontrar, em qualquer lugar, um programa de formação de professores que não reivindique ter uma orientação de justiça social e formar professores para trabalhar contra injustiças no ensino e na sociedade. (Zeichner, 2008a, p. 32)

Foi por meio da minha tese de doutorado que Zeichner conheceu a experiência de formação de educadoras/es do Movimento dos Trabalhadores Sem Terra (MST) no Brasil. Ele ficou fascinado com aquela experiência e, em um de nossos encontros de orientação, lamentou: "Infelizmente, eu não conheço nada similar a essa experiência nos Estados Unidos. Eu gostaria que nós tivéssemos algo parecido a essa experiência do MST aqui".

No livro que publicou em 2009*, além de um exemplo no Canadá, Zeichner cita a experiência de formação de educadoras/es do MST no Brasil a fim de ilustrar as ideias sobre formação de professores para a justiça social que ele defende. No texto que escreveu para o prefácio do meu livro (Diniz-Pereira, 2013), ele destaca a enorme diferença entre os programas de formação de professores para a justiça social nos Estados Unidos, em que, na maioria das vezes, apenas **se discutem** temas relacionados à justiça social, e a experiência do MST no Brasil, em que a lógica

---

* No Brasil, o livro foi publicado com o título *Políticas de formação de professores nos Estados Unidos: como e por que elas afetam vários países no mundo*, pela Editora Autêntica, em 2013.

é outra: **luta-se** por justiça social e, por meio do envolvimento direto com essa luta, educadoras/es **formam-se** no processo. É por essa razão que tenho defendido que a experiência do MST no Brasil nos obriga a usar a expressão *formação de educadoras/es **por meio da** justiça social* em vez de **formação de professores para a justiça social**, como tem sido a tradição nos EUA (Diniz-Pereira; Soares, 2019).

Por fim, nos últimos anos, Zeichner tem despendido a maior parte do seu tempo para investigar as políticas públicas voltadas para a formação de professores nos Estados Unidos e explorar um tema inédito no campo da pesquisa em docência: universidade, escola e comunidade na formação de professores.

A PESQUISA ATUAL: UNIVERSIDADE, ESCOLA E COMUNIDADE NA FORMAÇÃO DE PROFESSORES

Em seu perfil no *site* da UW-Seattle, o Professor Kenneth Zeichner explicita as linhas e as temáticas de suas pesquisas atuais:

> A minha pesquisa analisa diferentes aspectos da formação de professores nos Estados Unidos e no mundo. Por muitos anos, eu procurei compreender os diferentes modelos de formação de professores, as racionalidades subjacentes a esses modelos e aos elementos presentes nos programas de formação docente.
>
> Recentemente, eu decidi focar meus estudos nas políticas voltadas para a formação de professores nos EUA e, mais especificamente, nas tentativas de privatização da formação docente nesse país [e o papel da "filantropia de risco" nesse fenômeno e os chamados programas independentes de formação de professores nos EUA]. Também tenho interesse em entender a dificuldade das pesquisas educacionais em orientar políticas e práticas de formação de professores e, consequentemente,

o fato de os processos democráticos de deliberação e de tomadas de decisão sobre a preparação dos profissionais da educação serem enfraquecidos em razão disso.

Estou trabalhando atualmente com modos de se articularem mais fortemente os componentes teóricos e práticos da formação docente por meio da criação de diferentes modelos híbridos de formação de professores. A pesquisa financiada que eu concluí recentemente – uma pesquisa que é parte de um estudo internacional mais amplo – analisa a relação entre políticas e práticas docentes e os modos como o envolvimento direto de membros das comunidades locais, que participam como "mentores comunitários" na preparação de novos professores, afeta a aprendizagem de licenciandos. (Zeichner, 2021, tradução nossa)

Dessa maneira, como mencionado anteriormente, o Professor Kenneth Zeichner passou a se preocupar, mais recentemente, com o tema "universidade, escola **e comunidade** na formação de professores" em suas pesquisas. Basicamente, ele defende a ideia de que os conhecimentos acadêmicos, escolares **e comunitários** devem ser utilizados de maneira menos acidental e menos hierárquica na formação de futuros professores da educação básica (Guillen; Zeichner, 2018).

A meu ver, essa é uma ideia original no meio acadêmico em educação porque, até então, discutiam-se muito a relação entre escola e comunidade, de um lado, e a relação entre universidade e escola na formação de professores, de outro. Porém, não conheço ninguém, antes de Zeichner, que houvesse proposto unir essas duas "pontas". Ele tem feito isso por meio do desenvolvimento dos conceitos de *terceiro espaço* e de *hibridismo* na formação de professores.

Além disso, indignado com as mudanças no cenário político dos Estados Unidos nos últimos anos, Zeichner elegeu a questão das políticas públicas voltadas para a formação de professores nesse país como temática a ser privilegiada. Ele tem se debruçado sobre essa questão e procurado dar alguma contribuição ao debate sobre esse tema, principalmente, por meio das duras críticas que faz às tentativas de privatizar e de retirar das universidades a formação docente nos EUA.

Algumas publicações sobre esses temas atuais na produção acadêmica do Professor Kenneth Zeichner já estão disponíveis no Brasil. Em 2013, ele publicou o seu primeiro livro autoral em nosso país, que trata justamente do tema das políticas públicas de formação de professores nos Estados Unidos (Zeichner, 2013). De maneira similar ao que ocorreu com o *Reflective Teaching*, ele primeiro publicou uma versão em português desse livro no Brasil para depois publicar uma versão revisada e em inglês nos Estados Unidos (Zeichner, 2018). Em 2019, Zeichner e eu publicamos *Formação de professores S/A: tentativas de privatização da preparação de docentes da educação básica no mundo*, um livro que organizamos com base em trabalhos apresentados na Reunião Anual da Aera, em 2016, em Washington D.C., sobre tentativas de privatização dos programas de formação de professores no mundo (Diniz-Pereira; Zeichner, 2019).

FINALIZANDO

Ao analisar brevemente e de maneira incompleta a obra do Professor Kenneth Zeichner neste capítulo, arrisco afirmar que sua produção intelectual não sofreu grandes rupturas de paradigma, na concepção kuhniana do termo, ao longo do tempo. Contudo, não podemos dizer tampouco que a obra dele siga um *continuum*. Sem dúvida, existe um fio condutor coerente na produção acadêmica de Zeichner que está presente desde a defesa da agenda sociorreconstrucionista, nos anos 1980, passando pela ideia da prática reflexiva, nos anos 1990, bem como pela formação de professores para a justiça social, na primeira década dos anos 2000, até chegar ao tema atual da relação entre universidade, escola e comunidade na formação docente.

O mais acurado seria, quem sabe, imaginar a obra do Professor Zeichner como ciclos espiralados que crescem de baixo para cima, em que a semente de seu pensamento talvez tenha se desenvolvido a partir das experiências que ele teve em escolas públicas em regiões pobres e segregadas da Filadélfia, quando precocemente percebeu a distribuição desigual de professores qualificados entre as diferentes redes de ensino nos EUA. Essa semente, então, encontrou terrenos bastante férteis – a Universidade do Estado de Wisconsin, em Madison e, mais recentemente, a Universidade do Estado de Washington, em Seattle – para germinar, crescer e dar bons frutos para o campo da pesquisa sobre formação de professores nos Estados Unidos e no mundo.

Ken Zeichner lecionou em escola pública e foi professor formador na Universidade de Wisconsin-Madison e na Universidade de Washington, onde atualmente é professor emérito boeing de Formação de Professores. É membro eleito da Academia Nacional de Educação (National Academy of Education – NAEd) e foi nomeado fellow da Associação Americana de Pesquisa Educacional (American Educational Research Association – AERA). Alguns de seus livros publicados em língua inglesa são: *The Struggle for the Soul of Teacher Education* (2018); *Empowered Educators in Canada: How High-Performing Systems Shape Teaching Quality* (2017), em coautoria com Carol Campbell, Ann Lieberman e Pam Osmond-Johnson; *Teacher Education and the Struggle for Social Justice* (2009); *Studying Teacher Education: the Report of the AERA Panel on Research and Teacher*

Education (2005), em coautoria com Marilyn Cochran-Smith; *Democratic Teacher Education Reform in Africa: the Case of Namibia* (1999), em coautoria com Lars Dahlström; *Reflective Teaching: an Introduction* (2011) e *Teacher Education and the Social Conditions of Schooling* (1991), ambos em coautoria com Daniel P. Liston. Seu novo livro, *Communities in Teacher Education*, será publicado pela editora inglesa Bloomsbury. Tem trabalhos traduzidos para o francês, o alemão, o espanhol, o português e o tailandês. A maioria de suas publicações, com exceção de seus livros, está disponível de forma gratuita no *site* <kenzeichner.com>.

REFERÊNCIAS

COCHRAN-SMITH, M.; ZEICHNER, K. (Ed.). **Studying Teacher Education**: the Report of the AERA Panel on Research and Teacher Education. New York: Routledge, 2005.

DINIZ-PEREIRA, J. E. **How the Dreamers are Born**: Struggles for Social Justice and the Identity Construction of Activist Educators in Brazil. New York: Peter Lang, 2013.

DINIZ-PEREIRA, J. E. O programa de formação docente da Universidade de Wisconsin-Madison para a educação básica: inovações e contradições. **Cadernos de Educação**, Pelotas, v. 20, n. 1, p. 79-91, 2003.

DINIZ-PEREIRA, J. E.; SOARES, L. J. G. Formação de educadoras/es, diversidade e compromisso social. **Educação em Revista**, Belo Horizonte, v. 35, p. 83-97, 2019.

DINIZ-PEREIRA, J. E.; ZEICHNER, K. (Org.). **Formação de professores S/A**: tentativas de privatização da preparação de docentes da educação básica no mundo. Belo Horizonte: Autêntica, 2019.

GUILLEN, L.; ZEICHNER, K. A University-Community Partnership in Teacher Education from the Perspectives of Community-Based Teacher Educators. **Journal of Teacher Education**, v. 69, n. 2, p. 140-153, 2018.

ZEICHNER, K. Curriculum vitae. **UW College of Education**. Disponível em: <https://education.uw.edu/people/faculty/kenzeich#profile-faculty>. Acesso em: 2 jul. 2021.

ZEICHNER, K. Formação de professores para a justiça social em tempos de incertezas e desigualdades crescentes. In: DINIZ-PEREIRA, J. E.; ZEICHNER, K. **Justiça social**: desafio para a formação de professores. Belo Horizonte: Autêntica, 2008a. p. 11-34.

ZEICHNER, K. **Políticas de formação de professores nos Estados Unidos**: como e por que elas afetam vários países no mundo. Belo Horizonte: Autêntica, 2013.

ZEICHNER, K. **The Struggle for the Soul of Teacher Education**. New York: Routledge, 2018.

ZEICHNER, K. Uma agenda de pesquisa para a formação docente. **Formação Docente: Revista Brasileira de Pesquisa sobre Formação de Professores**, Belo Horizonte, v. 1, n. 1, p. 13-40, ago./dez. 2009a.

ZEICHNER, K. Uma análise crítica sobre a "reflexão" como conceito estruturante na formação docente. **Educação & Sociedade**, Campinas, v. 29, n. 103, p. 535-554, maio/ago. 2008b.

ZEICHNER, K. Who Is Ken Zeichner? **Newsletter**. College of Education, University of Washington, Seattle, WA, September, 2009b. Disponível em: <http://www.washington.edu/alumni/partnerships/education/news/200909/zeichner.html.>. Acesso em: 13 maio 2021.

Joana Paulin Romanowski
Simone Regina Manosso Cartaxo

CAPÍTULO 3

Formação de professores para a mudança educativa:
as proposições de Carlos Marcelo Garcia

PRÓLOGO

Carlos Marcelo García

No hay mayor satisfacción para un investigador que comprobar que sus trabajos tienen reconocimiento por parte de la comunidad profesional. Que uno de mis libros haya sido citado por 3.413 investigadoras e investigadores brasileños como influyente para sus pensamientos y prácticas investigadoras es un honor y un privilegio. Estoy sumamente agradecido a compañeras y amigas como Joana Romanowski que han contribuido a difundir mis trabajos e ideas en ese gran país que es Brasil.

La formación, el aprendizaje, es la única respuesta que tiene el ser humano ante los cambios en el ecosistema que le rodea. Y si en todas las épocas el cambio ha sido una constante, en la que vivimos lo es mucho más. Por eso los investigadores que nos preocupamos por la formación estamos mucho más desafiados. Necesitamos comprender y dar respuesta a los cambios sociales, tecnológicos, epistemológicos, personales que se están produciendo en las últimas décadas. Pero también necesitamos anticiparnos a las consecuencias que estos cambios van a tener en el ser humano, en niños y niñas, en adultos, en hombres y mujeres. Por eso la formación debe ser pensada desde una perspectiva más amplia y expandida que lo que hasta ahora hemos mantenido. La formación no pertenece a las instituciones de formación. La formación está en cualquier lugar y momento. Está en las personas, en el ambiente personal de aprendizaje, en las relaciones y redes sociales. Y nos toca a nosotros plantearnos preguntas e investigar para conocer y comprender estas nuevas complejidades.

PRÓLOGO (EM LÍNGUA PORTUGUESA)*

Carlos Marcelo Garcia

Não há maior satisfação para um pesquisador do que comprovar que seus trabalhos são reconhecidos pela comunidade acadêmica. Que um de meus livros tenha sido citado por 3.413 pesquisadoras e pesquisadores brasileiros como influente para seus pensamentos e suas práticas de pesquisa é uma honra e um privilégio. Sou imensamente grato a companheiras e amigas, como Joana Romanowski, que têm contribuído para a difusão de meus trabalhos e ideias nesse grande país que é o Brasil.

A formação, o aprendizado, é a única resposta do ser humano perante as mudanças no ecossistema que o rodeia. E, se em todas as épocas, a transformação tem sido uma constante, nesta em que vivemos, o é ainda mais. Por isso, nós, pesquisadores dedicados à formação, enfrentamos consideravelmente mais desafios. Devemos compreender e responder às transformações sociais, tecnológicas, epistemológicas, pessoais que vêm acontecendo nas últimas épocas. Contudo, também precisamos anteciparmo-nos aos efeitos dessas mudanças sobre o ser humano, sobre as crianças, sobre os adultos, sobre os homens e sobre as mulheres. Por essa razão, a formação deve ser pensada sob uma perspectiva mais ampla e extensa do que as que adotamos até agora. A formação não pertence às instituições de ensino. A formação ocorre em qualquer lugar e em qualquer momento. Está nas pessoas, no ambiente pessoal de aprendizagem, nas relações e nas redes sociais. E cabe a nós elaborarmos perguntas e pesquisarmos para conhecermos e compreendermos essas novas complexidades.

---

* Tradução nossa.

INTRODUÇÃO

No atual contexto, há um consenso de que a formação de professores é fundamental para a promoção de melhorias na educação. Artigos, livros, programas governamentais, relatos de pesquisas, palestras têm enfatizado que o professor é um profissional do conhecimento que pode elaborar reflexões críticas sobre o ensino a fim de compreender suas características e de promover mudanças na escola, nos alunos e na sociedade. Essa leitura está para além dos sistemas educativos e das instituições; não são poucos os filmes, os vídeos*, as reportagens que expressam essa imagem do professor como promotor de transformações educacionais.

Entre os pesquisadores do campo da formação e do desenvolvimento profissional de professores, muitas indagações são feitas a respeito do professor, da prática docente e de aspectos formativos. Entre as inúmeras questões estão: Em que consiste a formação de professores? Como se efetivam a formação e a aprendizagem no âmbito da profissão? Quais elementos constituem o processo de formativo? Quais modelos e concepções têm predominado na composição dos processos de formação docente? Quais teorias orientam esses processos formativos? Quais são as finalidades da formação docente? Quais conhecimentos são imprescindíveis aos professores?

Neste capítulo, examinaremos as proposições sobre formação de professores e desenvolvimento profissional apresentadas por Carlos Marcelo Garcia em seus livros, artigos, conferências e pesquisas. Destacamos que as publicações de Marcelo estão

---

* Há canais no YouTube com milhares de centenas de visualizações quando se trata de apresentar um bom professor. Igualmente, são produzidas inúmeras reportagens, divulgadas em jornais impressos e em programas de televisão, acerca de ações e resultados obtidos por professores em seus trabalhos.

entre textos lidos e que circulam entre estudantes, professores e pesquisadores, considerando-se o expressivo número de artigos e livros referenciados em pesquisas e artigos, como reconhece Cunha (2013).

Para compormos o capítulo, inicialmente apresentamos o autor, destacando sua formação, suas pesquisas e publicações e as contribuições em nosso meio. Em seguida, com base em seus escritos, descrevemos os principais conceitos que ele elaborou e que subsidiam nossos estudos no Brasil. Para a organização do capítulo, definimos como linha condutora a consulta e a leitura de textos publicados pelo autor, bem como as anotações feitas em palestras a que pudemos assistir, procurando sintetizar as proposições e os conceitos e princípios defendidos.

Entre os temas em discussão elegemos: as finalidades, os conceitos e o campo da formação de professores; a inserção profissional e os professores iniciantes; a formação e as novas tecnologias; o desenvolvimento profissional docente.

O AUTOR CARLOS MARCELO GARCIA*

Com base em texto do autor publicado no Open Researcher and Contributor ID (Marcelo, 2021) e em sua página institucional na Universidade de Sevilha (US, 2021), destacamos a seguir dados sobre sua formação, sua atuação profissional e suas publicações, para situar suas contribuições no campo da formação de professores.

---

* Carlos Marcelo Garcia é constantemente referenciado, no Brasil, da seguinte maneira: Garcia, Carlos Marcelo. Essa forma, porém, não corresponde à referência correta: Marcelo, Carlos ou Marcelo, Carlos Garcia.

Carlos Marcelo Garcia é licenciado em Ciencias de la Educación pela Universidade de Sevilha e doutor em Educação pela mesma instituição, com a defesa da tese *Planificación y toma de decisiones en el curriculum y la instrucción*, em 1986, sob a orientação de Miguel Villar Angulo*. É catedrático da Faculdade de Educação da Universidade de Sevilha, onde coordena o Programa de Doutorado em Educação. Foi membro do Comitê de Especialistas sobre Formação Docente (2008) e responsável pelo Ensino Universitário da Andalucía para a Avaliação da Qualidade e Acreditação Universitária (2009). Faz parte da Comissão de Avaliação de Projetos de Investigação do Ministério da Educação da Espanha. Em seu pós-doutoramento, no Instituto de Pesquisa sobre Ensino da Universidade de Michigan, investigou professores da relevância de Christopher Clark, Penelope Peterson, Fredrick Erickson ou Jere Brophy**.

Marcelo destaca que a investigação no pós-doutorado lhe possibilitou compreender uma parte de sua carreira como investigador "porque naqueles anos uma mudança de paradigma estava se formando na pesquisa educacional em torno da abordagem

---

* Miguel Villar Angulo é catedrático do Departamento de Didáctica y Organización Educativa da Facultad de Educación de la Universidad de Sevilla (jubilado). Suas publicações abordam formação de professores e desenvolvimento profissional docente. É editor, juntamente com Olga María Alegre de la Rosa, do *International Journal of Research on Teaching and Faculty Development*.

** Os pesquisadores Christopher Clark e Penelope Peterson contribuem com a psicologia educacional ao analisarem a intervenção das crenças prévias dos professores sobre o ensino, no desenvolvimento profissional. Desse modo, valorizam a prática reflexiva como forma de construção do desenvolvimento profissional, o que remete às teorias de ensino, da aprendizagem social e emocional, para a melhoria da interação professor-aluno, quando examinadas no contexto das necessidades educacionais especiais e da gestão de sala de aula. Jere Brophy foi professor emérito de Educação de Professores e Psicologia Educacional na Universidade de Michigan. Psicólogo clínico e de desenvolvimento, pesquisou sobre as expectativas de realização dos professores e os efeitos de profecias autorrealizáveis, a dinâmica da relação professor-aluno, os efeitos das características pessoais sobre professores, as relações entre os processos de sala de aula e o desempenho dos alunos, as estratégias dos professores para administrar as salas de aula e lidar com alunos problemáticos e as estratégias dos professores para motivar os alunos a aprender. Fredrick Erickson tem se destacado por seus estudos sobre investigação-ação.

qualitativa e com foco na formação do pensamento do professor" (Marcelo, 2021, tradução nossa). O autor ressalta que dedicou mais de 15 anos de sua carreira para a investigação desse assunto, tendo publicado livros e artigos sobre o estudo do pensamento do professor, e conclui que tal estudo dá lugar à necessidade de investigar a formação de professores (Marcelo, 2021).

A maior parte da produção do autor é sobre esse assunto, divulgada em livros como *Formação de professores para uma mudança educativa* (1999) – no original, *Formación del professorado para el cambio educativo* –, obra citada em 1.888 publicações, entre artigos, teses, dissertações e livros, conforme o índice de citações do Google Acadêmico.

A versão em espanhol desse livro apresenta o desenvolvimento de um estudo sobre a formação de professores iniciantes que, segundo o autor, teve uma influência considerável sobre o assunto, até então ainda não investigado na Espanha. Assim, de acordo com o autor, com base em uma pesquisa aprovada pelo Centro de Investigación, Documentación e Evaluación (Cide) do Ministério da Educação e Ciência em 1991, foi iniciada uma linha de pesquisa sobre professores iniciantes que levou a publicações, livros e teses de doutorado.

Além disso, Marcelo salienta que a pesquisa foi promovida com a organização de um congresso a cada dois anos, em torno dos professores principiantes. Esses congressos ocorreram em Sevilha, Buenos Aires, Santiago, Curitiba e Boca Chica, na República Dominicana. O autor destaca que o tema da formação de professores, ligada a sua carreira de pesquisador, assumiu outro tópico relacionado à pesquisa sobre inovação nas escolas. Cita, ainda, uma pesquisa aprovada pelo Cide, em que desenvolveu estudos relacionados aos processos de mudança nas escolas.

O resultado dessa pesquisa foi incluído em um livro sobre inovação educativa na Espanha, publicado pelo Ministério da Educação em 2011.

Por fim, o autor aponta que a "linha de investigação mais recente, iniciada no final dos anos 1990, está relacionada com a incorporação de novas tecnologias de informação e comunicação nos processos de formação, em virtude de sua percepção acerca da importância que as tecnologias estavam tendo e teriam no campo da formação" (Marcelo, 2021, tradução nossa). A linha de pesquisa desenvolvida pelo autor nessa direção envolve processos de aprendizagem mediados por tecnologias, o chamado *e-learning*. Vários livros e artigos foram publicados com base nessas pesquisas. Em consulta feita em 11 de maio de 2021 no Google Acadêmico, consta que o autor tem um índice de 19.826, Índice H: 54, Índice I 10:155.

Como testemunho das pesquisas de Marcelo sobre professores iniciantes, Correa (2013, p. 17), em sua dissertação de mestrado, afirma que

> a criação da 'Red sobre Iniciación a la Docencia: Professorado Principiante e Inserción Profesional' – uma rede virtual de colaboradores, sobretudo, pesquisadores como Carlos Marcelo e Cristina Mayor Ruiz (Universidade de Sevilla, Espanha) e Antonio Bolívar (Universidade de Granada, Espanha) expressa a importância desse assunto.

Além de suas publicações, em suas pesquisas, Marcelo participou de reuniões nacionais da Associação Nacional de Pós-Graduação e Pesquisa em Educação – Anped (2001, 2012), do Educere (2013) e do IV Congresso Internacional sobre Professorado Principiante (2014), entre outras.

FORMAÇÃO DE PROFESSORES: CONCEITOS, PRINCÍPIOS E FINALIDADES

As inúmeras discussões dos pesquisadores sobre a formação de professores expressam preocupação com a definição do conceito de *formação* e com a delimitação de seu campo de estudos*.

A formação de professores pode ser entendida como campo disciplinar e de pesquisa, indicada em Marcelo (1999b), diante da existência de objeto próprio e metodologia específica, de uma comunidade de cientistas que define um código de comunicação e integração dos participantes no desenvolvimento da pesquisa e de um reconhecimento social e político da formação de professores como elemento fundamental para a melhoria da ação educativa.

O objeto de formação considera os processos formativos, desde a preparação, a profissionalização e a socialização dos professores. São conhecimentos, modos, modelos e proposições singulares e dos quais se ocupam os profissionais e pesquisadores que atuam e pesquisam esses procedimentos. Esses modos e modelos, ressalta o autor, são consolidados; assemelham-se aos modos de investigação da didática, mas são distintos.

Além disso, há uma comunidade de pesquisadores, que se dedica a compreender os processos de formação, confirmado por André (2010) ao assinalar a expansão de estudos e publicações no Brasil. Essas pesquisas resultam em linguagem, códigos de

---

* Vários estudos e pesquisas foram realizados por membros do GT8 – Formação de Professores da Anped, entre os quais estão: André (2000, 2006, 2009, 2010), que exaustivamente se dedica a compreender a pesquisa em formação de professores; Brzezinski (2008), que trata das produções do GT8/Anped; Jardilino et al. (2011); Terrazzan e Gama (2007); Ramalho et al. (2002); Romanowski (2002, 2013, 2016). Os anais dos simpósios de grupos de pesquisa sobre formação docente expressam essas preocupações.

comunicação, estruturas conceituais e metodológicas que permitem o intercâmbio e a colaboração entre os pares.

Desse modo, o campo de formação de professores é composto de estudos relativos à formação inicial e continuada, à identidade docente e à sua profissionalização, ao desenvolvimento docente, às políticas educacionais de formação de professores, à história da formação de professores e aos saberes e aprendizagem profissional, como expressam os estudos sobre os estados da arte realizados por André e Romanowski (2002), André (2002), Brzezinski e Garrido (2006) e Brzezinski (2014).

Cada uma dessas dimensões comporta investigações específicas e articuladas que são transversalizadas pelos campos da política educacional, da didática, do currículo, da psicologia, da sociologia e por outros campos das ciências humanas e sociais. Marcelo (1999b) distingue a abrangência dos níveis e etapas da formação da seguinte forma:

1. Pré-treino: é a fase que antecede a formação propriamente dita, caracterizada como as experiências vivenciadas como estudante.
2. Formação inicial: é a etapa em que se constitui a preparação formal, feita em instituições credenciadas. É também um período de *choque com a realidade* (Veenman, 1988), expressão que se refere à situação que professores percorrem em seu primeiro ano de docência, caracterizado por ser, em geral, um processo de intensa aprendizagem em contextos geralmente desconhecidos, marcado pelo descobrimento, pela adaptação, pela aprendizagem e pela transição.

3. Inserção profissional: acontece no ingresso da profissão, nos primeiros anos em que se intensifica o exercício da prática de ser professor.
4. Formação permanente: é nomeada como *formação continuada* no Brasil, em que o aperfeiçoamento e a profissionalização se consolidam quer pela prática profissional, quer pela participação em programas, cursos e projetos.

Em tempos posteriores, Marcelo (2009b, p. 9) passa a referir essas etapas como **desenvolvimento profissional**, por ser mais adequada "à concepção do professor enquanto profissional do ensino". O autor considera que o conceito de desenvolvimento "tem uma conotação de evolução e continuidade [...], supera a tradicional justaposição entre formação inicial e formação contínua dos professores". Com efeito, é "o desenvolvimento profissional como um processo que se vai construindo à medida que os docentes ganham experiência, sabedoria e consciência profissional" (Marcelo, 2009b, p. 11).

A identidade se agrega à compreensão do desenvolvimento profissional, pois por meio dela "nos percebemos, nos vemos e queremos que nos vejam. A identidade profissional é a forma como os professores se definem a si mesmos e aos outros. É uma construção do seu eu profissional, que evolui ao longo da sua carreira docente", como afirma Marcelo (2009b, p. 11).

Quanto à natureza do campo da formação de professores, Roldão (2007a, 2007b), ao examinar o compósito desse campo, caracteriza-a como processual, epistêmica e praxiológica: processual por indicar as situações teórico-metodológicas com que abordamos a formação do professor; epistêmica por se tratar da construção de determinado tipo de conhecimento com caraterísticas próprias; praxiológica por ser um conhecimento que se desenvolve *sobre, na* e *pela* reflexão acerca de práticas sujeitas a constante análise, produzindo novas questões e novos conhecimentos, mobilizados entre conhecimentos formais, experienciais e processuais de natureza científica. O campo resulta da composição desses conhecimentos, entendidos como estruturantes e adjacentes, em que as referências à profissionalidade docente e a campos de estudos conexos se interpenetram e interagem.

Em Marcelo (1998), o campo da formação pode ser compreendido pelos estudos sobre o processamento de informação, cujo foco de atenção são os processos mentais que os professores levam a cabo quando identificam problemas em sua prática. Outro foco centra-se no estudo sobre o conhecimento prático dos professores, o desenvolvimento do conhecimento durante os estágios de ensino, em que os estudantes estagiários adquirem um conhecimento inicial acerca do ensino, na medida em que tenham tido experiências com crianças em classe. Esse conhecimento pode não ser o mais adequado, isto é, estudantes estagiários podem ter concepções errôneas e baseadas em modelos de ensino transmissivos. Essas concepções podem impedir a permeabilidade de análises críticas, prevalecendo associações às situações da prática, em que as relações entre pensamento e prática se expressem pouco claras e conhecidas.

Marcelo (1998, p. 52) reforça que "pode ocorrer contradição entre as teorias expostas e as teorias implícitas e que a mudança no conhecimento dos professores em formação não conduz necessariamente a mudanças em sua prática". O professor aprende na inter-relação entre as próprias crenças, experiências e reflexões.

Em outras palavras, o aprendizado do professor em formação decorre das mudanças provocadas por sua vivência, compondo um tecido cuja trama se reagrupa de modo permanente.

De outra perspectiva, a formação é reconhecida e valorada socialmente, ocupando espaço nas políticas governamentais, em programas e instituições que assumem o processo de formação de docentes para os sistemas de ensino. Desse modo, nos contornos do campo da formação, o trabalho docente e as condições em que se realiza, bem como a própria organização dos profissionais da educação, constituem dimensões que testemunham os limites de possibilidades de sua configuração.

Marcelo (2011b), em suas investigações e estudos, considera também a condição dos professores com base em dados internacionais. No sentido de reconhecimento da organização da categoria, destacamos a Confederação Nacional dos Trabalhadores em Educação (CNTE), entidade representativa de mais de 4,5 milhões de trabalhadores das escolas públicas brasileiras de nível básico, e o Sindicato Nacional dos Docentes das Instituições de Ensino Superior (Andes-SN), com quase 70 mil sindicalizados de instituições de ensino superior e institutos de educação básica, técnica e tecnológica, entre outras que atestam a dimensão social da categoria de profissionais professores que atuam na educação.

Ainda que não tenhamos examinado as discussões sobre o campo da formação e desenvolvimento profissional em sua extensão, na sequência apresentamos considerações sobre o conceito de formação.

CONCEITO DE FORMAÇÃO

Etimologicamente, o verbo *formar* deriva do latim *formare* e significa "dar forma ao ser", um processo externo ao sujeito. No entanto, ao dar forma, o sujeito se forma, toma forma, o que implica transformação do ser, sua reconfiguração, uma "re-forma", uma nova forma. Essa transformação afeta profundamente o ser: do não saber ao saber, do não ser ao ser, do não sentir ao sentir. Logo, a formação abarca uma dimensão ontológica; o próprio ser causa sua formação, em que sujeito e mundo interagem, ou seja, é um processo culturalmente, socialmente e historicamente situado.

Dada a polissemia da palavra *formação*, constituída em diferentes contextos e possibilidades, e considerando-se as funções dos conceitos – comunicar, organizar, generalizar, comparar, problematizar e aprofundar (Barros, 2016), é fundamental apresentar as proposições de Marcelo em torno do conceito de formação.

Em seu artigo "Formação (bildung): entre o sagrado e o profano", Sattler (2011, p. 55) alerta sobre a impossibilidade de pensar a formação "sem considerar um amplo e desafiador espectro temático, que perpassa todos os campos da ação humana, da autocompreensão de si mesmo ao conhecimento da natureza, bem como dos profundos efeitos produzidos pelo processo de secularização". No mesmo texto, Sattler explica as duas vertentes da formação: como **preparação para o exercício profissional**, associada à instrução (*ausbildung*), e como **preocupação com o desenvolvimento da pessoa** em direção à conquista de sua autonomia, da identificação de qualidades individuais (*bildung*).

Essas duas vertentes, embora possam parecer adversas, são complementares, porque a formação instrucional pode ser ampliada para uma formação pessoal. Tomando por referência

Honoré (1980), Menze (1981) e Berbaum (1982), Marcelo, em diferentes textos (1997, 1999b, 2015), apresenta um intenso questionamento a respeito desse conceito de formação de professores. A formação, como mencionamos, tomada em sentido amplo, incorpora a **autoformação**, a **heteroformação** e a **interformação**. Apesar de suas distinções por efeitos didáticos, a formação como processo compreende esses espectros.

Considerando as ponderações de Gadamer, Marcelo (1999b) explica que *bildung* não se constitui no resultado de formação técnica, não se configura como meta, mas como resultado de reflexão que envolve o sujeito. Em outras palavras, trata-se de ser para além do cultivo de talentos, de transformar acontecimentos experimentados em projeto pessoal e coletivo em aprendizagens e saberes significativos, promovendo-se a educação, a formação.

Como explica Simão de Freitas (2005, p. 123), "a *bildung* é apreendida como o 'princípio pedagógico', por excelência, da formação de si pelo cultivo de 'bens seculares' (liberdade, autonomia, responsabilidade)".

A formação pode ser entendida como possibilidade de tornar-se, um processo permanente de vir a ser. É a formação vista como função social de fazer algo para o desenvolvimento do outro, como desenvolvimento de si mesmo, promoção da maturidade interna e de possibilidade de aprendizagem (Marcelo, 1999b, p. 19).

A formação envolve a dimensão do sujeito, do grupo com o qual ele se relaciona e do contexto socio-histórico, como propõem Vaillant e Marcelo (2015, p. 19), com base em Pineau (1985), *auto*, *hetero* e *eco* formação: a autoformação se refere ao processo de apreensão do conteúdo que o indivíduo realiza;

a heteroformação é a formação recebida de outros; e a ecoformação consiste na ação sobre as coisas e sobre o ambiente.

Vaillant e Marcelo (2015) destacam que o conceito de formação não se identifica nem se dilui no interior de outros conceitos, como educação, ensino e treinamento. O conceito incorpora uma dimensão pessoal, de desenvolvimento global para além de outras concepções estritamente técnicas. Ele se vincula com a capacidade e a vontade do sujeito, que é o responsável pela atividade e pelo desenvolvimento dos processos formativos. Entretanto, isso não torna a formação totalmente autônoma, pois é por meio da formação mútua que os sujeitos podem encontrar contextos de aprendizagem que favoreçam a busca de metas de aperfeiçoamento pessoal e profissional (Vaillant; Marcelo, 2015, p. 18-19).

A autoformação indica que as pessoas, individualmente ou em grupo, assumem o próprio desenvolvimento, criam os próprios mecanismos e procedimentos de aprendizagem, a qual, no entender de Vaillant e Marcelo (2012, p. 33), com base em Galvani (1995), é, principalmente, experiencial.

Vaillant e Marcelo (2012) argumentam que a autoformação é informal, sem programa fechado, em que experiência e reflexão se articulam.

Essas dimensões atinentes ao conceito de formação implicam a compreensão desse processo em que o sujeito é transformado, transforma a si mesmo, aos outros com os quais se relaciona, o contexto em que atua (família, escola, sociedade), em que o processo de interação é concomitante ao processo de transformação.

Com efeito, o sujeito, o grupo, as coisas e o ambiente mudam, se aperfeiçoam, não de modo linear e progressivo, mas passível de conflitos, retrocessos, contradições, possibilitando recomeços que superem o existente anteriormente.

A relação entre essas dimensões requer a mudança de uma visão positivista-evolucionista para uma visão crítica, porque essas dimensões se intercalam e são simultâneas na prática docente, como apontam Soczek e Romanowski (2014). Portanto, nesse processo se inserem rupturas entre a situação anterior e a nova.

A formação incorpora angústia pela catarse provocada, há envolvimento, compromisso e esforço do sujeito, do grupo, da instituição, da sociedade, o que gera uma expectativa de reconhecimento e de valorização.

Ressaltamos que a formação docente, ao assumir por princípio a criticidade, favorece a prática da autonomia, a responsabilidade e a busca pela capacitação permanente, características tradicionalmente associadas a valores profissionais do professor (Contreras, 2002), que se expressam em diferentes níveis. Com efeito, a postura crítica requer e incentiva a investigação, a análise, a compreensão para a tomada de decisões balizadas. O processo de reinvenção de si mesmo e de intervenção no mundo é um processo de problematização e subjetivação da realidade (Araújo; Araújo; Silva, 2015).

Quanto à perspectiva de a formação de professores se constituir em uma disciplina, Marcelo (1999b, p. 26-27) a define como uma área de conhecimento e investigação. É uma área constituída como um processo sistemático e organizado que envolve a formação inicial e continuada de professores, de modo individual e em grupo, desenvolvida em cursos presenciais e a distância e em outras formas destinadas a promover o desenvolvimento profissional. O desenvolvimento pode ser introdutório, de aperfeiçoamento ou de enriquecimento e aprofundamento das competências profissionais.

Portanto, "o processo de formação docente acontece em diferentes lugares, meios e formas e se trata de um processo de socialização que, para tanto, necessita do outro como elemento construtivo" (Marcelo; Pryjma, 2013, p. 39).

As ações de formação se "desenvolvem em um contexto específico, com uma organização material determinada e com regras de funcionamento estabelecidas" (Vaillant; Marcelo, 2012, p. 28), ao se tratar de processos formais e institucionalizados. Esses processos são estruturados com papéis definidos entre formador e formando, realizados de modo planejado, com conteúdo, métodos e avaliação estabelecidos institucionalmente na busca por resultados, como afirmam os autores.

A definição desses elementos pode conter a decisão de formador e formando de modo integral ou parcial, por determinações institucionais e legais. Mesmo que esses sujeitos não participem, estão envolvidos, pois se trata de "uma inter-experiência do ambiente humano que constitui o solo, o centro de gravidade da formação, qualquer que seja a sua forma" (Honoré, 1980 citado por Vaillant; Marcelo, 2012, p. 29).

Desse modo, o conceito de formação se interpõe no campo de conhecimento como polissêmico porque, ao colocar em discussão múltiplos elementos – articulação entre sujeito em formação e sujeito formador e o processo de formação –, envolve a finalidade, o conteúdo, a forma, o resultado, a transformação e a resistência. Assim, trata-se de uma conjuntura de interação na qual os sujeitos e os elementos estão imbricados e são interdependentes.

Além disso, a formação está permanentemente diante de novas exigências, novos desafios, o que requer do sujeito, dos profissionais, das instituições um estado de vigilância, de exame, de análise, de avaliação, de modo a compor o processo de decisões e transformações para que promovam o "vir a ser" da docência para uma educação democrática em uma sociedade mais justa.

PRINCÍPIOS DO PROCESSO DE FORMAÇÃO DE PROFESSORES

Os princípios do processo de formação de professores estão estritamente relacionados ao conceito de formação e, para Marcelo (1999b, p. 27-30), perpassam todas as modalidades de formação de professores. São eles:

- A formação de professores é um processo contínuo.
- A formação está integrada ao contexto social.
- A formação se articula com a organização do sistema educacional e institucional.
- A composição da formação vincula conhecimentos pedagógicos e específicos, teóricos e práticos.
- A formação busca o isomorfismo e a individualização.

Trata-se da **formação como processo contínuo** porque deve se iniciar ainda na escolarização básica e se estender ao longo da vida profissional docente, embora esteja organizada em fases. Esse princípio tem sido destacado por pesquisadores brasileiros como Candau (2003), Mizukami et al. (2002) e Veiga (2010).

Marcelo (1999b, citando Fullan, 1990, p. 27) afirma que esse aprimoramento "é um projeto ao longo da carreira desde a formação inicial, à iniciação, ao desenvolvimento profissional contínuo no interior da própria carreira". Em outras palavras, os professores aprendem sua profissão desde a ação de seus professores até a própria prática profissional, integrando conhecimentos, saberes e experiências que se somam cumulativamente. Portanto, há uma forte relação entre a formação inicial e a continuada, tornando-se um processo permanente de aprendizagens.

Como citamos anteriormente, Soczek e Romanowski (2014) destacam que esse contínuo não se refere a um processo linear, e sim interposto por dúvidas, conflitos, rupturas, em que avanços e retrocessos estão presentes pela inquietude, pelo constrangimento diante de realidades que exigem posicionamentos, gerando novas respostas aos desafios que se apresentam e que transformam o próprio professor.

O princípio da **formação integrada ao contexto social** diz respeito às mudanças, inovações e transformações que afetam o processo de formação docente e, por conseguinte, exigem que ele seja revisto. Para promover uma formação de impacto nas salas de aula, é preciso assegurar um adequado respaldo às transformações, pois os sistemas educativos, ao se transformarem com o mesmo ritmo das mudanças nos sistemas sociais e econômicos, articulam-se ao contexto social. Como afirmam Vaillant e Marcelo (2012, p. 220), isso exige estratégias sistêmicas e não políticas parciais. Assim, a formação é um processo subjetivo e objetivo, mas inserido no bojo do contexto social e histórico.

Em artigo sobre a profissão docente em momentos de mudanças, Marcelo (2011b, p. 50, tradução nossa) ressalta que "as mudanças sociais que estamos vivendo neste novo século têm transformado profundamente o trabalho dos professores, sua imagem e também a valorização que a sociedade atribui a sua tarefa". O autor esclarece que entre essas transformações do trabalho está o valor do direito de aprender, constituindo-se um novo princípio para a formação docente, uma formação dirigida a assegurar uma aprendizagem de qualidade aos estudantes, comprometida com a inovação e a atualização.

A formação está **articulada com a organização do sistema educacional e institucional** tendo em vista que é preciso que se estruturem centros para realizar a formação dos professores. O autor entende a necessidade de se adotar uma composição organizacional nos processos de desenvolvimento profissional dos professores (Marcelo, 1999b, p. 28). Nos centros, viabilizam-se atividades de aperfeiçoamento sobre temas específicos da formação de professores: planos curriculares, investigação didática, avaliação, entre outros. As universidades e os centros de formação carecem desenvolver atividades centradas na escola, em colaboração, por meio de programas e investigações. Com efeito, "avaliar o impacto das atividades de formação é uma necessidade imperiosa", afirma Marcelo (1997, p. 74, tradução nossa).

Um dos princípios de maior acolhimento entre os pesquisadores e professores que atuam nesse campo é o que se refere à **vinculação entre conhecimentos pedagógicos e específicos, teóricos e práticos**. O conhecimento didático do conteúdo, defende Marcelo (1999a), corroborando o proposto por Shulman (1986), é basilar para os professores em formação. O exame sobre conhecimentos da docência apresentado por Shulman (1986) foi denominado *conhecimento do conteúdo pedagógico* (*Pedagogical Content Knowledge* – PCK) e expressa uma categorização de conhecimentos que provoca inúmeros debates e discussões na área.

Essa categorização é descrita com **conhecimento pedagógico geral**, com especial referência aos princípios e estratégias de organização e gestão de sala de aula:

- conhecimento dos alunos e suas características;
- conhecimento dos contextos educacionais, que vão desde a relação entre grupos e em sala de aula, a gestão e o financiamento dos sistemas e instituições escolares, os fins educativos, efeitos e valores na perspectiva histórica e filosófica;
- conhecimento do conteúdo das disciplinas e das atividades escolares;
- conhecimento do currículo, que envolve a compreensão dos materiais e programas que servem como "ferramentas de mediação" para professores;
- conhecimento do conteúdo pedagógico, que relaciona conteúdo e didática, "o que" e "como ensinar", constituindo um conhecimento específico de professores.

Esses conhecimentos, segundo Shulman (1986), marcam a identidade docente no que diz respeito aos conhecimentos profissionais, são originados e se articulam com a prática dos professores.

Marcelo (1999b, p. 29) sublinha que inúmeros estudiosos têm salientado que os professores desenvolvem um conhecimento próprio, produto de suas experiências e vivências pessoais, que são sistematizadas e incorporadas ao trabalho docente. Assim, a formação de professores, ao incluir a epistemologia da prática, articula conhecimentos teóricos e práticos. Em currículos integrados, embora guardem suas especificidades, esses saberes favorecem uma formação para o fazer docente bastante ampla e profunda.

No entender de Marcelo (1999b), a prática de ensino não deve ser considerada apenas mais uma disciplina do currículo de formação do professor, e sim núcleo estrutural do currículo. Dessa forma, como fonte de conhecimento, supera a si mesma para se constituir em conhecimento, teoria, porque é compreendida.

Ao se entender a teoria na perspectiva epistemológica, há a exigência de análise e de reflexão *na, sobre* e *após* a ação, defende o autor, referenciando Péréz Gomes (1995), Zabalza (2002), Zeichner (2008), entre outros*. A epistemologia da prática entendida como teoria torna-se expressão dessa prática, como propõe Martins (2016).

O princípio de que **a formação busca o isomorfismo** é entendido por Marcelo (1999b) como a busca de semelhança entre a formação recebida pelos professores e sua prática profissional posterior. O aprendido é o praticado, há congruência entre as experiências vivenciadas nos cursos e a atuação profissional, o modo como adquirimos os conhecimentos tem semelhança com o modo como os ensinamos. Não se trata de um processo de homogeneização, e sim da consciência de que essa relação é presente e que as particularidades dos formadores podem ser incorporadas pelos futuros professores durante sua formação; são marcas que podem ser assimiladas e rejeitadas de acordo com o juízo feito pelo formado.

A **individualização** diz respeito ao fato de que cada professor, em seu processo de formação, vai desenvolver suas capacidades, suas potencialidades e sua identidade profissional. O professor é um sujeito, uma pessoa, acentua Marcelo (1999b), portanto, com história e características próprias. No processo de formação, é preciso considerar essa diversidade e diferenciação, ainda que se busque a profissionalização considerando a identidade social da categoria e da docência.

---

* Esse princípio, para as autoras deste capítulo, tem sido defendido como estruturante dos cursos de licenciatura e de cursos e programas de formação continuada. Reconhecidamente, é um dos princípios assumidos nas resoluções do Conselho Nacional de Educação e demais órgãos que orientam as políticas de organização da formação de professores.

Como explica Marcelo (1999b, p. 29), "o ensino é uma atividade com implicações científicas, tecnológicas e artísticas. Isso implica que aprender a ensinar não é um processo homogêneo para todos os sujeitos, mas adequado às características pessoais, cognitivas, relacionais".

Logo, a formação está articulada à vontade do sujeito; a autoformação é chave, e os sujeitos assumem o próprio desenvolvimento acentuando a individualização do processo. O sujeito aprende não de forma isolada, por conta própria, mas coletivamente, em que cada um efetiva sua aprendizagem de acordo com seus compromissos e motivação acima do controle do formador (Vaillant; Marcelo, 2012, p. 35).

A esses princípios está agregado o princípio de que a formação é questionamento, reflexão. Perguntar é preciso, duvidar é pensar, questionar é rever crenças. "A formação de professores deve estimular a capacidade crítica por oposição às propostas oficiais, a formação deve promover o desenvolvimento intelectual, social e emocional dos professores", como explica Marcelo (1999b, p. 30). No processo de reflexão, são latentes a análise das ações explícitas (o que pode ser observado, registrado); o almejado, o que foi planejado e que pode ser examinado depois de realizado; a ética na perspectiva dos efeitos dos resultados e a política pelas repercussões e associações em termos de concepções e ideologias, nas explicações do autor (Marcelo, 1997, p. 63).

FINALIDADES DA FORMAÇÃO DE PROFESSORES

Pela leitura de publicações de Carlos Marcelo Garcia, percebemos que cada um dos textos assume um direcionamento voltado à compreensão das finalidades e intencionalidades implícitas para a promoção do processo de formação dos professores. De modo conciso, é possível indicar, ainda que no limite das possibilidades deste capítulo, ideias centrais de tais textos.

Desde os primeiros escritos de Marcelo, estão presentes a preocupação com a formação como apoio para os professores iniciantes; a compreensão do pensamento do professor e suas crenças como foco a ser destacado no desenvolvimento de práticas formativas; a formação para a mudança educativa; as mudanças do contexto socioeconômico e as implicações para a formação dos professores; as tecnologias e processos formativos; a aprendizagem dos professores; a formação e a inovação; a formação dos formadores.

No universo de seus escritos, é transversa a promoção da formação para a melhoria do ensino e da profissionalização docente que incorpora as demandas do contexto em que atuam os professores. O entendimento do *continuum* da formação leva à concepção da formação associada ao desenvolvimento profissional.

Marcelo (2011b) afirma que a qualidade do desenvolvimento, por seus desdobramentos, implica a melhoria da aprendizagem dos próprios professores, dos alunos e das escolas. Para isso, tem compromisso com a mudança e a inovação que levam à profissionalização desses docentes. Logo, esse aprimoramento requer

> professores com capacidade de autoformação e com a convicção de que a docência é uma profissão na qual é preciso estar continuamente aprendendo, continuamente trocando ideias e projetos com outros professores, pesquisando e divulgando seus saberes e vivências práticas, inovando para fazer da escola um lugar de aprendizagem e formação para todos. (Marcelo, 2011b, p. 65-66, tradução nossa)

PROFESSOR INICIANTE E INSERÇÃO PROFISSIONAL

As pesquisas sobre professores iniciantes no Brasil têm aumentado quantitativamente. Em levantamento feito no banco de teses e dissertações da Coordenação de Aperfeiçoamento de Pessoal de Nível Superior (Capes), verificamos a existência de um total de 147 trabalhos referentes ao termos-chave *professor iniciante*, 61 deles publicados entre 2016 e 2017. Sobre o tema *inserção profissional*, foram identificados 430 trabalhos entre 1996 e 2018, sendo 100 trabalhos publicados entre os anos de 2016 e 2017.

Mariano (2006), Papi (2011) e Correa e Portella (2012) fizeram o mapeamento dessas pesquisas, que constatam insuficiências em relação à etapa inicial do desenvolvimento profissional. Gonçalves (2016) verificou que os resultados desse mapeamento são recorrentes: voltam-se ao choque de realidade no início da docência, aos processos de socialização, às tensões e aos dilemas vividos quando se começa a carreira. Reforçamos que esses autores ressaltam a falta de políticas e programas que auxiliem o professor iniciante.

Mira e Aksenen (2016) analisaram como são abordados os planos de carreira nos planos municipais de educação nas capitais brasileiras considerando-se a meta 18 do Plano Nacional de Educação 2014-2024 – Lei n. 13.005, de 25 de junho de 2014 (Brasil, 2014). As autoras identificaram a falta de preocupação na maior parte das capitais quando se trata do professor iniciante, pois a maioria das capitais, incluindo o Distrito Federal, não menciona em seus planos as estratégias para os professores iniciantes.

A discussão sobre professores iniciantes e sua inserção profissional é tratada por Marcelo (2010) e Vaillant e Marcelo (2012) como uma das etapas do processo de aprender a ensinar.

Os autores situam o debate na docência como profissão e na forma como a própria profissão se preocupa ou não com a inserção de professores iniciantes. Consideram que o período de iniciação profissional do professor principiante é uma parte do processo do desenvolvimento docente com características próprias.

A aprendizagem do professor iniciante é marcada pela sobrevivência, pelo descobrimento, pela adaptação e pela transição ao realizar suas tarefas na escola. Veenman (1988) nomeou essa aprendizagem do professor iniciante de **choque com a realidade**, referindo-se às situações pelas quais professores passam em seu primeiro ano de docência, caracterizadas por ser um processo de intensa aprendizagem em contextos geralmente desconhecidos.

Entre as problemáticas predomina o valor da prática da docência, envolvendo como gerenciar a aula, como motivar os alunos, como se relacionar com os pais e os companheiros. Além disso, o processo de iniciação à docência está atrelado ao princípio de sobrevivência pessoal e profissional e constitui-se em um momento de socialização profissional em que os novatos aprendem e interiorizam normas, valores e condutas que caracterizam a cultura escolar na qual se integram.

Vaillant e Marcelo (2012) entendem que a etapa da inserção profissional é o período de transição entre a formação inicial e a incorporação no mundo do trabalho com plena qualificação. Além disso, evidenciam que se tem considerado o período de inserção profissional na docência segundo um modelo "nade ou afunde", ou "aterrize como puder". Em outras palavras, trata-se de um período difícil para o professor iniciante e sem o envolvimento e o suporte necessários dos órgãos responsáveis.

O período de inserção docente pode ser marcado pelo abandono da profissão decorrente de insatisfação com as condições de trabalho, baixos salários, problemas de disciplina com os alunos, falta de apoio da administração escolar, isolamento e poucas oportunidades para participar na tomada de decisões. A falta de atenção aos problemas específicos enfrentados pelos professores iniciantes provoca o abandono da docência. Esse é um quadro que Marcelo (2010) evidencia ao tomar como base o relatório *Teachers Matter: Attracting, Developing and Retaining Effective Teachers*, da Organização para a Cooperação e Desenvolvimento Econômico (OECD, 2005), que aponta o abandono da docência em diferentes países, revelando dois problemas: como conseguir que a docência seja uma profissão atraente e como conseguir manter na docência o maior número possível de bons professores.

A qualidade da experiência profissional nos primeiros anos de docência é determinante para a permanência ou o abandono da profissão docente, e isso pode ser acompanhado por programas de inserção e apoio aos professores iniciantes e que servem de alternativa ao "aterrize como puder". Apostando na importância e na necessidade de programas de inserção profissional, Marcelo dedica-se a analisar programas de inserção profissional com objetivos variados em diferentes países.

Marcelo entende a inserção como "um programa planejado que pretende proporcionar algum tipo de apoio sistemático e sustentado especificamente para os professores iniciantes durante pelo menos um ano escolar" (Zeichner, 1979 citado por Marcelo, 2010, p. 20, tradução nossa).

As discussões e as argumentações são fundamentadas em pesquisas que reforçam a hipótese de que os programas de inserção profissional concebidos e implementados adequadamente impactam positivamente a permanência do professor na docência. Assim, Marcelo destaca alguns componentes dos programas de inserção profissional, que podem variar em relação à duração e ao conteúdo e possibilitar experiências formativas. Entre as atividades que configuram esses programas, Marcelo (1999b, p. 123) destaca:

> - apresentação de informações acerca de disposições legais e aspectos administrativos;
> - visita prévia à escola para familiarização com o ambiente;
> - redução da carga docente para participar de tarefas formativas;
> - seminários de discussão para análise de problemas concretos;
> - possibilidade de conectar-se eletronicamente com os professores;
> - estudos de caso como possibilidade de reflexão sobre a prática de ensino;
> - assessoria de mentores.

Um dos aspectos salientados por Marcelo (2010) a respeito dos programas de inserção refere-se à importância do trabalho colaborativo e coletivo. Sustentado em pesquisas de Hargreaves (2003), Little (2002), Ingvarson, Meiers e Beavis (2005), o autor elege as práticas compartilhadas de aprendizagem como fundamentais para o processo formativo do professor iniciante. Além disso, o papel de um mentor/conselheiro também se destaca nesse acompanhamento.

Marcelo (2010) identifica os mentores/conselheiros como professores experientes responsáveis por auxiliar os professores iniciantes direta e indiretamente, provendo informação, orientação e observação das classes com *feedback*, e como mediadores nas relações com outros professores e instituições de formação e com a universidade. Em algumas ocasiões, esses mentores avaliam os professores iniciantes.

A figura do mentor/conselheiro atende às necessidades emocionais, sociais e intelectuais. Nesse sentido, para os mentores, as características pessoais (empatia, facilidade de comunicação, paciência, diplomacia, flexibilidade, sensibilidade) e profissionais (experiência demonstrada em suas classes, habilidade na gestão da classe, disciplina e comunicação com os companheiros, certa iniciativa para planejar e organizar) são fundamentais (Marcelo, 2010).

A relevância do papel do mentor/conselheiro ocupou espaço na publicação da Association for Teacher Education – Associação para a Formação de Professores (Odell, 2006 citado por Marcelo, 2010, p. 18). Foram apresentadas seis dimensões em relação à qualidade dos programas de aconselhamento:

1. propósito e justificação do programa;
2. seleção de conselheiros e união com os iniciantes;
3. formação de conselheiros;
4. papéis e práticas dos conselheiros que se percebam como formadores de professores, como modelos para os iniciantes;
5. administração, desenvolvimento e avaliação do programa;
6. culturas e responsabilidades de escola, distrito e universidade.

Embora os aspectos relevantes sobre a figura do mentor/ conselheiro estejam destacados por Marcelo, ele não deixa de distinguir as limitações para a introdução do conselheiro como inovação, pois se trata de estabelecer relações sociais de aceitação e não somente relações de cunho metodológico e organizacional.

No aspecto metodológico e organizacional, podem ser privilegiados modelos conservadores, as relações de aconselhamento podem estar pautadas nas relações de coleguismo, e os processos podem ser burocratizados e não contribuir para uma inserção profissional comprometida com o professor iniciante e com o desenvolvimento da escola.

DESENVOLVIMENTO PROFISSIONAL DOCENTE (DPD)

As pesquisas sobre desenvolvimento profissional docente no banco de teses e dissertações da Capes indica um interesse crescente pela temática. No período entre 2000 e 2018, foram 435 trabalhos realizados, sendo intensas as pesquisas no período de 2013 a 2017, com 302 trabalhos.

Esses estudos têm mostrado um movimento na definição da temática, em decorrência de novas pesquisas e entendimentos a respeito de como se produzem os processos de aprender a ensinar. Com a compreensão de que a profissão docente é uma profissão do conhecimento e é função da escola ensinar e transformar o conhecimento em aprendizagem relevante para o aluno, exige-se do professor melhorar sua competência profissional e pessoal, principalmente com as mudanças do século XXI, em que conhecimento e aluno se transformam rapidamente.

Desse ponto de vista, o desenvolvimento profissional é entendido como uma atitude permanente de indagação e busca sobre o trabalho docente. Para Marcelo (2009b, p. 11, grifo nosso), trata-se de um "**processo que se vai construindo à medida que os docentes ganham experiência, sabedoria e consciência profissional**". É um processo de aprendizagem individual e coletiva contínuo, que se dá na formação inicial e continuada e se concretiza no local de trabalho do docente.

O conceito de desenvolvimento profissional é um conceito em movimento decorrente de mudanças motivadas pela evolução da compreensão de como se produzem os processos de aprender a ensinar. Ressaltamos que o conceito de *desenvolvimento* assume uma conotação de evolução e continuidade, superando a tradicional justaposição entre formação inicial e formação contínua dos professores.

Demandas para estudar a formação de professores foram sendo delineadas em razão das necessidades contextuais e históricas. A expansão da educação básica e a necessidade de ampliar o número de professores formados desencadearam processos formativos no ensino superior que, por sua vez, trouxeram implicações para o desenvolvimento profissional docente. Nesse sentido, perspectivas a respeito da formação de professores têm sido esboçadas e, conforme explica Nóvoa (2009), elas abrangem o desenvolvimento pessoal (produzir a vida do professor) de forma articulada ao desenvolvimento profissional (produzir a profissão docente) e ao desenvolvimento organizacional (produzir a escola).

O Plano Nacional de Educação 2014-2024 – Lei n. 13.005/2014 – também destaca como prioridade, além da formação e valorização profissional, o desenvolvimento profissional dos professores com vistas a corrigir as defasagens existentes (Brasil, 2014). Nesse contexto, estudos têm apresentado uma discussão atualizada sobre o desenvolvimento profissional docente, de autoria de pesquisadores nacionais e internacionais, que apresentam contribuições significativas em temáticas como identidade e desenvolvimento profissional docente; políticas e programas de desenvolvimento profissional docente; aprendizagem da docência; e práticas catalisadoras do desenvolvimento profissional docente.

A contribuição dos diferentes pesquisadores tem indicado elementos para a compreensão dos constituintes do desenvolvimento profissional docente e de possibilidades de melhoria para as práticas formativas e, consequentemente, de ensino, desvelando elementos determinantes de quem é o professor hoje, com base em conceitos que envolvem pressupostos políticos e pedagógicos, abarcando contextos e movimentos que vão da educação básica ao ensino superior.

Marcelo (2009a) salienta a relação do DPD com a identidade profissional. Esta se manifesta pela forma como os professores definem a si mesmos e aos outros, é uma construção do seu eu profissional, evolui ao longo da carreira docente e pode ser influenciada por diversos contextos. No contexto das atuais transformações da sociedade, há uma desestabilização da situação profissional dos professores com implicações para a identidade docente, o que leva a uma crise da identidade profissional.

O processo de tornar-se professor envolve variáveis que implicam mudanças profissionais e pessoais. Marcelo (2009a) enfatiza, entre essas mudanças, aquelas relacionadas aos preconceitos e às crenças que influenciam tanto a forma como os professores aprendem quanto os próprios processos a serem modificados.

Estudos de Vaillant e Marcelo (2012) evidenciam programas de DPD realizados em diversas partes do mundo. Esses programas, de forma geral, buscam provocar mudanças nos conhecimentos e nas crenças dos professores para alterar as práticas docentes em sala de aula e, por consequência, a melhoria de resultados de aprendizagem.

FORMAÇÃO DOCENTE E TECNOLOGIAS

As questões propostas por Marcelo em 1996 já anunciavam a preocupação com a inovação e as mudanças no contexto envolvendo tecnologia, política e cultura. Assim pergunta o autor: "O que diferencia a situação atual do que existia 10 ou 20 anos atrás? Por que sentimos a intensa pressão da mudança hoje?" (Marcelo, 1996, p. 7, tradução nossa). Essas questões impulsionaram a pesquisa sobre inovação educativa, assessoramento e desenvolvimento profissional, com destaque para as tecnologias na prática pedagógica, cujos resultados foram publicados pelo Ministério de Educação da Espanha.

Ao caracterizar modelos de processo para a promoção de mudança, o autor destaca o Concerns-Based Adoption Model (CBAM)*, considerando os seguintes aspectos como fundamentais (Marcelo, 1996, p. 12, tradução nossa):

1. É fundamental compreender o ponto de vista dos participantes no processo de mudança.
2. A mudança é um processo, não um acontecimento momentâneo.
3. É possível antecipar-se a grande parte do que ocorrerá durante um processo de mudança.
4. A inovação se produz com diferente amplitude e extensão.
5. A inovação e sua implementação são duas faces da mesma moeda.
6. Para mudar alguma coisa, alguém precisa mudar primeiro: a atenção aos professores.
7. Qualquer um pode facilitar a mudança.

---

* O Modelo de Adoção Baseado em Preocupações (CBAM) é uma estrutura conceitual que fornece ferramentas e técnicas para facilitar e avaliar a implementação de inovações e iniciativas de reforma. A premissa subjacente ao CBAM é a de que a implementação de uma nova iniciativa requer mais do que o fornecimento de materiais, recursos e treinamento; requer o entendimento de que cada pessoa responderá à nova iniciativa com atitudes e crenças únicas. Além disso, cada pessoa usará um programa novo de maneira diferente (Marcelo, 1996).

Essas indicações estão associadas às possibilidades de inovação nas práticas pedagógicas que, na educação básica, se associam a diferentes disciplinas: Inglês, Física e Química, Arte, Literatura, História e, principalmente, Matemática.

A tecnologia foi foco da investigação por estar presente no ensino fundamental e no ensino médio (primária e secundária, na Espanha), em que o computador está associado às diversas disciplinas, como Matemática, Desenho e outras, à ciência da computação em geral, bem como aos vários aspectos da cultura da imagem, como vídeo e fotografia etc., além do uso didático de novas tecnologias de Informação, para experimentar novos modelos organizacionais na escola.

Os objetivos estão relacionados ao acesso às novas tecnologias e à incorporação de estudantes em programas para facilitar a aquisição de conhecimentos e habilidades relacionados ao *design* e tecnologia da informação. Essas tecnologias abrangem rádio, imprensa, TV e vídeo, bem como fotografia. O uso que se faz pode estar configurado como apoio ao estudo; produção de mensagens audiovisuais; leitura e comentário das diferentes mídias para compor mensagens, entre outros aspectos.

Entre os resultados da pesquisa realizada por Marcelo (1996) está a inovação da prática docente direcionada aos recursos de ensino. O foco de uso abrange desde livros especializados, materiais preparados pelos próprios professores, vídeos e materiais manipulativos. Outros recursos também são coletados, como fotografias, livros didáticos, materiais preparados por outros professores, memórias de outros projetos de inovação de características semelhantes, além de programas de computador.

É impressionante que, no final do projeto, a utilização de materiais desenvolvidos pelos próprios professores foi ampliada.

Em destaque, as atividades de autoformação e os projetos de inovação requerem assessoria especializada para seu desenvolvimento, mas naquela pesquisa não aconteceu assim. Na medida em que os projetos se desenvolvem e alcançam experiência, os professores mostram menos a presença de um conselheiro externo, ou seja, incorporam a inovação em suas práticas (Marcelo, 1996, p. 333).

Em escritos posteriores, a valorização da interação entre grupos e ambientes é destacada para o desenvolvimento de novas práticas: "O desenvolvimento das tarefas de ensino requer **trabalho em equipe** para conduzir um melhor aproveitamento do conhecimento [...] 'o conhecimento distribuído' viu-se estimulado pelo impacto das tecnologias, principalmente a Internet" (Vaillant; Marcelo, 2012, p. 202, grifo do original).

Com relação à internet, Valente (2002, p. 144) alerta quanto aos seus diferentes usos na educação, como fonte de informação ao alunado, ferramenta para auxiliar o processo de construção do conhecimento e de compreensão do que fazemos, considerando-se que "a maneira mais adequada de seu uso depende da intenção pedagógica do professor".

Valente (2002, p. 145) acrescenta que "Sem o professor preparado para desafiar, desequilibrar o aprendiz, é muito difícil esperar que a internet *per se* crie as situações para ele aprender". Desse modo, a formação "do professor é fundamental para que a educação dê o salto de qualidade e deixe de ser baseada na transmissão da informação e na realização de atividades, para ser baseada na construção do conhecimento pelo aluno" (Valente, 2002, p. 145).

Como assevera Marcelo (2013a), o docente inovador conhece as tecnologias e suas condições, sabe da compatibilidade pedagógica e reconhece a cultura social e organizacional da escola. Contudo, isso não é suficiente, o contexto carece de infraestrutura tecnológica, recursos humanos e desenvolvimento de uma cultura institucional para a efetivação da inovação. Assim, os conhecimentos referem-se ao conhecimento do conteúdo tecnológico – conhecimento das ferramentas disponíveis, dos livros às tecnologias digitais; ao conhecimento tecnológico do conteúdo – a relação entre as tecnologias e as disciplinas, as novas formas de abordar os conteúdos disciplinares com o emprego de tecnologias e o modo como as tecnologias intervêm nos conteúdos; e ao conhecimento tecnopedagógico – a forma como as tecnologias favorecem a mediação do ensino e da aprendizagem.

Com relação à incorporação das tecnologias na educação superior, em investigação do autor em universidades de Andaluzia, Espanha, na área de ciências, os resultados indicam que o conhecimento tecnopedagógico, no nível de implementação de diferentes tipos de atividades de aprendizagem baseadas em tecnologias, expressa um perfil docente disposto a um ensino com pobre integração de tecnologia.

Em pesquisas mais recentes, Marcelo et al. (2016, p. 311) destacam o papel fundamental das tecnologias para o desenvolvimento de programas de formação de professores, no caso, para os mentores poderem estabelecer relações com os professores iniciantes, como o Programa Inductio*, em que "se faz um uso intensivo das tecnologias como suporte para a comunicação, interação, apoio e aprendizagem". Esse programa oferece ao corpo docente iniciante uma ampla variedade de recursos e ferramentas para o aprendizado dos professores. "Consta dos seguintes

---

* O Programa Inductio surgiu por iniciativa do Instituto Nacional de Formação e Capacitação do Magistério (Inafocam) da República Dominicana, com o objetivo de favorecer os processos de indução profissional à docência do corpo docente iniciante. Foi desenvolvido pelo Instituto Tecnológico de Santo Domingo (Intec) e com o Grupo de Investigação IDEA da Universidade de Sevilha, na Espanha (Marcelo et al., 2016).

componentes: rede social para docentes iniciantes; fóruns de discussão; acesso a docentes experientes; materiais didáticos; exemplos de boas práticas docentes; portfólio de aprendizagem; conteúdos digitais, etc." (Marcelo et al., 2016, p. 317). As dificuldades de participação dos professores decorrem, sobretudo, da falta de conectividade com a internet, ou seja, como estão pouco habituados a fazer uso desse recurso, levam mais tempo para interagir nas redes sociais.

Do mesmo modo, na pesquisa com professores universitários, os professores reclamam da falta de incentivos e apoio às suas iniciativas e da falta de investimentos adequados em infraestrutura por parte de suas universidades.

Nesse campo se ampliam as contradições, pois os conhecimentos sobre o conteúdo de tecnologia, os conhecimentos tecnopedagógicos dos professores e os conhecimentos tecnológicos dos conteúdos se apresentam diferenciados entre os professores e, mesmo assim, de modo geral, fragilizados; de um lado, as instituições investem pouco em infraestrutura tecnológica e em incentivos ao seu uso. Além disso, a formação inicial de professores pouco incorpora a aprendizagem docente em tecnologias (Rosa Suárez, 2018) e, de outro, as universidades pouco formam seus professores para a inovação e o uso das tecnologias, permanecendo um estado de cobrança com poucos resultados.

Quanto ao processo de integração das tecnologias na educação, Vani Moreira Kenski, em entrevista a Machado e Cordeiro (2018, p. 10), afirma que "o mais importante na tecnologia [...] é o que ela proporciona para as relações entre as pessoas, é garantir que as pessoas que estão envolvidas em um mesmo desafio possam estar juntas, mediadas pela tecnologia, superando barreiras de tempo e espaço". Em outras palavras, é uma possibilidade de "oferecer condições para se fazer mais e melhor, para o processo de interação entre pessoas mediadas pelas tecnologias" (Machado; Cordeiro, 2018, p. 18).

Para Marcelo (2013b), a finalidade da inovação é contribuir para o processo de formação docente e a melhoria da prática pedagógica. Trata-se de um instrumento que "deve ser entendido ao longo do tempo, que implica pessoas, [...] para melhorar a qualidade da aprendizagem dos alunos. [...] para que a escola siga sendo um espaço de inovação (com tecnologias), necessitamos renovar o compromisso com uma aprendizagem de qualidade" (Marcelo, 2013b, p. 45, tradução nossa).

FINALIZANDO

Ao finalizarmos este capítulo, apontaremos para seus limites, pois, ao se produzir uma síntese das proposições de um autor, são feitas escolhas, por isso muitas outras temáticas e problemáticas podem não ter sido contempladas. Reafirmamos que os pontos abordados foram selecionados após longo trabalho com a obra do autor, isto é, muitos dos textos são materiais e referências discutidos nas disciplinas que ministramos, além das conversas e discussões mantidas na elaboração deste capítulo.

Alertamos que o texto foi apreciado por Marcelo, o que nos ajuda a assumir que as proposições destacadas de sua obra são releituras, mas com o cuidado da fidedignidade a suas reflexões e colocações.

Como vimos, a formação de professores se constitui como fundamental para o desenvolvimento profissional docente, para a elevação do estatuto profissional dos professores e para a melhoria do sistema educacional, mas, sem o justo reconhecimento e valorização social da profissão, a formação é insuficiente. Por essa razão, ressaltamos a relevância da formação para a educação, pois, como o autor assevera, "as mudanças impactam o ser humano, os meninos e as meninas, em adultos, os homens e as mulheres" (Marcelo, 2012).

Além disso, enfatizamos que a escola carece de investimento público em infraestrutura, tecnologias, recursos pedagógicos, condições de trabalho, bem como de uma sólida política de enfrentamento das mazelas em meio às quais se encontram a escola e o ensino.

De um lado, com escolas malcuidadas, turmas lotadas, currículos sem discussão e envolvimento, tempo escolar restrito, pouco poderá ser garantido apenas pela formação. De outro lado, sem um projeto de formação consistente e sem instituições universitárias com as devidas condições de conduzir cursos, programas e pesquisas, as mudanças se tornarão apenas discursos.

Assim, concordamos com Carlos Marcelo Garcia quando ele alerta que a formação pode ser importante para a promoção do desenvolvimento profissional dos professores e da melhoria do sistema educacional, visto que responde às exigências sociais para a construção de uma escola de alto nível para todos.

REFERÊNCIAS

ANDRÉ, M. Análise de pesquisas sobre formação de professores: um exercício coletivo. **Psicologia da Educação**, São Paulo, v. 10/11, p. 139-153, 2000.

ANDRÉ, M. A produção acadêmica sobre formação de professores: um estudo comparativo das dissertações e teses dos anos 1990 e 2000. **Formação Docente**, v. 1, n. 1, p. 41-56, 2009. Disponível em: <https://revformacaodocente.com.br/index.php/rbpfp/article/view/4/3>. Acesso em: 16 maio 2021.

ANDRÉ, M. Dez anos de pesquisa sobre formação de professores. In: BARBOSA, R. L. L. (Org.). **Formação de educadores**: artes e técnicas, ciências e políticas. São Paulo: Ed. da Unesp, 2006, p. 605-616. v. 1.

ANDRÉ, M. Formação de professores: a constituição de um campo de estudos. **Educação**, v. 33, n. 3, p. 6-18, 2010. Disponível em: <https://revistaseletronicas.pucrs.br/ojs/index.php/faced/article/view/8075>. Acesso em: 16 maio 2021.

ANDRÉ, M. **Formação de professores no Brasil (1990-1998)**. Brasília: Inep/MEC, 2002.

ANDRÉ, M.; ROMANOWSKI, J. P. O tema formação de professores nas dissertações e teses (1990-1996). In: ANDRÉ, M. **Formação de professores no Brasil (1990-1998)**. Brasília: MEC/Inep/Comped, 2002. p. 17-156.

ARAÚJO, C. M. de; ARAÚJO, E. M.; SILVA, R. D. da. Para pensar sobre a formação continuada de professores é imprescindível uma teoria crítica de formação humana. **Cadernos Cedes**, Campinas, v. 35, n. 95, p. 57-73, abr. 2015. Disponível em: <https://www.scielo.br/pdf/ccedes/v35n95/0101-3262-ccedes-35-95-00057.pdf>. Acesso em: 16 maio 2021.

BARROS, J. D'A. **Os conceitos**: seus usos nas ciências humanas. Petrópolis: Vozes, 2016.

BERBAUM, J. **Étude systémique des actions de formation**: introduction à une méthodologie de recherche. Paris: PUF, 1982.

BRASIL. Lei n. 13.005, de 25 de junho de 2014. **Diário Oficial da União**, Poder Legislativo, Brasília, DF, 26 jun. 2014. Disponível em: <http://www.planalto.gov.br/ccivil_03/_ato2011-2014/2014/lei/l13005.htm>. Acesso em: 16 maio 2021.

BRZEZINSKI, I. A pesquisa no campo da formação de professores: balanço dos trabalhos do GT8/Anped e a participação da Região Centro-Oeste. In: GALVÃO, A. C. T.; SANTOS, G. L. dos. **Educação**: tendências e desafios de um campo em movimento. Brasília: Liber Livro, 2008. v. 1. p. 55-68.

BRZEZINSKI, I. **Formação de profissionais da educação (2003--2010)**. Brasília: Inep, 2014. v. 1.

BRZEZINSKI, I.; GARRIDO, E. (Org.). **Formação de profissionais da educação (1997-2002)**. 10. ed. Brasília: Inep, 2006.

CANDAU, V. M. **Magistério**: construção cotidiana. Petrópolis: Vozes, 2003.

CONTRERAS, J. **A autonomia de professores**. São Paulo: Cortez, 2002.

CORREA, P.; PORTELLA, V. C. M. As pesquisas sobre professores iniciantes no Brasil: uma visão. **Olhar de Professor**, Ponta Grossa, v. 15, n. 2, p. 223-236, 2012.

CORREA, T. H. B. **Os anos iniciais da docência em Química**: da universidade ao chão da escola. 98 f. Dissertação (Mestrado em Educação) – Faculdade de Ciências Humanas, Universidade Metodista de Piracicaba, Piracicaba, 2013.

CUNHA, M. I. O tema da formação de professores: trajetórias e tendências do campo na pesquisa e na ação. **Educação e Pesquisa**, São Paulo, v. 39, n. 3, p. 609-625, 2013.

DAVIS, G.; LATURNER, J. CBAM: the Concerns-Based Adoption Model. **American Institutes for Research**, 8 Dec. 2015. Disponível em: <https://www.air.org/resource/concerns-based-adoption-model-cbam>. Acesso em: 13 maio 2021.

FULLAN, M. Staff Development, Innovation, and Institucional Development. In: BRUCE, J. (Ed.). **Changing School Culture through Staff Development**. Alexandria, VA: Association for Supervision and Curriculum Development, 1990. p. 3-25.

GALVANI, P. Le blason, éléments pour une méthodologie exploratoire de l'autoformation. **Education Permanente**, v. 1, n. 122, p. 97-111, 1995.

GONÇALVES, G. S. Q. **Inserção profissional de egressos do Pibid**: desafios e aprendizagens no início da docência. 243 f. Tese (Doutorado em Educação) – Pontifícia Universidade Católica de São Paulo, São Paulo, 2016.

HARGREAVES, A. **Teaching in the Knowledge Society**: Education in the Age of Insecurity. New York: Teachers College Press, 2003.

HONORÉ, B. **Para uma teoria da formação**. Madrid: Narcea, 1980.

INGVARSON, L.; MEIERS, M.; BEAVIS, A. Factors Affecting the Impact of Professional Development Programs on Teachers' Knowledge, Practice, Student Outcomes & Efficacy. **Education Policy Analysis Archives**, v. 13, n. 10, p. 1-28, 2005. Disponível em: <https://doi.org/10.14507/epaa.v13n10.2005>. Acesso em: 16 maio 2021.

JARDILINO, J. R. et al. **Balanço crítico dos trabalhos do GT 8 apresentados nas Reuniões Anuais da Anped**: contornos do campo formação de professores. Trabalho encomendado. Reunião Nacional da Anped, 2011. Inédito.

LITTLE, J. Locating Learning in Teachers' Communities of Practice: Opening up Problems of Analysis in Records of Everyday Work. **Teaching and Teacher Education**, v. 18, n. 8, p. 917-946, 2002.

MACHADO, D. P.; CORDEIRO, G. do R. Entrevista: Formação de professores, educação, cultura e tecnologias. **Revista Intersaberes**, v. 13, n. 28, p. 9-21, 2018. Disponível em: <https://www.revistas uninter.com/intersaberes/index.php/revista/article/view/1411>. Acesso em: 16 maio 2021.

MARCELO, C. G. **A formação do professor para a educação profissional**. Ipojuca/Centro de Convenções do Hotel Armação, 2012. Palestra proferida na 35º Reunião Anual da Anped.

MARCELO, C. G. A identidade docente: constantes e desafios. **Formação Docente**, v. 1, n. 1, p. 1-19, 2009a.

MARCELO, C. G. Biography. **Orcid – Open Researcher and Contributor ID**, 9 maio. 2021. Disponível em: <https://orcid.org/0000-0002-8547-367X>. Acesso em: 16 maio 2021.

MARCELO, C. G. Desenvolvimento profissional docente: passado e futuro. **Sísifo**, n. 8, p. 7-22, jan./abr. 2009b. Disponível em: <http://www.unitau.br/files/arquivos/category_1/MARCELO___Desenvolvimento_Profissional_Docente_passado_e_futuro_1386180263.pdf>. Acesso em: 1 jul. 2021.

MARCELO, C. G. Estudio sobre estrategias de inserción profesional en Europa. **Revista Iberoamericana de Educación**, v. 19, p. 101-143, enero-abr. 1999a.

MARCELO, C. G. **Evaluación del desarrollo profesional docente**. Barcelona: Davinci Continental, 2011a.

MARCELO, C. G. **Formação de professores para uma mudança educativa**. Porto: Porto Editora, 1999b.

MARCELO, C. G. (Dir.). **Innovación educativa, asesoramiento y desarrollo profesional**. Madrid: Cide/Ministerio de Educación, Cultura y Deporte, 1996.

MARCELO, C. G. La identidad docente: constantes y desafíos. **Revista Interamericana de Investigación, Educación y Pedagogía**, v. 3, n. 1, p. 15-42, 2010.

MARCELO, C. G. La profesión docente en momentos de cambios. ¿Qué nos dicen los estudios internacionales? **Participación Educativa**, n. 16, p. 49-69, marzo 2011b. Disponível em: <https://idus.us.es/bitstream/handle/11441/31398/La_profesion_docente_en_momentos_de_cambios.pdf;jsessionid=AC6D9453DE0B168E77FBD9CC503F8CA0?sequence=1>. Acesso em: 1 jul. 2021.

MARCELO, C. G. Las tecnologías para la innovación y la práctica docente. **Revista Brasileira de Educação**, v. 18, n. 52, p. 25-47, jan./mar. 2013b. Disponível em: <https://www.scielo.br/j/rbedu/a/z4gBfFYRyjk6MXfKzG3CmSb/?format=pdf&lang=es>. Acesso em: 1 jul. 2021.

MARCELO, C. G. Pesquisa sobre formação de professores: o conhecimento sobre aprender a ensinar. **Revista Brasileira de Educação**, n. 9, p. 51-75, 1998.

MARCELO, C. G. ¿Quien forma el formador? Un estudio sobre las tareas profesionales y necesidades de formacion de asesores de Andalucía y Canarias. **Revista de Educación**, n. 313, p. 249-278, 1997.

MARCELO, C. G. Technologies for Innovation and Teaching Practice. **Revista Brasileira de Educação**, v. 18, n. 52, p. 25-47, jan./mar. 2013a.

MARCELO, C. G. et al. A indução do corpo docente iniciante na República Dominicana. O Programa Inductio. **Revista Intersaberes**, v. 11, n. 23, p. 304-324, 2016. Disponível em: <https://www.revistasuninter.com/intersaberes/index.php/revista/article/view/1093>. Acesso em: 16 maio 2021.

MARCELO, C. G.; PRYJMA, M. A aprendizagem docente e os programas de desenvolvimento profissional. In: PRYJMA, M. (Org.). **Desafios e trajetórias para o desenvolvimento profissional docente**. Curitiba: Ed. da UTFPR, 2013. p. 37-53.

MARIANO, A. L. S. **A construção do início da docência**: um olhar a partir das produções da ANPEd e do Endipe. 156 f. Dissertação (Mestrado em Educação) – Universidade Federal de São Carlos, São Carlos, 2006.

MARTINS, P. L. O. Pesquisa-ensino na formação inicial de professores e a interlocução com a educação básica: princípios e metodologia. In: ROMANOWSKI, J. P.; MARTINS, P. L. O.; CARTAXO, S. R. M. (Org.). **Práticas de formação de professores**: da educação básica à educação superior. Curitiba: Champagnat, 2016. v. 1. p. 1-20.

MENZE, C. **Conceptos fundamentales de pedagogía**. Barcelona: Herder, 1981.

MIRA, M. M.; AKSENEN, E. Z. Processos de inserção à docência nos planos municipais de educação: um estudo exploratório. In: REUNIÃO CIENTÍFICA REGIONAL DA ANPED, 2016, Curitiba.

MIZUKAMI, M. da G. N. et al. **Escola e aprendizagem da docência**: processos de investigação e formação. São Carlos: Ed. da UFSCar, 2002.

NÓVOA, A. **Professores**: imagens do futuro presente. Lisboa: Educa, 2009.

OECD – Organisation for Economic Co-operation and Development. **Teachers Matter**: Attracting, Developing and Retaining Effective Teachers. Final Report: Teachers Matter. Paris: OECD, 2005. Disponível em: <https://www.oecd.org/education/school/34990905.pdf>. Acesso em: 16 maio 2021.

PAPI, S. O. G. **Professoras iniciantes bem-sucedidas**: um estudo sobre seu desenvolvimento profissional. 300 f. Tese (Doutorado em Educação) – Pontifícia Universidade Católica do Paraná, Curitiba, 2011.

PÉREZ GÓMEZ, A. O pensamento prático do professor: a formação do professor como profissional reflexivo. In: NÓVOA, A. (Org.). **Os professores e sua formação**. Lisboa: Publicações Dom Quixote, 1995. p. 93-114.

PINEAU, G. L'autofomation dans le cours de la vie: entre l'hétéro et l'ecoformation. **Education Permanente**, n. 78-79, p. 25-39, 1985.

RAMALHO, B. L. et al. A pesquisa sobre a formação de professores nos programas de pós-graduação em educação: o caso do ano 2000. In: REUNIÃO ANUAL DA ANPED, 25., 2002, Rio de Janeiro.

ROLDÃO, M. do C. Formação de professores baseada na investigação e na prática reflexiva. In: CONFERÊNCIA "DESENVOLVIMENTO PROFISSIONAL DE PROFESSORES PARA A QUALIDADE E PARA A EQUIDADE DA APRENDIZAGEM AO LONGO DA VIDA", 2007, Lisboa. **Comunicações**... Lisboa: Ministério da Educação/DGRHE, 2007a. p. 40-50.

ROLDÃO, M. do C. Função docente: natureza e construção do conhecimento profissional. **Revista Brasileira de Educação**, v. 12, n. 34, p. 94-103, jan./abr. 2007b. Disponível em: <https://www.scielo.br/pdf/rbedu/v12n34/a08v1234.pdf>. Acesso em: 16 maio 2021.

ROMANOWSKI, J. P. Conhecimentos pedagógicos nos cursos de licenciatura e a base comum de formação de professores. In: ROMANOWSKI, J. P.; MARTINS, P. L. O.; CARTAXO, S. M. (Org.). **Práticas de formação de professores da educação básica à educação superior**. Curitiba: Champagnat, 2016. p. 47-69.

ROMANOWSKI, J. P. **Licenciaturas no Brasil**: um balanço das teses e dissertações. São Paulo: Edusp, 2002. v. 1.

ROMANOWSKI, J. P. Tendências da pesquisa em formação de professores. **Atos de Pesquisa em Educação**, v. 8, n. 2, p. 479-499, maio/ago. 2013. Disponível em: <https://pdfs.semanticscholar.org/3dc6/082341670d69b0eabd2ef15975253ae3d9aa.pdf>. Acesso em: 16 maio 2021.

ROSA SUÁREZ, G. G. **Os desdobramentos da apropriação das TIC na formação inicial de professores no Uruguai**. Dissertação (Mestrado em Tecnologia e Sociedade) – Universidade Tecnológica Federal do Paraná, Curitiba, 2018.

SATTLER, M. Formação (bildung): entre o sagrado e o profano. **Educação**, Porto Alegre, v. 34, n. 1, jan./abr., 2011, p. 49-55. Disponível em: <https://revistaseletronicas.pucrs.br/ojs/index.php/faced/article/view/8670/6127>. Acesso em: 16 maio 2021.

SHULMAN, L. S. Those Who Understand: Knowledge Growth in Teaching. **Educational Researcher**, v. 15, n. 2, p. 4-31, 1986.

SIMÃO DE FREITAS, A. **Fundamentos para uma sociologia crítica da formação humana**: um estudo sobre o papel das redes associacionistas. 2005. 396 f. Tese (Doutorado em Sociologia) – Universidade Federal de Pernambuco, Recife, 2005.

SOCZEK, D.; ROMANOWSKI, J. P. Políticas públicas de inserção de professores iniciantes: elementos para reflexão. In: CONGRESSO INTERNACIONAL SOBRE PROFESSORADO PRINCIPIANTE E INSERÇÃO PROFISSIONAL À DOCÊNCIA, 4., 2014, Curitiba. **Anais**...Curitiba: Universidade Tecnológica Federal do Paraná, 2014. v. 1. p. 1-13.

TERRAZZAN, E. A.; GAMA, M. E. Características da formação continuada de professores nas diferentes regiões do país. In: REUNIÃO ANUAL DA ANPED, 30., 2007.

US – Universidad de Sevilla. **Directorio de Carlos Marcelo Garcia**. Disponível em: <https://www.us.es/trabaja-en-la-us/directorio/carlos-marcelo-garcia>. Acesso em: 16 maio 2021.

VAILLANT, D.; MARCELO, C. G. **El ABC y D de la formación docente**. Madrid: Narcea, 2015.

VAILLANT, D.; MARCELO, C. G. **Ensinando a ensinar**: as quatro etapas de uma aprendizagem. Curitiba: Universidade Tecnológica Federal de Paraná, 2012.

VALENTE, J. A. A espiral da aprendizagem e as tecnologias da informação e comunicação: repensando conceitos. In: JOLY, M. C. R. A. (Org.). **A tecnologia no ensino**: implicações para a aprendizagem. São Paulo: Casa do Psicólogo, 2002. p. 15-37.

VALENTE, J. A. Uso da internet em sala de aula. **Educar em Revista**, v. 18, n. 19, p. 131-146, 2002b. Disponível em: <https://revistas.ufpr.br/educar/article/view/2086>. Acesso em: 16 maio 2021.

VEENMAN, S. Perceived Problems of Beginning Teachers. **Review of Educational Research**, [S.I.], v. 54, n. 2, p. 143-178, 1988.

VEIGA, I. P. A. **A aventura de formar professores**. 2. ed. Campinas: Papirus, 2010. v. 1.

ZABALZA, M. A. **O ensino universitário, seus cenários e seus protagonistas**. Tradução de Ernani Rosa. Porto Alegre: Artmed, 2002.

ZEICHNER, K. M. Uma análise crítica sobre a "reflexão" como conceito estruturante na formação docente. **Educação & Sociedade**, v. 29, n. 103, p. 535-554, maio/ago. 2008. Disponível em: <https://www.scielo.br/pdf/es/v29n103/12.pdf>. Acesso em: 16 maio 2021.

Joselma Salazar de Castro
Luciane Maria Schlindwein

CAPÍTULO 4

Docência, brincadeira e linguagem na educação infantil: contribuições de Mikhail Bakhtin

INTRODUÇÃO

Este capítulo* resulta de uma pesquisa de doutorado em que se investigou a prática pedagógica das professoras de crianças bem pequenas, observando-se as possíveis relações dialógicas presentes na brincadeira e nas interações estabelecidas entre crianças e adultos no cotidiano da educação infantil. As relações dialógicas foram tratadas com base no aporte teórico da filosofia da linguagem de Mikhail Bakhtin (2006, 2009, 2015), em que a linguagem é compreendida como social, cultural e historicamente constituída pelo homem e, ao mesmo tempo, constituinte do sujeito.

A linguagem é estabelecida por múltiplas dimensões, não se restringindo à fala; manifesta-se também pelo gesto, pelo olhar, pelo movimento, pela escrita, pelo desenho, pela música, pela brincadeira e pela arte, expressões em que os sujeitos participantes do discurso entram, dialogicamente, no fluxo vivo e contínuo da comunicação. Bakhtin (Volochínov)** afirma que "'Todas as manifestações verbais estão, por certo, ligadas aos demais tipos de manifestação e de interação de natureza semiótica, à mímica, à linguagem gestual, aos gestos condicionados etc." (Bakhtin, 2009, p. 43). Analisar aspectos éticos e cognitivos, no contexto formal de educação, significa, portanto, perceber a relação entre a linguagem e a própria atividade docente.

---

* Uma versão reduzida deste artigo foi apresentada no VII Congresso de Educação Básica (Coeb-2018), em Florianópolis, Santa Catarina.

** Existe um debate sobre a autoria da obra *Marxismo e filosofia da linguagem*, questionando-se se seria de Mikhail Bakhtin ou de Valentin N. Volochínov, visto que ambos eram muito próximos intelectualmente e compunham o Círculo de Bakhtin (1920-1930), um grupo de estudos e debates da época. Esses autores compartilhavam conceitos, ideias e produções. Dados os limites deste capítulo, não cabe aqui desenvolvermos essa discussão, por isso adotamos o procedimento (comumente empregado por estudiosos de Bakhtin e do Círculo) de mencionar entre parênteses o possível autor ou coautor da obra.

Dessa forma, tornou-se necessário problematizarmos também a função social da docência com as crianças de 0 a 3 anos, com base nos pressupostos teóricos da pedagogia da infância no Brasil (Barbosa, 2000; Rocha, 1999) e na Itália (Bondioli, 2002, 1996; Musatti, 1990; Savio, 1995).

A concepção de docência nos primeiros anos de vida pressupõe ter o outro como interlocutor ativo e participativo. Significa empreender um movimento dialógico no qual os sentidos vão sendo complementares ao agir, convocando o professor a refletir sobre os sentidos do que diz e do que faz, convocando-o a assumir a responsabilidade pelo seu próprio fazer. Esse exercício de pensar no outro-criança como condição para a constituição da docência pode contribuir para que se sustentem, cotidianamente, relações recíprocas entre adultos e crianças. Diante disso, reconhecemos a necessidade de discutir a brincadeira como dimensão da linguagem, como ato social* que permeia as relações criança-criança e criança-adulto, nos contextos coletivos de educação infantil.

Pensar a docência com as crianças de 0 a 3 anos e as dimensões da prática pedagógica com base no conceito de ato social (Bakhtin, 2010), concebendo-a como ato pedagógico, e não como ação pedagógica, justifica-se pela compreensão de que ato e ação não significam a mesma coisa. Na concepção bakhtiniana, a ação pode ser realizada de modo mecânico, sem exigir responsabilidades sobre o que é feito ou dito. Já o ato social implica assumir respostas responsáveis – **responsabilidade** e **responsividade** – sobre o que se efetiva, tendo sempre o outro como interlocutor ativo e participativo, complementando os sentidos

---

* O conceito de ato social é amplamente tratado por Bakhtin (2010) na obra *Para uma filosofia do ato responsável*.

do que digo ou faço, convocando-me a assumir responsabilidade pelo meu próprio agir:

> Somente do interior da minha participação pode ser compreendida a função de cada participante. No lugar do outro, como se estivesse em meu próprio lugar, encontro-me na mesma condição de falta de sentido. Compreender meu dever em relação a ele (a orientação que preciso assumir em relação a ele), compreendê-lo em relação a mim na singularidade do existir-evento: o que pressupõe a minha participação responsável, e não a minha abstração. (Bakhtin, 2010, p. 66)

Esse processo pode ser compreendido, no contexto das práticas pedagógicas, na educação infantil, como ato, em que somos responsáveis por aquilo que propomos e pelo modo como o efetivamos. O ato pedagógico das professoras*, assim definido, realiza-se no próprio fazer, na interação com o outro-criança e com o outro-adulto. É um ato vivo que se materializa cotidianamente.

No entanto, para a efetivação da docência como ato pedagógico no cotidiano da educação infantil, é necessário estabelecer a relação entre teoria e prática, o que implica, fundamentalmente, estar em correlação com cada criança, com os modos peculiares de se expressarem. De igual modo, é por meio de uma base epistemológica sólida e cunhada nos pressupostos da constituição humana pelas relações sociais (Vigotski, 2000) e da criança, como sujeito de ativo e legítimo em suas diferentes expressividades

---

* A pesquisa em que se baseia este capítulo foi desenvolvida em uma instituição pública municipal de Florianópolis, Santa Catarina. Trata-se de um grupo composto por nove meninos e seis meninas, com idade de 2 a 3 anos, e por seis professoras (duas professoras regentes, duas auxiliares de sala, uma professora auxiliar de ensino e uma professora de educação física) que compartilhavam a docência no grupo de crianças. Por essa razão, optamos por utilizar o substantivo no gênero feminino, professora(s). Para saber mais, ver Castro (2016).

(Cruz, 2008; Rocha, 2008), que existe maior possibilidade de exercer a docência pela dialogia.

Como recurso valorativo para a reflexão de nosso próprio fazer, atentarmos aos sentidos que atribuímos aos modos de as crianças nos comunicarem o que estão sentindo ou o que necessitam, assim como atentarmos aos sentidos que elas atribuem ao que lhes dizemos, significa nos afirmarmos responsavelmente em face da tarefa de educar e cuidar. É compreender como se efetivam os modos pelos quais a criança aprende, seus valores, as próprias formas de agir, que se estabelecem nas relações, tornando as professoras responsáveis também – e muito – pela constituição intersubjetiva do humano que se lhes apresenta.

Perceber o outro como ponto de partida e desenvolver a prática pedagógica na educação infantil pelos princípios da "ética, da política e da estética" (Brasil, 2009) é ter consciência do instrumental orientador que a teoria propicia e, por meio dessa consciência, poder exercitar um conjunto de práticas pedagógicas que compõem a docência como ato social.

Para esclarecermos essa relação, recorremos à conceituação de ato social proposta por Bakhtin (2010, p. 94):

> Não é o conteúdo da obrigação escrita que me obriga, mas a minha assinatura colocada no final, o fato de eu ter, uma vez, reconhecido e subscrito tal obrigação. E, no momento da assinatura, não é o conteúdo deste ato que me obrigou a assinar, já que tal conteúdo sozinho não poderia me forçar ao ato – a assinatura-reconhecimento, mas somente em correlação com a minha decisão de assumir a obrigação – executando o ato da assinatura-reconhecimento; e mesmo neste ato o aspecto conteudístico não era mais que um momento, e o que efetivamente ocorreu, a afirmação – o ato responsável [...].

O ato social não é predeterminado, e sim pré-organizado como atividade mental e se estabelece no momento da própria realização, na interação com a vida, com os sujeitos que escutam, observam, respondem e completam os sentidos vivenciados em cada acontecimento. Diante disso, existe um diferencial em assumir a docência na educação infantil e pensar as práticas na perspectiva do ato pedagógico, uma vez que mobilizam o sujeito a pensar que as propostas ora traçadas precisam responder ao outro de modo responsável.

Esse exercício de pensar no outro-criança como condição para a constituição da docência pode contribuir para que se sustentem, cotidianamente, relações recíprocas entre adultos e crianças nos espaços de educação formal. Dessa forma, é possível constatar que, pela brincadeira, as crianças bem pequenas revelam mais de si e nos oferecem profícuas possibilidades de melhor conhecê-las, por meio dos **sentidos** e **significados** que atribuem ao que vão vivenciando e dos quais também se apropriam.

Antes de apresentarmos as análises sobre o **tema** e a **significação*** tecidos pelas crianças quando brincam, trataremos, brevemente, do crescimento da produção científica acerca da brincadeira de faz de conta, produzida pelas crianças até os 3 anos de idade.

ALGUNS ESTUDOS SOBRE A BRINCADEIRA DAS E ENTRE AS CRIANÇAS BEM PEQUENAS

A brincadeira pode ser campo privilegiado para conhecermos a expressividade e o conteúdo comunicativo das crianças, desde bem pequenas. Nesse processo, o papel das professoras tem

---
* Esses dois conceitos serão explicados no momento de exposição das análises.

destaque, com base no que afirmam os estudiosos que se dedicam a essa temática.

É fundamental compreendermos que a brincadeira não é um ato natural na criança e que só pode ser estabelecida de acordo com suas vivências em um contexto circunscritamente organizado, que ofereça elementos para a criação e a imaginação, aspectos que necessitam ser problematizados em relação às crianças de 0 a 3 anos.

A imaginação, assim como as demais funções psicológicas superiores*, não é constituída apenas por regularidades psíquicas; é também um processo ocasionado pela interação social, resultado da cultura (Vigotski, 2000). Desse modo, incluir nos espaços de educação infantil os artefatos que propiciem a relação entre a função social e a possibilidade de significar o objeto é caminho para a formação simbólica das crianças.

Ao aprofundar o conhecimento acerca da brincadeira de faz de conta, Vigotski (2008, p. 25) assinala que a "imaginação é o novo que está ausente na consciência da criança nos primeiros anos de vida, absolutamente ausente nos animais, e representa uma forma especificamente humana de atividade da consciência". Torna-se necessário ampliar essa abordagem, na perspectiva de buscar compreender como o processo da brincadeira é iniciado e desenvolvido com as crianças pequeninas e o que elas revelam por meio do ato de brincar.

Corsaro (2011), por sua vez, defende que a brincadeira pode ser compreendida como abordagem interpretativa, fornecendo elementos teóricos que permitem identificar com que características são formados os enredos brincantes entre as crianças.

---

* Memória; linguagem; pensamento; emoções.

Conhecer com mais profundidade esses jeitos de ser e estar das crianças pode favorecer, portanto, a legitimação delas, desde o nascimento, para a condição de agentes sociais, que desenham de diferentes modos o que sentem e pensam em relação aos lugares que ocupam.

Existem estudos recentes que ampliam a discussão acerca da brincadeira das e entre as crianças bem pequenas, inclusive no âmbito da pedagogia da infância. Coutinho (2014) observa que a ordem estabelecida em contextos de educação infantil, ainda que criada pelos adultos, é alterada pelas ações das crianças. Para a autora, a brincadeira é o que prevalece tanto no caso de crianças-crianças* como no caso de crianças-adultos. De igual modo, destaca Coutinho (2014, p. 34), as relações sociais são "alicerçadas em regras de ação relacionadas ao contexto social, mas estruturadas pelas próprias crianças a partir da recorrência de seus encontros".

A autora chama a atenção para a importância de percebermos que, mesmo as ações das crianças sendo constituídas na interação com o outro, elas também portam seus modos subjetivos de se colocarem diante do mundo e das coisas do mundo. Assim, torna-se também indispensável observar como as crianças pequeninas e os bebês manifestam a necessidade de ficarem sozinhos e como se revelam durante esses momentos. A autora considerou "a maioria das brincadeiras coletivas desenvolvidas pelos meninos e meninas observados como sendo de faz de conta, em que repertórios que transitavam entre o real e o imaginário eram constantes" (Coutinho, 2014, p. 39).

---

* Segundo o artigo citado, trata-se de bebês que tinham entre 5 meses e 2 anos e 8 meses até o final da pesquisa. A pesquisadora realizou a observação em 2 anos letivos, totalizando 14 meses de permanência em campo.

Para Vigotski (2008, p. 28), "sempre que há uma situação imaginária na brincadeira, há regra. Não são regras formuladas previamente e que mudam ao longo da brincadeira, mas regras que decorrem da situação imaginária". Contudo, se nem sempre existem regras em todas as interações e brincadeiras entre as crianças, isso não significa que inexiste o ato de brincar entre elas, desde quando são bem pequenas. Nesse sentido, Musatti (1990, p. 113, tradução nossa) alerta ser "mais interessante, no entanto, analisar as brincadeiras dos mais pequenos por aquilo que são em vez de por aquilo que ainda não são, destacando as características e a tipicidade por contraste com as brincadeiras das crianças da mesma idade".

A autora ressalta o fato de que, para se observar e analisar esse processo, é necessário compreender quais elementos compõem e caracterizam as brincadeiras entre as crianças bem pequenas, evitando-se perspectivas que preconizam tais processos (Musatti, 1990). Não seria a existência de regras que definiria a brincadeira, mas a trama dialógica e interacional que estaria envolvida no conjunto de vivências da criança. Em outras palavras, trata-se do quanto de elaboração cada criança desenvolve quando elas se enredam em uma interação brincante, seja com objetos, seja com um coetâneo ou outra criança mais velha, seja com um adulto.

A comunicação se evidencia entre as crianças na brincadeira, como afirma Musatti (1990). Para a autora, quando as crianças estão fingindo dormir e fecham os olhos fortemente, vão demostrando, de diferentes formas, alguns indicativos a seus coetâneos sobre aquilo que estão fazendo. É um processo constantemente comunicativo, aspecto que, a nosso ver, é constitutivo da linguagem verbal que manifestam entre elas.

É muito evidente na interação entre as crianças muito pequenas como esta finalidade não instrumental da atividade de brincadeira é facilmente comprimida no comportamento do coetâneo e como, por sua vez, a criança que "faz para brincar" se empenha notavelmente para comunicar ao coetâneo presente o caráter brincante* de sua atividade. (Musatti, 1990, p. 115, tradução nossa)

Não é nossa pretensão, e isso nem seria possível, igualar os níveis de elaboração das crianças na brincadeira em seus primeiríssimos anos de vida aos das crianças a partir dos 3 anos de idade. A intenção é discutir como a brincadeira pode contribuir para compreendermos o modo como as crianças se apropriam da linguagem e a constituem.

Bondioli (2002, 1996) e Savio (1995) asseveram que o princípio da brincadeira simbólica começa a ser manifestado pelas crianças, em média, a partir dos 12 até os 15 meses. As autoras oferecem importantes contribuições para a compreensão dos modos como a brincadeira começa a surgir entre as crianças menores. Para as autoras, negar a existência da brincadeira simbólica entre as crianças antes dos 3 anos de idade seria recusar as potencialidades que já detêm.

Concordamos com Bondioli (1996) sobre o brincar, que ainda tem características "embrionárias" do representar e do imaginar para as crianças bem pequenas. Entretanto, não podemos desprezar aquilo que já fazem, as competências que já manifestam e como manifestam. Esses processos não são ações fortuitas, mas **ato social** materializado na intrínseca relação social em que vivem as crianças. Se são reprodutivos, também apresentam

---

* Entendemos que *brincante* é a palavra, em português, que mais se aproxima do termo italiano *giocoso*.

reelaborações, ou seja, é ato arraigado de conteúdos inerentes à vida, às vivências do cotidiano.

Na brincadeira, as crianças alcançam a possibilidade de aprender e exprimir comunicativamente a qualidade de seus atos simbólicos. Bondioli (2002, p. 247, tradução nossa) assevera que "A brincadeira torna-se um modo por meio do qual, de uma maneira mais informal [...], os adultos veiculam conhecimentos às crianças e dão início aos primeiros processos de ensino/ aprendizagem".

Com base nos pressupostos vigotskianos, Savio (1995, p. 32, tradução nossa) defende que "a brincadeira simbólica apresenta para a criança a primeira ocasião de operar no mundo dos significados". A autora considera que, mesmo antes dos 2 anos de idade, as crianças iniciam as primeiras aproximações com a brincadeira simbólica, não havendo, precisamente, um corte etário para encerrar esse processo. Observa ainda que, com poucos meses a mais de diferença, as crianças apresentam qualitativas mudanças na forma de interagir com os objetos, oferecendo novas significações e estabelecendo novos enredos a seu agir.

Com relação às crianças que estão em processo de aquisição da linguagem verbal, a autora alerta sobre o quão fundamental é nos atermos também às outras manifestações comunicativas, às outras formas de linguagem que elas expressam. É por meio das diversas competências sociais que as crianças conseguem alcançar níveis mais complexos de interação e de brincadeiras que lhes possibilitam o enriquecimento dos processos brincantes.

Para Savio (1995), é a qualidade das manifestações lúdico--simbólicas que determina o processo inicial da brincadeira, e não a idade da criança necessariamente. A seguir, apresentaremos, de modo breve, o caminho metodológico do estudo.

O CAMINHO METODOLÓGICO DA PESQUISA

A pesquisa foi realizada em uma creche pública municipal de Florianópolis, em um grupo de 15 crianças com idade de 2 a 3 anos. O grupo era composto por seis meninas e nove meninos. Também participaram do estudo duas professoras regentes, duas auxiliares de sala, uma professora auxiliar de ensino e uma professora de educação física (seis adultos). A metodologia da pesquisa é de cunho qualitativo (Azanha, 1992) e de orientação etnográfica e interpretativa (Graue; Walsh, 2003; Geertz, 2008).

Foi feita uma imersão* no grupo de crianças por cinco meses** consecutivos, com uma frequência de dois a três dias por semana, alternadamente. O tempo de permanência em cada período foi de, aproximadamente, três horas. Em acordo com as professoras, avisando-se previamente também as crianças, a participação se dava em diferentes momentos do cotidiano do grupo. Foram 48 períodos, totalizando, em média, 140 horas de observação. A escolha por fazer referência a períodos e não a dias frequentados deve-se ao fato de que, em cada turno, havia uma professora regente com carga horária de 20 horas semanais e as respectivas auxiliares de sala, que cumpriam carga horária de 30 horas semanais, por período. Desse modo, algumas vezes, a pesquisadora esteve presente nos diferentes períodos em um mesmo dia, acompanhando a dinâmica de trabalho das diferentes duplas de profissionais (professora e auxiliar de sala).

Os dados foram gerados com base nos seguintes recursos metodológicos: observações, registros escritos em diário

---

* O detalhamento da pesquisa de campo realizada pela autora Joselma Salazar de Castro pode ser consultado na tese *A docência na educação infantil como ato pedagógico* (Castro, 2016).

** Dos cinco meses de pesquisa no Grupo III é preciso descontar uma semana de greve dos servidores municipais e duas semanas de recesso escolar.

de campo, fotografias e filmagens, além de entrevistas semiestruturadas e recolha de depoimentos das profissionais-sujeitos da pesquisa.

Antes de iniciar as análises dos dados, foi necessário organizá-los de modo que pudesse ser identificado quais situações eram recorrentes e quais eram inusitadas no Grupo III, assim como quais categorias ou blocos interpretativos (Castro, 2016), pautados em alguns conceitos bakhtinianos, como se escolheu definir, seriam formados. Para chegar a esse momento, além de ter o assentimento dos sujeitos da pesquisa, foi necessário elaborar questões para tentar identificá-las no campo. Também foi preciso estar aberto ao inesperado e permitir que outros dados fossem gerados, mesmo não previstos anteriormente.

Neste capítulo, trataremos do bloco interpretativo criado com base nos conceitos de tema e significação, os quais auxiliam na compreensão e interpretação acerca das brincadeiras das e entre as crianças.

O **tema** é a ideia do enunciado, levando-se em conta que uma mesma palavra pode ter diferentes sentidos. Por meio do tema, torna-se possível que distintos enunciados encontrem um ponto comum de apoio. Ao mesmo tempo, um único enunciado pode ter distintos sentidos. Já a **significação** é a base estável da palavra, contribuindo na constituição do(s) sentido(s) – tema –, e está relacionada com os significados dicionarizados. A combinação desses conceitos auxiliou na construção das análises da prática pedagógica pelo viés da linguagem.

O COMPARTILHAMENTO DE SENTIDOS E SIGNIFICADOS ENTRE CRIANÇAS E ADULTOS: A BRINCADEIRA COMO VOZ E CAMINHO PARA A PARTICIPAÇÃO INFANTIL

No caso da educação da infância, a interpretação das professoras deve vir ao encontro do que as crianças pretendem dizer ou estão dizendo. Para nós, a interpretação é um meio para estarmos mais próximas das vozes das crianças, identificando os sentidos de suas elaborações, enunciadas de diferentes formas e bastante presentes na brincadeira. É também caminho para despendermos atenção aos sentidos e significados que atribuímos ao que elas fazem.

> Bárbara, Fernanda e Rafaela protagonizam uma brincadeira, em que elas eram uma família. Observo que Bárbara se tornou a mãe e Fernanda (que, muitas vezes, desejava ser a mãe ou tia, ou irmã) passou a ser bebê, também usando a chupeta, engatinhando e fingindo chorar. (D. C. Manhã de 19 de agosto de 2014). (Castro, 2016, p. 280)

Ao que parece, a brincadeira, nesse caso, passou a ser também uma estratégia das crianças para continuarem utilizando objetos que desejavam, mas cujo acesso não era autorizado pelas professoras a qualquer momento, como a chupeta, por exemplo. Quando Fernanda se propôs a ser bebê, em uma brincadeira que já era recorrente, mas em que, normalmente, ela era outra personagem, geralmente um pouco mais velha, teve a chance de usar sua chupeta, já que "chorava", "engatinhava" e "ganhava mamadeira". Em outras palavras, Fernanda se apropriou das características de um bebê, o que, supostamente, justificaria o uso do objeto.

Em diversos outros momentos, foi possível observar as professoras tentando convencer a menina a guardar a chupeta na mochila e pegá-la de volta somente na hora de dormir. Às vezes, a menina acatava, às vezes, não, mas parece que sua estratégia de usá-la como um artefato para enriquecer a brincadeira funcionou. Nas demais vezes em que Fernanda e, mais raramente, Letícia foram observadas usando a chupeta no faz de conta, as professoras não intervieram para que guardassem.

Esse episódio vem ao encontro do que assevera Corsaro (2011) acerca das tentativas que as crianças fazem para terem a participação social assegurada e o controle sobre a autoridade dos adultos. Segundo o autor, são dois aspectos principais: "As crianças fazem tentativas persistentes para obter o controle de suas vidas, e elas sempre tentam compartilhar esse controle com as demais" (Corsaro, 2011, p. 155).

A situação em que Fernanda usou sua chupeta com mais tranquilidade foi em um momento de compartilhamento de ações com outras crianças. Havia, claramente, uma regra estabelecida e uma constante comunicação entre as meninas. Em alguns momentos, as crianças preferem assumir papéis em que são maiores e mais velhas do que realmente são, mas a escolha de Fernanda em ser uma bebê lhe possibilitava manobrar a atenção dos adultos. As professoras observavam a brincadeira que se enredava, mas não pareciam preocupadas com o fato de uma dada criança estar usando a chupeta naquele momento.

Ferreira (2010) traz contribuições para compreendermos a existência das lógicas criadas pelas crianças dentro de estruturas já formadas pelos adultos, assim como os sentidos que produzem em relação ao que vivem, o que, para tanto, requer constantemente do adulto uma postura dialógica e de escuta ao que elas revelam. Propor-se a conhecer a interpretação das crianças sobre as coisas significa entrar em suas fantasias e reconhecer os sentidos atribuídos por elas ao que vivenciam, aspectos tão presentes nos momentos em que brincam.

Para Ferreira (2010, p. 157),

> Creditar as crianças como atores sociais e com o direito de se apresentarem como sujeitos de conhecimento nos seus próprio termos, sendo indissociável do seu reconhecimento como produtoras de sentido, é então assumir como legítimas as suas formas de comunicação e relação, mesmo que estas se expressem diferentemente das que os adultos usam habitualmente, para nelas se ser capaz de interpretar, compreender e valorizar os seus aportes como contributos a ter em conta na renovação e reforço dos laços sociais nas comunidades em que participam. Ou seja, as crianças têm "voz" porque têm "coisas" – ideias, opiniões, críticas, experiências, ... – a dizer aos adultos, verbalmente ou não, literalmente ou não, mas estes só poderão ter acesso a esse pensamento e conhecimento se estiverem na disposição de suspender os seus entendimentos e cultura adultos para, na medida do possível, aprenderem com elas os delas e assim compreenderem o sentido das suas interações no contexto dos seus universos específicos.

Nesse sentido, as crianças são consideradas representantes de si mesmas e com grande potencialidade interpretativa e comunicativa daquilo que vivenciam. Nas instituições de educação infantil, em que as crianças convivem com um mesmo coletivo de pessoas por dezenas de horas, em dias consecutivos, suas possibilidades de agir, transgredir e negociar as regras do convívio social são ampliadas em seus próprios fazeres. A nós, adultos, cabe o desprendimento de nosso pensar, bem como a disposição para entender o que as crianças manifestam, "literalmente ou não", como afirma Ferreira (2010, p. 157). Segundo a análise da autora, é nessa trama que a infância é socialmente construída, seja pelas crianças, seja pelos adultos. É nesses contextos de socialização que elas se apropriam das possibilidades de negociação, colocando em cena suas vozes e posições.

O envolvimento entre essas crianças nesse tipo de brincadeira era bastante recorrente. Desde vários meses, já havia encontros e ampliação de enredo construído por elas. Nas primeiras observações a respeito da brincadeira de faz de conta no G III, quem mais protagonizava a brincadeira de família eram Paulo e Rafaela, mas, com o passar dos meses, outras crianças foram aceitas na brincadeira. Os sentidos que os dois compartilhavam, gradualmente, foi sendo percebido e apropriado por outras crianças, assim como pelas professoras. No entanto, nem todas as crianças que desejavam participar da brincadeira eram aceitas.

Foi possível observar que Fernanda e Bárbara, por exemplo, eram insistentes e sempre apresentavam elementos que pareciam convencer os dois de que a participação delas poderia ser útil. Houve momentos em que Sabrina ficava de mãos dadas com Fernanda, chamando-a de filha, ou em que ambas carregavam bonecas no colo e se integravam ao diálogo de Paulo e Rafaela, interferindo no que enredavam ao dizerem: "Ah, eu dou a comida para ele". Geralmente, Paulo era o filho de Rafaela, e as meninas, ao observarem o menino "sendo alimentado", ofereciam-se para auxiliá-lo.

É interessante perceber os laços de afeto e de amizade que as crianças criam entre elas e o quanto de estratégias de comunicação e de atuação buscam para terem suas solicitações correspondidas, sem que, com isso, os adultos precisem interferir, o que não significa deixar de observar a complexidade relacional que é tramada pelas crianças.

Corsaro (2011, p. 160) assinala que "nós, adultos, raramente chegamos a apreciar, de verdade, a forte satisfação emocional que as crianças obtêm da produção e participação naquilo que nos parece um simples jogo repetitivo". Aí reside o desafio de compreendermos os sentidos e os significados que as crianças constituem, compartilham e atribuem ao que fazem quando brincam, aspecto que nos exige conhecê-las individualmente e as relações que estabelecem com seus pares.

A brincadeira pode ser um campo rico para compreendermos a enunciação das crianças de forma mais integral, sendo preciso lembrar, como aponta Volochínov (2013, p. 158), que

> Não compreenderemos nunca a construção de qualquer enunciação – por completa e independente que ela possa parecer – se não tivermos em conta o fato de que ela é só um momento, uma gota no rio da comunicação verbal, rio ininterrupto, assim como é ininterrupta a própria vida social, a história mesma.

De acordo com Bakhtin e o Círculo*, a comunicação verbal não é a única forma comunicativa; a ela se aliam outros elementos extraverbais presentes na situação social que formam a interação verbal. Essa observação vem ao encontro daquilo para o que estamos chamando a atenção em diálogo com os estudos da pedagogia da infância e da sociologia da infância, que se preocupam em observar as crianças em um todo, para melhor conhecê-las. Observar e procurar conhecer o que as crianças revelam nas brincadeiras pode ser um passo para percebermos as dimensões da linguagem de que lançam mão no momento em que brincam,

---

* Círculo de Bakhtin (1920-1930), um grupo de estudos e debates da época, cujos participantes compartilhavam de conceitos, ideias e produções.

comunicando constantemente ao outro o que está sendo feito. Toda enunciação, tudo o que é comunicado, dirige-se a alguém, buscando escuta, compreensão e resposta, como define Bakhtin (2006, 2015).

Ao observarem a brincadeira e sensivelmente avaliarem quando participar de modo mais diretivo, as professoras ampliam a possibilidade de contribuir com a formação das crianças e a constituição da linguagem delas. Com observação atenciosa e sensibilidade pedagógica, as professoras podem redimensionar, cotidianamente, seu agir, ampliando as possibilidades de as crianças serem inclusas por sua participação ativa nos processos de socialização.

FINALIZANDO

Diante do que apresentamos até aqui, entendemos que as crianças, ao serem assumidas com centralidade no contexto coletivo de educação infantil, podem ter suas vozes escutadas e ser promovidas à participação. Em uma via de mão dupla, as professoras tomam os enunciados das crianças como indicativo para a organização da prática pedagógica. Desse modo, vão estabelecendo com as crianças relações de alteridade, constituindo uma relação dialógica demarcada em um contexto socialmente organizado.

Quando a educação infantil considera as crianças como interlocutoras em potencial, a linguagem entre as pessoas participantes de um diálogo é tensionada. Essa perspectiva permite que as crianças atribuam novos sentidos ao que vem sendo estabelecido e, ainda, que se constituam novas ordens sociais no âmbito das relações educativas.

Pautando-se na escuta e na dialogia, cuidadosamente, os(as) professores(as) podem apreender os sentidos das próprias práticas educativas, conscientizando-se da implicação dos seus fazeres na vida das crianças. Desse modo, elevam o que seria mera ação à condição de ato pedagógico, ao terem no outro-criança, responsavelmente, o ponto de partida para a efetivação da docência.

REFERÊNCIAS

AZANHA, J. M. P. **Uma ideia de pesquisa educacional**. São Paulo: Edusc, 1992.

BAKHTIN, M. M. **Estética da criação verbal**. 4. ed. São Paulo: M. Fontes, 2006.

BAKHTIN, M. M. **Marxismo e filosofia da linguagem**. 13. ed. São Paulo: Hucitec, 2009.

BAKHTIN, M. M. **Para uma filosofia do ato responsável**. São Carlos: Pedro & João Editores, 2010.

BAKHTIN, M. M. **Problemas da poética de Dostoiévski**. 5. ed. Rio de Janeiro: Forense Universitária, 2015.

BARBOSA, M. C. S. **Por amor e por força**: as rotinas na educação infantil. 283 f. Tese (Doutorado em Educação) – Universidade Estadual de Campinas, Campinas, 2000. Disponível em: <http://repositorio.unicamp.br/jspui/bitstream/REPOSIP/253489/1/Barbosa_MariaCarmenSilveira_D.pdf>. Acesso em: 16 maio 2021.

BONDIOLI, A. M. **Gioco e educazione**. Milano: Franco Angeli, 2002.

BONDIOLI, A. M. Il gioco come area potenziale di sviluppo: un ruolo dell'adulto. **Revista Bambini**, ano 12, n. 6, p. 30-36, 1996.

BRASIL. Ministério da Educação. Conselho Nacional de Educação. Câmara de Educação Básica. Resolução n. 5, de 17 de dezembro de 2009. **Diário Oficial da União**, Brasília, DF, 18 dez. 2009. Disponível em: <http://portal.mec.gov.br/index.php?option=com_docman&view=download&alias=2298-rceb005-09&category_slug=dezembro-2009-pdf&Itemid=30192>. Acesso em: 16 maio 2021.

CASTRO, J. S. de. **A docência na educação infantil como ato pedagógico**. 345 f. Tese (Doutorado em Educação) – Universidade Federal de Santa Catarina, Florianópolis, 2016.

CORSARO, W. **Sociologia da infância**. 2. ed. Porto Alegre: Artmed, 2011.

COUTINHO, A. S. Os bebês e a brincadeira: questões para pensar a docência. **Da Investigação às Práticas**, Lisboa, v. 4, n. 1, p. 31-43, mar. 2014. Disponível em: <http://www.scielo.mec.pt/scielo.php?script=sci_arttext&pid=S2182-13722014000100003&lng=es&nrm=iso>. Acesso em: 16 maio 2021.

CRUZ, S. H. V. Apresentação. In: CRUZ, S. H. V. (Org.). **A criança fala**: a escuta das crianças em pesquisas. São Paulo: Cortez, 2008. p. 11-31.

FERREIRA, M. M. "– Ela é nossa prisioneira!": questões teóricas, epistemológicas e ético-metodológicas a propósito dos processos de obtenção da permissão das crianças pequenas numa pesquisa etnográfica. **Reflexão e Ação**, Santa Cruz do Sul, v. 18, n. 2, p. 151-182, jul./dez. 2010. Disponível em: <http://online.unisc.br/seer/index.php/reflex/article/view/1524/1932>. Acesso em: 16 maio 2021.

GEERTZ, C. **A interpretação das culturas**. Rio de Janeiro: LTC, 2008.

GRAUE, E.; WALSH, D. **Investigação etnográfica com crianças**: teorias, métodos e ética. Lisboa: Fundação Calouste Gulbenkian, 2003.

MUSATTI, T. Interazione sociale e processi cognitivi nel gioco dei bambini piccoli. In: BONDIOLI, A. M. **Il bambino, il gioco, gli affetti**: per una pedagogia del simbolismo ludico. Bergamo: Juvenili Editrice, 1990. p. 111-121.

ROCHA, E. A. C. **A pesquisa em educação infantil no Brasil**: trajetória recente e perspectiva de consolidação de uma pedagogia da educação infantil. Florianópolis: Centro de Ciências da Educação/ Núcleo de Publicações – NUP, 1999.

ROCHA, E. A. C. Por que ouvir as crianças? Algumas questões para um debate científico multidisciplinar. In: CRUZ, S. H. V. (Org.). **A criança fala**: a escuta das crianças em pesquisa. São Paulo: Cortez, 2008. p. 43-51.

SAVIO, D. Alice dentro lo specchio: gli esordi del gioco simbolico. **Revista Bambini**, ano 11, n. 9, p. 29-35, 1995.

VIGOTSKI, L. S. A brincadeira e seu papel psíquico no desenvolvimento da criança. **Revista Virtual de Gestão de Iniciativas Sociais**, p. 23-36, jun. 2008.

VIGOTSKI, L. S. **El problema de la edad**. Madrid: Centro de Publicaciones del M.E.C./Visor, 2000. (Obras Escogidas, Tomo IV).

VOLOCHÍNOV, V. N. **A construção da enunciação e outros ensaios**. São Carlos: Pedro & João Editores, 2013.

Flavia Martinez
Susana Soares Tozetto
Camila Macenhan

CAPÍTULO 5

**As contribuições de François Dubet
no processo formativo do docente**

INTRODUÇÃO

François Dubet, nascido em 1946, sociólogo francês, professor da Universidade de Bordeaux II, tem como campo de pesquisa empírico a França, suas instituições, seu sistema político e seus problemas sociais. Até os dias atuais, transmite um pensamento social de centro. Discute a modernidade como inacabada, incompleta, com base em Alain Touraine*. Até os 40 anos, alterou várias vezes seu objeto de pesquisa, chegando à sociologia somente por último; assim, entra na discussão sobre autonomia e justiça.

Em entrevista publicada pela *Revista Educação* (Dubet, 2015), conta que, atualmente, seu interesse está em discutir a justiça no sentido da fraternidade, com questões como: O que faz com que as sociedades exclamem o sentimento de solidariedade? O que faz com que os indivíduos se sintam parte de uma mesma sociedade? Evidentemente, essas interrogações estão relacionadas ao contexto histórico e político atual da França.

Para responder a esses questionamentos, Dubet (1994) afirma ser necessário compreender a sociedade e o indivíduo, especialmente o que motiva suas ações e lógicas de ação. Por isso, sua pesquisa está voltada para a experiência dos atores sociais, em **como o sujeito pensa e age na sociedade atual**, em face de seus conflitos e problemas.

---

* Sociólogo francês que evidencia "uma modernidade latino-americana que, a partir dos seus particulares e diversos ritmos socioculturais, parece caracterizar-se por uma autêntica demanda de subjetivação, de afirmação e reconhecimento de aspectos culturais e de identidade pessoal e social. Em definitivo, o autor contribui para constatar uma grande característica dessa modernidade: sua contínua tensão entre um universo instrumental (sob os contornos racionalizadores da sociedade) e um universo simbólico (caracterizado pelas experiências de produção e afirmação dos sujeitos sociais). Os movimentos sociais estariam, dessa forma, dirigidos a aliviar essa tensão, assim como dirigidos para si mesmos e para o que se poderia denominar esforço de subjetivação: definido como um sujeito com vontade de ser reconhecido como ato" (Gadea; Scherer-Warren, 2005, p. 40).

Dubet defende ainda que as noções sociológicas de indivíduo e de sociedade são bastante complexas, ambíguas e polissêmicas, pois ocorre uma perda do sistema de referências, antes proporcionadas pela sociedade industrial e de constituição de um sujeito autorreferencial. No pensamento clássico da sociologia, a sociedade era uma noção central, uma realidade altamente integrada e integradora, isto é, "a sociedade existe como um sistema integrado identificado à modernidade, a um Estado-nação e a uma divisão do trabalho elaborada e racional. Ela também existe porque produz indivíduos que interiorizam seus valores e realizam suas diversas funções" (Dubet, 1994, p. 21).

Atualmente, novas configurações políticas se estruturam, o que faz com que o Estado-nação não equivalha mais à ideia de sociedade. Diante dessa premissa, Dubet e Martucelli (1996) mostram que há um declínio da ideia de sociedade, ou mesmo a morte do social.

Dubet (1994, p. 43) define a sociedade como "a maneira moderna de se estar em conjunto, a que produz precisamente indivíduos arrancando-os ao feitiço ou à obscuridade – conforme o caso – dos mundos comunitários". Ainda segundo Dubet (1994, p. 43), a sociedade segue o pensamento do sujeito no sentido de restituir-lhe suas experiências para dar voz autêntica ao ator social e não falar por ele, mas com ele.

Entretanto, o ator não é o social internalizado, pois sua ação não se reduz a um programa único, não está regido por uma lógica unitária, visto que "a sociedade moderna possui uma unidade funcional complexa que permite a análise em termos de sistemas nos quais cada elemento só tem utilidade pela combinação que o liga ao sistema geral da sociedade" (Dubet, 1994, p. 47).

Nesse sentido, as relações sociais são elaboradas sob certas circunstâncias históricas e, assim, constroem as experiências sociais. A experiência social traz consigo um conjunto de possibilidades de análises do contexto em que o ator está envolto, fundamentando e ponderando o micro e o macro do aparelho social. O ator tem relativa autonomia diante dos processos de objetivação impostos pelo sistema, pois a experiência pessoal lhe imputa essa independência no pensar e no agir. É a capacidade do sujeito em responsabilizar-se por suas ações, agir conforme seus princípios e sua experiência. As condutas dos atores são individuais e coletivas, dominadas pela heterogeneidade de pensamento e de ação, provocando perspectivas diferentes de compreensão do social. Para Dubet (1994), o resultado de uma ação não se baseia, unicamente, em uma lógica, mas, em uma construção individual realizada por meio de elementos esparsos.

Portanto, Dubet (2015) defende que é necessário **partir dos indivíduos para compreender a sociedade**, e não partir do indivíduo para compreender o indivíduo. Ao abarcarmos a sociedade, analisaremos o indivíduo e, ao envolvermos o indivíduo, compreenderemos a sociedade. A sociedade propicia várias circunstâncias em que os indivíduos entram em ação reciprocamente pela interação. As ações sociais acontecem entre os indivíduos, que interagem reciprocamente com graus distintos de socialização, intermediando o fluxo de relações.

Assim, a sociedade é um conflito regulado e contínuo, identificada no contexto da modernidade, visto que apresenta alto grau de complexidade em suas relações interativas e disso deriva a sociologia da experiência.

SOCIOLOGIA DA EXPERIÊNCIA

O conceito de sociologia da experiência, proposto por Dubet (1994), orienta a definição e as análises das instituições que o autor apresenta. Para cunhar o conceito de experiência, Dubet (1994) se pauta nos pensamentos de Georg Simmel* e de Alain Touraine e, com base nessas influências, elabora a noção de experiência social e lógicas de ação.

Para compreender a noção de experiência social em Dubet, é preciso entender o conceito de sociedade, de ações sociais e de instituições; por isso, tratar da sociologia da experiência não é tarefa simples. Segundo Dubet (1994, p. 53), "A ideia de sociedade foi sempre identificada com a de modernidade e a de evolução, sendo a sociedade a forma da organização social moderna inscrita numa evolução necessária".

A sociedade era composta, primordialmente, pelo Estado e suas instituições modernas, responsáveis por propiciar a integração dos indivíduos e influenciar suas ações e seus comportamentos. Entretanto, essa noção de sociedade está se enfraquecendo junto com o projeto de ordem, totalidade e progresso da modernidade como defendido pela sociologia clássica (Dubet, 1994).

Na atualidade, como mencionamos anteriormente, novas configurações sociais se desenham, pois a sociedade privilegia mais aquelas experiências sociais que os atores desenvolvem cotidianamente. Além disso, a sociedade é permeada pelo conflito e pela heterogeneidade, em que os indivíduos, ao lançarem mão de diversas lógicas de ação, constroem as experiências sociais

---

* Sociólogo alemão que compreende que a sociedade se estabelece como o produto das manifestações de contato social, tendo em vista que "os indivíduos estão ligados uns aos outros pela influência mútua que exercem entre si e pela determinação recíproca que exercem uns sobre os outros" (Simmel, 2006, p. 17).

que se configuram em relações de igualdade/desigualdade. Assim, a ação social deixa de ser definida como algo imposto, unitário, racional e estratificado e passa a ser concebida a partir das relações conflituosas, heterogêneas e múltiplas (Dubet, 1994).

Prova disso é que, atualmente, a sociedade é composta por lutas sociais fragmentadas que atuam em causa de algumas questões muito particulares, como questões de gênero, por exemplo. Hoje, a relação entre a sociedade, o Estado e suas instituições deve ser compreendida como uma construção social (Dubet, 1994).

Nesse sentido, Dubet (1994) preconiza que são os novos contextos sociais, marcados pela heterogeneidade de socialização, que fundamentam a experiência social; são as atividades heterogêneas que envolvem os indivíduos que conferem sentido a suas ações. Desse modo, o sentido da experiência é propiciado pelo produto de uma atividade.

Como explica Dubet (1994, p. 107),

> A sociologia da experiência tem em vista definir a experiência como uma combinação de lógicas de ação, lógicas que ligam o ator a cada uma das dimensões de um sistema. O ator é obrigado a articular lógicas de ação diferentes, e é a dinâmica gerada para cada atividade que constitui a subjetividade do ator e a sua reflexividade.

A noção de experiência social, assim como a de sociedade, é construída com base em entendimentos distintos e incongruentes, e a experiência social se faz por meio dessas lógicas de ação heterogêneas.

Por isso, pensar a formação docente com base na experiência social é compreender que o professor precisa experienciar diversas situações de ensino, em contextos educacionais diversos e heterogêneos. Se a universidade é lócus de formação docente, a escola também é, pois se trata de espaço vivo de aprendizagem da docência. É preciso ainda compreender a formação docente em uma dimensão acadêmico-pedagógica que considere os diversos espaços formativos com os quais o licenciando dialoga e que são fontes de experiências.

A sociologia da experiência, proposta por Dubet (1994), não é um método, mas uma noção que nasceu dos trabalhos de pesquisa realizados na França, com movimentos sociais e com a juventude, e objetiva apreender a ação social dos indivíduos a partir do contexto coletivo e diverso do qual fazem parte. No caso da formação docente, refere-se aos processos pedagógicos de formação, às situações de ensino e de aprendizagem que o licenciando vivencia; seja na universidade, seja na escola, o que importa é que os espaços de formação se constituam em instâncias que propiciem experiência, vivência, pesquisa e autoformação.

Como observa Dubet (1994, p. 107), "O actor é obrigado a articular lógicas de acção diferentes, e é a dinâmica gerada por esta actividade que constitui a subjectividade do actor e a sua reflectividade". Por essa razão, a sociologia da experiência transcende concepções da sociologia clássica e também a perspectiva do individualismo metodológico. Para Dubet (1994), a sociologia da experiência tem como escopo definir a experiência por meio de uma combinação de diferentes lógicas da ação, que se articulam e que ligam o ator às diferentes dimensões do sistema. Além disso, ela traz o indivíduo para o centro da análise, a qual não pode ser generalizada, sem levar em consideração o contexto social concreto da realidade de que esse indivíduo faz parte.

Dubet (1994, p. 15) explica sua perspectiva da seguinte forma:

> Escolhi a noção de experiência a despeito de suas ambiguidades e de suas imprecisões, ou antes, por causa delas, para designar as condutas sociais que observei e analisei durante vários anos em trabalhos que incidiam sobre os movimentos sociais, a juventude, a imigração e a escola. Dado que estas condutas não eram redutíveis nem a papéis nem à prossecução estratégica de interesses, a noção de experiência impôs-se muito.

A noção de experiência oferece autonomia ao indivíduo, pois, com ela, compreendemos que o ator social pode agir de maneira diversa em face das diferentes experiências com que se depara. Para Dubet (1994), a noção de experiência tem três características essenciais:

1. a heterogeneidade dos princípios culturais e sociais que organizam as condutas;
2. a distância subjetiva que os indivíduos mantêm em relação ao sistema;
3. a construção da experiência coletiva que substitui a noção de alienação no centro da análise sociológica.

A heterogeneidade dos princípios culturais e sociais que organizam as condutas dos atores situa o indivíduo em um contexto coletivo e culturalmente diverso. É nesse contexto que o ator social constrói sua identidade. Em outras palavras, é por meio da diversidade que se constrói a experiência social. O coletivo é basilar para a construção da identidade do ator social (Dubet, 1994).

Sobre essa questão, Dubet (1994, p. 16) afirma que "Tudo se passa 'como se os actores adoptassem simultaneamente vários pontos de vista, como se a identidade deles fosse apenas o jogo movediço das identificações sucessivas, como se outrem fosse alternadamente definido de múltiplas maneiras, aliado e adversário, vizinho e exótico [...]'".

A distância subjetiva que os indivíduos mantêm em relação ao sistema evidencia que eles não se entregam por inteiro no desempenho de sua ação social, o que permite inferir que o ator social tem certa autonomia para fazer suas escolhas, pois pondera o vivido. Dubet (1994) aponta que o ator social, ao fazer essa ressalva, a faz de maneira consciente e intencional, orientado pela pluralidade de experiências e pela diversidade, o que lhe propicia o sentido crítico na construção de suas experiências sociais; é nesse ponto que o autor considera o indivíduo autônomo.

A construção da experiência coletiva que substitui a noção de alienação no centro da análise sociológica revela que a heterogeneidade do contexto social permite que o ator compreenda que ele se encontra cada vez mais individualizado em sua ação, embora conviva com situações diversas em circunstâncias heterogêneas (Dubet, 1994). O que orienta as ações do indivíduo, portanto, é a diversidade dos contextos de que faz parte.

Ao definir *experiência*, Dubet (1994) parte de três princípios, os quais se fundamentam na sociologia compreensiva de Max Weber: 1) a ação social não tem unidade; 2) a ação é definida por relações sociais; e 3) a experiência social é uma combinatória.

O primeiro princípio é central para o entendimento do que é experiência, visto que, além de propor uma tipologia de ação múltipla, "segundo ele, não existe um sistema e uma lógica da acção, mas uma pluralidade não hierárquica" (Dubet, 1994,

p. 109). Assim, a experiência social se constitui na ausência da racionalidade e da unidade social por meio de vivências múltiplas. O segundo princípio elucida que a ação social ocorre por meio das relações sociais estabelecidas entre os pares e que não são definidas por normas ou pela cultura dos atores. Uma ação social se configura pela articulação entre a subjetividade e a relação contextual. Conforme Dubet (1994, p. 111), "as lógicas elementares que estruturam a experiência não são, pois, apenas orientações normativas, elas são também definidas por relações sociais".

O terceiro princípio define que a experiência social se dá por meio de situações diversas e que, para compreendê-la, é necessário considerar três operações intelectuais essenciais.

A primeira operação é de ordem analítica, no sentido de identificar, isolar e tipificar as lógicas de ação presentes em cada experiência. Nesse sentido, Dubet (1994, p. 112) afirma que "a ficarmos pela linguagem de Weber, diríamos que uma experiência combina vários tipos puros da acção que importa distinguir, ao passo que eles estão inteiramente misturados na mesma experiência social e que os actores os abarcam todos".

A segunda operação objetiva compreender a ação do ator, que se dá pela articulação de diversas lógicas em uma mesma ação, uma vez que, mesmo sendo possível construir intelectualmente tipos puros da ação, torna-se impossível haver tipos puros da experiência. Para Dubet (1994, p. 112), "as experiências sociais são sempre construções históricas, formados pela combinação de, para nos comprazermos a utilizar conceitos weberianos".

A terceira operação visa apreender como os atores catalisam, absorvem, individualmente e coletivamente, as diferentes lógicas que dirigem suas ações. Ao postular as operações, Dubet (1994) considera os detalhes de cada uma e argumenta que todas são necessárias para a apreensão de sua teoria; ademais, cada uma dessas lógicas de ação se decompõe em elementos analíticos mais simples, "nos quais o actor põe em jogo uma definição de si mesmo, da natureza da sua relação com outrem e daquilo que está em jogo nessa relação" (Dubet, 1994, p. 114). Essas lógicas de ação, para Dubet (1994), não se apresentam de forma hierarquizada, não dependem do tipo de sociedade e são autônomas. Por essas razões é que ele prefere falar em *experiência*; essas lógicas, por sua vez, articulam-se com os sistemas dos mecanismos sociais (Dubet, 1994).

A lógica da integração se estabelece nos processos de socialização que remetem a formas de explicação, causal ou estrutural, enquanto a lógica da estratégia mantém estreita relação com as situações de conflito, e privilegia-se o modo de explicação no sistema de interdependência. Dessa forma, a ação social é interpretada sob registros e significações múltiplos, pois Dubet (1994) compreende que o indivíduo não está inteiramente socializado, visto que se socializa durante o processo de socialização e, por isso, a inconclusão faz parte da experiência do indivíduo.

A experiência social caracteriza-se por uma noção que orienta as condutas individuais e coletivas, as quais são permeadas pela heterogeneidade dos princípios constitutivos e pelas atividades que os indivíduos desenvolvem. É por meio desse contexto que os indivíduos dão sentido às suas práticas (Dubet, 1994). Assim, o ator não se encontra totalmente socializado, pois vai se deparar com espaços heterogêneos durante toda a sua vida, do mesmo modo que a noção de experiência só faz sentido se a ação não for redutível à subjetivação do sistema; ao contrário, o indivíduo promove um diálogo com o sistema que o cerca, ele experiencia a heterogeneidade (Dubet, 1994).

O esquema da Figura 5.1 mostra como ocorrem, no interior do contexto social, as interações e articulações das lógicas de ação que geram a experiência social.

Figura 5.1 – Esquema de interação entre os sistemas dos mecanismos sociais e as lógicas de ação

```
                    Sistema de ação histórico
                              │
                         Dialécticos
                              ↓
                       Subjectivação
                          ↑     ↑
                  Experiência social
            Integração ─────── Estratégia
               ↑                    ↑
          Socialização             Jogo
               │                    │
       Sistema de integração   Sistema de interdependência
```

Fonte: Dubet, 1994, p. 141.

A maneira de o indivíduo se relacionar com seus pares, seus desejos e projetos não são movidos somente pela racionalidade, pois, para Dubet, o indivíduo e a sociedade são interdependentes e "é por essa razão que uma grande parte do programa daquilo a que chamamos a 'sociologia clássica' é uma sociologia da socialização, da aprendizagem que permite ao mesmo tempo o convívio social e a continuidade das sociedades" (Dubet, 1994, p. 142).

As ações dos indivíduos e suas escolhas derivam das oportunidades que conseguem perceber. Assim, referindo-se ao contexto da sociedade capitalista, Dubet (1994, p. 151) considera que "neste registro da acção, só podemos orientar-nos para uma solução mista dominada pela metáfora do jogo, articulando a racionalidade dos actores com a presença de regras e de situações que impõem o jogo e distribuem de modo desigual as capacidades de jogar".

A experiência se constrói mediante a tensão entre a cultura e as lógicas de ação, que ocorrem também por meio das situações de conflito, como pontua Dubet (1994, p. 154):

> Não existe unidade do conjunto social, mas que cada lógica da acção remete para elementos autónomos do sistema social, que designa então tão só um arranjo particular dessas lógicas: as do sistema de integração, do sistema de interdependência e do sistema de acção histórico. Se recusar a ideia de hierarquia e de relações funcionais entre esses elementos, o que corresponde ao esgotamento da ideia de sociedade, a noção de sistema social não valerá mais que o simples constante de uma copresença desses elementos. Que a sociedade não significa necessariamente que seja um sistema.

Se o sistema social é composto de instâncias que se articulam com o indivíduo, o contexto social do qual ele faz parte é fundamental para compreender a sociologia da experiência, pois se trata de algo próprio, que se constitui pelas ações e interações que se estabelecem em um contexto social. A sociedade está marcada pela diversidade, pela heterogeneidade, e recebe influência dos demais atores que partilham do mesmo contexto, visto que a experiência não é somente do indivíduo ou da sociedade, mas é compartilhada por ambos, como mecanismo de orientação e mediação entre ator e sistema (Dubet, 1994).

Para Dubet (1997), a sociologia da experiência, bem como a própria experiência como professor, é fundamentada na análise sobre a escola e sobre o professor.

DUBET E A AUTONOMIA NO TRABALHO DOCENTE

A autonomia, para Dubet (2014), aparece como um dos princípios mobilizados pelos indivíduos quando há o desejo de se tornarem sujeitos de seu trabalho. É com a autonomia no trabalho que a criatividade humana acontece, junto com o reconhecimento e a realização que o homem sente diante das próprias obras, uma vez que as relações humanas que permeiam o trabalho e as relações com a natureza fazem com que o trabalho seja para o homem um modo essencial de realização de si. Assim, o desejo de autonomia perpassa o projeto histórico de emancipação dos trabalhadores.

Nas relações de trabalho, é possível identificar a condição em que ele se torna oposto à autenticidade e à expressividade. Nesse caso, o trabalho é desumanizado, é abstrato e mecânico. Nele a autonomia não está presente, e o trabalhador não observa a justiça diante da própria experiência porque ele não se realiza naquilo que simplesmente executa. Isso fica claro em situações em que o professor passa a executar o trabalho docente de forma aligeirada, descontextualizada, automática, sem reflexão e análise sobre o que faz.

Ao buscar entender as dificuldades relatadas pelos professores participantes de suas pesquisas, Dubet (1997) decidiu experienciar a docência e lecionou as disciplinas de História e Geografia durante um ano em um colégio francês. Dessa forma, compreendeu que o ensino é uma atividade complexa, bem como a relação estabelecida entre professor e aluno.

Dubet (1997) aponta que ficou surpreso com o tempo de negociação existente em sala de aula e relatou a dificuldade do professor para fazer com que o aluno tenha interesse pelo que ele diz, do mesmo modo que os alunos não desejam cumprir o papel de aluno.

Dubet (1997, p. 223) afirma que os alunos

> não estão naturalmente dispostos a fazer o papel de aluno. A relação escolar é definida pelos alunos como uma situação de resistência ao professor. Isto significa que eles não escutam e nem trabalham espontaneamente, eles se aborrecem ou fazem outra coisa. É cansativo dar aulas, é necessário a toda hora dar tarefas, seduzir, ameaçar, falar.

Por isso, é preciso repensar a organização da escola, para que ela seja um espaço não somente de normatividade, mas também de liberdade, visto que os espaços educativos não podem ficar restritos somente à sala de aula. Assim, o aluno pode e deve fazer o papel de aluno como aquele que participa, se envolve nas ações do ensino e da aprendizagem no espaço de sala de aula.

Dubet (1994, p. 174) destaca a importância da escola para socializar os indivíduos:

> As expectativas dos professores, dos alunos e das suas famílias eram ajustadas, a tal ponto que se formou pouco a pouco a imagem de uma idade de ouro escolar. Idade de ouro acerca da qual é, no entanto, necessário lembrar que implicava uma forte segregação social quanto à escola, o fecho da escola sobre si mesma e uma grande distância nas relações entre os professores e os alunos.

Com base nessa experiência, Dubet (1997) revela que o professor exerce apenas a função de professor em sala de aula, sendo inviável desempenhar a função de observador de sua prática ao mesmo tempo que exerce a docência. O ofício da profissão de professor é uma construção individual, baseada na experiência e na relação com o outro, em que tudo acontece simultaneamente e rapidamente, não deixando tempo nem espaço para titubear, hesitar nas decisões. Nesse sentido, "A maior parte dos professores descrevem suas práticas não em termos de papéis, mas em termos de experiência" (Dubet, 1994, p. 16).

Para Dubet (1997), na sociedade atual, a escola tem sofrido um processo de desinstitucionalização, por isso ele propõe algumas reflexões e problematiza a justiça na escola, tendo em vista uma sociedade equitativa. Dubet compreende que a instituição escolar, muitas vezes, não promove a igualdade, razão pela qual "repensar a justiça da escola é ir à procura de novas articulações entre princípios e realidades" (Dubet, 2008, p. 9), desenvolver uma igualdade distributiva de oportunidades e lutar pela igualdade de oportunidades.

Para Dubet (2008, p. 39),

> O percurso escolar é construído como um torneio de tênis no qual cada concorrente tem a possibilidade de sair vencedor contanto que não perca nenhum match. Formalmente, todos os concorrentes são considerados iguais, – e às vezes ocorre que os jogadores menos reputados acabam por triunfar graças à "gloriosa incerteza do esporte".

Assim, Dubet (2014) afirma que é em nome da igualdade que se combatem as desigualdades tidas como injustas. Em outras palavras, em busca dos princípios de justiça, legitimam-se a ordem, o mérito, a moral.

Os estudos de Dubet (2014) evidenciam o papel que os sujeitos assumem diante do mundo do trabalho, pois são considerados atores sociais, capazes de demonstrar uma dinâmica própria para a constituição da experiência moral e social. Os conceitos apresentados por Dubet (2014) alicerçam as discussões sobre as desigualdades no trabalho e sobre a forma como os sentimentos de (in)justiça são percebidos pelos sujeitos a partir das condições dispostas nesse mundo do trabalho.

Ao analisar o processo de trabalho, Dubet (2014, p. 137) aponta que ele envolve as relações entre os sujeitos. Por meio delas, é possível que os trabalhadores se coloquem do ponto de vista de sua autonomia, no sentido de denunciarem "a dominação interna ao próprio trabalho que os impede de se mostrarem como sujeitos de seu trabalho". A dominação pode levar à alienação, pois, quando o outro determina a ação de um sujeito, engendra-se um sentimento de impotência, uma perda da autonomia.

O sujeito constrói experiências no coletivo e toma decisões sobre o que e como experienciar situações do cotidiano. Entretanto, nem os preceitos das instituições sociais (escola, família, igreja) nem o outro devem ser amarras, tampouco padrões para definir as ações dos atores sociais, que devem ter certa autonomia para determinar sua subjetivação no campo social, ou seja, agir por si, assumindo seu papel no contexto. O sentido das coisas é dado pelo sujeito, o significado, o fato de poder fazer desta ou de outra maneira; há formas de escolha em sua ação.

Todavia, o ator social constrói sua experiência subjetiva coletivamente, no social, determinada pelo contexto no qual está inserido. A experiência, portanto, é individual, mas se dá no coletivo, com um caráter interativo. A experiência do sujeito não está sob o jugo das instituições sociais, não se limita à reprodução do *status quo* e há um resgate da autonomia. É o modo como o sujeito se relaciona com o sistema que determina suas ações, seu comportamento, sua atitude em relação a tudo o que o cerca. Nesse sentido, vemos que a autonomia do professor é relativa, pois sempre haverá a influência do sistema em suas atitudes, comportamentos, atos ou ações.

As ações docentes são atos individuais que se dão no coletivo, que se submetem a uma crítica específica, mas que não podem confundir-se com as críticas pelo mérito do ato em si. Igualdade, mérito e autonomia são identificados por Dubet (2014) como os três princípios fundamentais para compreendermos a ideia de justiça.

Assim, a autonomia é um princípio de justiça, mas também tem um caráter contraditório quando analisada em associação aos conceitos de direito, poder e reconhecimento do trabalhador. O sentimento de justiça abrange a oferta de gratificações intrínsecas ao trabalho, vinculadas ao interesse profissional, à qualidade das relações sociais e às possibilidades de realização do trabalhador. Já o ato de sentir a injustiça presente é resultante de outro sentimento: a alienação subjetiva. Esse termo, por sua vez, é empregado pela sociologia do trabalho para fazer referência à fadiga, ao baixo interesse pela tarefa, com a sensação de impotência diante da própria atividade.

O princípio da igualdade assume duas condições distintas: a igualdade de posições e a igualdade de oportunidades. A igualdade de posições refere-se à equidade, seja na escola, seja no mundo do trabalho. A igualdade de oportunidades diz respeito a dar a cada um o que "lhe é devido segundo seu *ranking*, sua idade, seu sexo, sua nacionalidade, seus diplomas" (Dubet, 2014, p. 24). A desigualdade, por seu turno, está relacionada às condições sociais do país, que têm um peso considerável na vida de cada um.

Para Dubet (2003, p. 23), as desigualdades devem ser compreendidas como um "conjunto de processos sociais, de mecanismos e de experiências coletivas e individuais"; na modernidade, os indivíduos devem ser considerados cada vez mais iguais, e suas "desigualdades empíricas não podem basear-se nem no nascimento, nem na raça, nem na tradição" (Dubet, 2003, p. 23).

Oportunidades iguais, em condições iguais, atribuindo-se a cada um o que é seu direito, conduzem a um caminho justo. Porém, isso não quer dizer romper com hierarquias, pelo contrário, numa sociedade democrática, significa respeitar a ordem hierárquica tida como legítima e conceder o que é justo a cada um. Por exemplo, o professor mais antigo da escola tem o direito de escolher primeiro sua turma, pois o tempo de serviço dá direito a uma desigualdade justa. Assim, conforme Dubet (2014), estamos vinculados a uma ordem hierarquicamente legítima.

O direito à igualdade não elimina a ordem hierárquica; portanto, é necessário respeitá-la e acomodar as desigualdades como justas.

Com base na afirmação de Dubet (2014) sobre a igualdade de posições e de oportunidades, podemos estabelecer a proximidade entre os princípios da igualdade e do mérito. A igualdade é concebida com base naquilo que cada sujeito considera como justo e igual ao classificá-lo como necessário para a manutenção da posição que ocupa na hierarquia social. Com relação ao mérito, há um valor moral, podendo ser uma forma de realização ou também de negação para os trabalhadores. Nas palavras de Dubet (2014, p. 33):

> Na medida em que o acesso a essas posições [raras] não são transmitidas pela herança porque somos fundamentalmente iguais, parece justo que, a cada geração, indivíduos iguais concorram equitativamente para ocupar as posições sociais desiguais. Assim, a escola ficou encarregada de organizar essa competição permitindo a cada um adquirir uma posição social em função do seu mérito escolar. As hierarquias fundadas sobre o mérito dos indivíduos, quer dizer sobre o uso que fazem da sua igualdade fundamental, substituíram as aristocracias fundadas

na herança. Por isso que a justiça meritocrática na escola se tornou a única maneira de articular a igualdade fundamental dos indivíduos e a hierarquia de posições. A escola puramente meritocrática deve estar capacitada para separar a esfera das desigualdades sociais e culturais da esfera das desigualdades escolares para que as desigualdades escolares sejam perfeitamente justas por serem fundadas no mérito dos indivíduos.

O mérito pode influenciar na autonomia dos sujeitos, pois, quando há a competitividade, a autonomia dos trabalhadores é alterada e instaura-se um processo de intensificação do trabalho. Um exemplo é a situação em que os professores necessitam aprovar o maior número de alunos para promover o aumento dos índices expostos à sociedade. O mérito do profissional é posto em evidência, há uma competitividade entre profissionais e entre instituições nos processos de avaliação externa e, nessa perspectiva, a autonomia docente enfrenta restrições.

O princípio da autonomia tem valor próprio, mas está atrelado às condições sociais e manifesta-se na resistência a vontades individuais do sujeito. O desejo da autonomia está no projeto de construir a própria atividade, no atributo e propriedade da pessoa em preservar um pouco de controle. Desse modo, a autonomia é um princípio de justiça propriamente subjetivo, envolve sonhos, realizações, resistências, carreira do próprio ator social. A autonomia se conquista, se forja no seu fazer. Assim,

> A autonomia repousa sobre um princípio de engajamento do sujeito [...] A despeito de seu caráter profundamente subjetivo, porque sou o único juiz da minha autonomia, o princípio da autonomia está na base de uma crítica específica da experiência de trabalho. [...] Esse princípio não pode ser confundido nem com igualdade [...] nem com o mérito [...] A autonomia é portanto um princípio de justiça específico

e tão ativo na construção e na crítica da experiência social que, pelo que parece, quase todos os indivíduos o mobilizam na medida em que esperam ser o sujeito do seu trabalho e em que quase todos retiram satisfações da própria atividade. (Dubet, 2014, p. 142)

De forma mais clara, Dubet (2014) coloca a subjetividade do indivíduo no centro da análise, pois a experiência social o constitui e o autoriza em suas ações. Quando o sujeito age, ele o faz em grande parte no sentido de manter a coesão social, mas com base em suas experiências, ou seja, combina lógicas de ação com uma coerência interna que só ele sabe. O sujeito tem uma força determinadora no contexto social em que está inserido, mas não uma determinação total, por isso a autonomia é relativa. Vivemos numa sociedade em que os processos de transição são fortes e decisivos e os atores sociais são obrigados a gerir simultaneamente várias estruturas de ação.

A ideia de contradição permeia os estudos de Dubet no sentido de que, ao mesmo tempo, é possível dizer que os princípios de justiça favorecem a subjetividade dos sujeitos envolvidos e também podem desfavorecer o reconhecimento desses atores sociais. Diante disso, abordamos os princípios de igualdade, mérito e autonomia. A autonomia não é atribuída ao sujeito inicialmente, mas está envolta em determinações culturais e, por isso, distancia-se da possibilidade de ser considerada como liberdade plena. Ela é dependente das relações com outros seres humanos e é o próprio sujeito que as estabelece, portanto ele não recebe a autonomia de alguém. Uma "zona de incerteza" é necessária para a conquista da autonomia, sendo um espaço de liberdade.

A autonomia relaciona-se aos princípios da igualdade e do mérito e pode assumir um caráter ambíguo. Conforme Rocha,

Delgado e Formiga (2013, p. 316), "o engajamento do indivíduo no seu trabalho proporciona-lhe satisfações pessoais como: prazer, felicidade e um sentimento de liberdade, mas também pode provocar o sentimento de ser alienado, destruído e até mesmo tratado como um objeto de uso".

Neste ponto, destacamos a contradição presente no princípio da autonomia, pois, ao mesmo tempo que o engajamento dos sujeitos na carreira profissional pode representar um sentimento de autonomia, também pode representar a privação do sujeito em relação a essa liberdade.

FINALIZANDO

Com base nesses princípios, os estudos de Dubet citam o processo de articulação com o direito, o poder e o reconhecimento. No agir do professor, institui-se o processo formativo que lhe dá o direito de ensinar; no espaço de sala, ele consolida seu poder de educar o aluno e, por meio das atitudes do aprendiz, há o reconhecimento pelo trabalho realizado. Entretanto, quando o conhecimento, a singularidade e a dignidade do trabalhador são impedidos de ocorrer, constitui-se a definição de injustiça, que ameaça sua realização pessoal no e pelo trabalho.

O direito traz a organização e a hierarquia; o poder envolve a capacidade de imposição dos dirigentes e também a capacidade dos trabalhadores de constituição de seu espaço de autonomia. O reconhecimento implica a duplicidade de querermos ser vistos como iguais e constituir a autonomia singular.

Como afirmam Rocha, Delgado e Formiga (2013, p. 317), "o pedido de reconhecimento é sempre ambivalente e parece duplamente ameaçado, seja porque a singularidade nos fecha, seja porque a igualdade nos nega como indivíduo singular".

A autonomia mobiliza o sujeito em si e tem um caráter profundamente subjetivo porque é o sujeito quem a julga. O que resulta em realização no trabalho é visto como justo aos olhos do próprio sujeito e o que traz impedimentos é identificado por ele como injusto.

REFERÊNCIAS

DUBET, F. **A sociologia da experiência**. Lisboa: Porto, 1994.

DUBET, F. **Desigualdades multiplicadas**. Ijuí: Ed. da Unijuí, 2003.

DUBET, F. Estigmas e discriminações: a experiência individual como objeto. **Revista Educação**, Porto Alegre, v. 38, n. 1, p. 157-161, jan./abr. 2015. Entrevista.

DUBET, F. **Injustiças**: a experiência das desigualdades no trabalho. Florianópolis: Ed. da UFSC, 2014.

DUBET, F. **O que é uma escola justa?** A escola das oportunidades. São Paulo: Cortez, 2008.

DUBET, F. Quando o sociólogo quer saber o que é ser professor: entrevista com François Dubet. **Revista Brasileira de Educação**, n. 5, p. 222-231, maio/ago. 1997. Entrevista concedida a Angelina Teixeira Peralva e Marilia Pontes Sposito. Disponível em: <http://anped.tempsite.ws/novo_portal/rbe/rbedigital/RBDE05_6/RBDE05_6_19_ANGELINA_E_MARILIA.pdf>. Acesso em: 16 maio 2021.

DUBET, F.; MARTUCCELLI, D. **À l'école**: sociologie de l'expérience scolaire. Paris: Éditions Seuil, 1996.

GADEA, C.; SCHERER-WARREN, S. I. A contribuição de Alain Touraine para o debate sobre sujeito e democracia latino-americanos. **Revista Sociologia Política**, Curitiba, 25, p. 39-45, nov. 2005. Disponível em: <http://www.scielo.br/pdf/rsocp/n25/31110.pdf>. Acesso em: 16 maio 2021.

ROCHA, J. S. da; DELGADO, P. S. da G.; FORMIGA, V. I. Injustiças. A experiência das desigualdades no mundo do trabalho – François Dubet com Valérie Caillet, Régis Cortésério, David Melo, Françoise Rault. **Revista Linhas**, Florianópolis, v. 14, n. 27, p. 313-321, jul./dez. 2013.

SIMMEL, G. **Questões fundamentais de sociologia**: indivíduo e sociedade. Rio de Janeiro: Zahar, 2006.

Ari Raimann

CAPÍTULO 6

Cultura e mundo da vida na educação –
uma análise em Habermas

INTRODUÇÃO

Para que a teoria de Habermas seja mais bem situada, iniciaremos com uma breve biografia do teórico que serve de base para a análise apresentada neste capítulo. Nascido em 1929, em Düsseldorf, Alemanha, Jürgen Habermas é o principal teórico da segunda geração da Escola de Frankfurt, movimento filosófico e sociológico do século passado, notabilizado pela crítica da cultura empreendida por seus membros – filósofos, psicanalistas e cientistas sociais – vinculados ao Instituto de Pesquisa Social da Universidade de Frankfurt. Os principais nomes desse movimento da filosofia alemã são, entre outros: Horkheimer, Adorno, Marcuse, Fromm, Benjamim e Habermas.

A formação acadêmica de Habermas englobou diversas áreas das ciências humanas. Estudou filosofia, história, psicologia, economia e literatura alemã, em Bonn, Göttingen e Zurique, obtendo seu doutorado em 1954, com uma tese sobre Schelling. Em 1956, com 27 anos, Habermas tornou-se assistente de Adorno na Universidade de Frankfurt. Nesse período, além da teoria crítica, seu interesse se dirigiu ao estudo de Marx, Durkheim, Weber, Gadamer, Lukács, Piaget, Kohlberg, Austin, Searle, Mead e Luhmann. Em 1961, apresentou sua tese de livre docência em sociologia, defendida em Marburg e publicada no ano seguinte sob o título *Mudança estrutural da esfera pública*.

Em sua carreira universitária, ensinou Filosofia em Heidelberg, de 1961 a 1964; depois, tornou-se professor de Filosofia e de Sociologia na Universidade de Frankfurt. Em 1972, mudou-se para o Instituto Max-Planck, em Starnberg; em seguida, em 1983, retornou ao seu posto de professor em Frankfurt, na Universidade Johann W. Goethe, pela qual se aposentou em

1994. Habermas tem uma vasta produção científica, considerada uma das mais densas, a ponto de tornar-se um dos filósofos mais influentes a partir de 1970.

Abordando Habermas, ao tratarmos da temática da educação, podemos lhe dar diversos enfoques. Logo pensamos em construir conhecimento, pois o papel principal da educação seria esse. No entanto, segundo a boa hermenêutica, conhecimento novo se faz sobre o velho, ou seja, na consideração daquilo que foi produzido historicamente pelos homens. Nesse sentido, a leitura de Jürgen Habermas nos leva a algumas possibilidades na educação, especialmente quando as sociedades passam pelos exageros do mundo globalizado e da produção de capital.

As contribuições de Habermas para a educação começam com a consideração da cultura escolar e suas relações com o desenvolvimento da educação e da constituição dos indivíduos. O teórico não figura entre os que frequentemente se ocupam com a educação. Contudo, como um dos mais respeitados pensadores da contemporaneidade, fazendo crítica ao modelo social da modernidade e propondo um caminho alternativo à razão, Habermas tem produzido reflexões e promovido debates profícuos nas áreas da filosofia, da sociologia e do direito que têm emprestado importantes contribuições à área da educação, na promoção, por exemplo, de pactos civilizatórios e de processos democráticos, tão caros ao processo formativo.

Com forte presença acadêmica, Habermas tem se ocupado com o que diz respeito às condições de vida do homem na civilização moderna. De acordo com Bannell (2006, p. 18), Habermas destaca que é preciso completar o projeto de modernidade "sem abrir mão do que já se conseguiu, não somente em termos de conhecimento, mas também de liberdade subjetiva, da autonomia ética e da autorrealização, do direito igual de participação na formação de uma vontade política". Como explica Bannell (2006, p. 18), "esse processo, compreendido como processos de aprendizagem desencadeados ao longo da História, [...] poderia ser considerado um dos fios condutores do pensamento desse filósofo e teórico social". Habermas reconhece que, nas sociedades modernas, as relações humanas são determinadas pelo interesse econômico, sendo o processo material de produção o fio condutor dessas relações.

Mesmo não estando entre os teóricos que particularmente se dedicam à discussão a respeito da cultura escolar, com implicações na aprendizagem, Habermas certamente oferece contribuições que possibilitam enriquecer o debate, pois, em sua teoria do **agir comunicativo**, revela sua preocupação com a valorização dos aspectos culturais do homem no encontro com os demais. Diante disso, a grande questão com a qual nos ocupamos neste capítulo assim se apresenta: Mundo da vida e cultura, quais contribuições são dadas à educação pela teoria de Habermas?

Na busca pelo desvelamento dessa questão, dialogamos com o teórico com base em seus textos publicados a partir dos anos 1980, quando divulgou sua teoria do agir comunicativo. Esperamos que este texto contribua não apenas para a discussão das questões sobre a formação e o trabalho docente, mas também para a historiografia.

MUNDO DA VIDA E EDUCAÇÃO

A categoria *mundo da vida* é uma das fundamentais na teoria habermasiana, da qual depende a concretização do agir comunicativo. Ao desenvolver essa categoria, que considera pano de fundo do agir comunicativo, Habermas observa: "A prática comunicativa cotidiana, na qual o mundo da vida está centrado, alimenta-se de um jogo conjunto, resultante da reprodução cultural, da integração social e da socialização, e esse jogo está, por sua vez, enraizado nessa prática" (Habermas, 1990b, p. 100).

> O mundo da vida é o espaço no qual se dão as relações sociais de modo voluntário. O mundo da vida é o espaço das reais necessidades de cada indivíduo, bem como de seus sentimentos e modos de perceber a realidade. É também o lugar em que se estabelecem vínculos com os demais. É um espaço real, pois nele estão sedimentados os sentimentos em relação a tudo o que ocorre na vida e à forma como é percebida, com todos os seus sentidos.

Podemos notar que o mundo da vida é um conceito que faz parte da ação comunicativa, ou seja, sem ele não é possível chegar a uma ação comunicativa, pois esta o pressupõe. O mundo da vida dá sustentação ao agir comunicativo, pois este necessita partir dos sentidos que estão sedimentados nesse espaço. O conceito, que também pode ser entendido como mundo vivido, envolve contextos nos quais os sujeitos que se encontram em um ato comunicativo se situam nos diversos tempos históricos.

Dessa forma se expressa Habermas: "enquanto o falante e o ouvinte se entendem frontalmente acerca de algo num mundo, eles movem-se dentro do horizonte do seu mundo de vida comum e este continua a ser para os intervenientes como um pano de fundo intuitivamente conhecido, não problemático, indesmembrável e holístico" (Habermas, 1990a, p. 278).

Ainda a esse respeito, em *Teoria da ação comunicativa*, Habermas (1987, p. 30, tradução nossa) destaca que "o conceito abstrato de mundo é condição necessária para que os sujeitos que atuam comunicativamente possam entender-se entre si sobre o que sucede no mundo ou o que se deve produzir no mundo".

Já nos anos 1960 essa categoria aparece nas obras do autor, sob as discussões em relação ao conceito de *interação*; contudo, é em sua principal obra – *Teoria da ação comunicativa* (1987) – que o autor vai sistematizar essa categoria, revelando que o mundo da vida é conceito complementar ao conceito de ação comunicativa, pois a sociedade e o indivíduo se constituem reciprocamente por meio da ação comunicativa.

"A reprodução do mundo da vida é alimentada através das contribuições do agir comunicativo, enquanto a última é alimentada, simultaneamente, através dos recursos do mundo da vida" (Habermas, 1990b, p. 191).

Esse mundo da vida precisa ser entendido como base de todas as ações humanas. Segundo Habermas, é o mundo da vida que alicerça e delimita as ações, sendo sempre pressuposto, mas não tematizado.

Sua visão se estabelece no sentido de compreender a racionalidade que visa superar a razão instrumental pela razão comunicativa. Para Habermas (1993), a razão instrumental se configura na racionalização da sociedade; assim, o autor se contrapõe quando introduz o conceito de razão comunicativa, que parte da perspectiva de que os seres humanos usam a linguagem como uma importante ferramenta de transformação. Habermas (1993) argumenta que, por meio da ação comunicativa, podemos transformar os aspectos objetivos, subjetivos e sociais do mundo.

Nessa linha de pensamento, a educação se faz no processo, uma vez que é dinâmica e se constrói na integração humana nos âmbitos do saber, do sentir e do ser. No encontro com os outros, o sujeito produz e se realiza, porque é ser social.

A razão instrumental se coloca como meio de dominação e repressão, pois seu fim é estratégico, estando comprometida com o mercado e com a produção de capital. Essa racionalidade da ciência e da técnica tem sido elemento central nas sociedades modernas. Embora Habermas combata a racionalidade instrumental, deixa clara a crença na emancipação via desenvolvimento da racionalidade humana. Para que isso ocorra, aponta para a superação do conceito de razão instrumental pelo uso da razão comunicativa. Portanto, é necessário que as novas metodologias utilizadas pela escola e, basicamente, pelos professores evidenciem "o universalismo do respeito igual em relação a todos e da solidariedade com tudo o que tenha o semblante humano" (Habermas, 1993, p. 304).

Propondo a integração social, Habermas defende a ideia de sociedade como mundo da vida, que deriva do conceito de ação orientada ao entendimento. Porém, ele não compreende a complexidade da sociedade moderna, daí a necessidade de conceber uma teoria que articule os dois mundos: o vivido e o sistêmico. A estabilidade do mundo da vida é abalada pelos argumentos da ação comunicativa, pois o sistema apresenta-se como oposição ao mundo da vida. Logo, é preciso redirecionar essa postura, indo ao encontro do mundo da vida, abrindo-se aos outros espaços de ação e, consequentemente, de valorização de sua história e bagagem cultural.

Pensando a educação e, mais propriamente, os espaços da sala de aula, a teoria habermasiana destaca a importância do uso racional dos argumentos, os quais incluem a vida cotidiana com todos os seus sentidos para cada indivíduo do processo. Aí se destaca o aluno, que, muitas vezes, nem é ouvido, tampouco seus argumentos ou suas explicações são considerados. Em outras palavras, **o mundo da vida do aluno não encontra lugar no**

processo educativo. O professor, dentro do sistema, atropela conteúdos e os reproduz de modo assombroso.

Recordamos, neste momento, o pensamento de Prestes (1997, p. 88), segundo o qual "compreender que não podemos mais educar sobre estruturas estáveis do ser e reconhecer que não temos o pretendido controle sobre o destino da educação, não significa negar a possibilidade de outros espaços de legitimação".

Assim, Habermas observa o mundo buscando caminhos possíveis para as dificuldades do tempo atual, pois é preciso dialogar com o mundo da vida, real e atual. Bannell (2006, p. 1) ressalta que "a interação entre indivíduos constrói as estruturas intersubjetivas de uma sociedade, enquanto os recursos dessas estruturas são mobilizados no agir comunicativo para formar o indivíduo". Nesse sentido, é necessário levar em conta o instituinte escolar, que "são as pessoas envolvidas na vida da instituição, quer como agentes internos, quer como 'clientela', e o próprio processo de interação no meio em que ela atua" (Marques, 1992, p. 128).

O próprio Habermas alerta que "não é a relação de um sujeito solitário com algo no mundo objetivo que pode ser representada e manipulada, mas a relação intersubjetiva que sujeitos que falam e atuam assumem quando buscam o entendimento entre si, sobre algo" (Habermas, 1984, p. 392, tradução nossa).

Considerar, portanto, o coletivo humano, em suas mais diferentes manifestações, é tarefa que diz respeito à escola, daí a relevância de existir um projeto político-pedagógico que seja atualizado constantemente e seguido durante o processo de ensinar e aprender.

Nesse projeto, precisariam constar os modos de ação, os princípios norteadores dos processos, os conceitos de aluno, de professor, de conhecimento, de valores. Não fazemos educação

> adequadamente quando não levamos em conta a força instituinte, pois é ela que apresenta novas possibilidades, é ela que também propõe novos e significativos caminhos.

No dizer de Habermas, "ao fazerem isso, os atores comunicativos movem-se por meio de uma linguagem natural, valendo-se de interpretações culturalmente transmitidas, e referem-se a algo simultaneamente em um mundo objetivo, em seu mundo social comum e no próprio mundo subjetivo" (Habermas, 1984, p. 392, tradução nossa).

O que temos percebido nas discussões sobre educação em nosso tempo é a acentuada preocupação com as práticas educativas, com as determinações curriculares, com a imposição de conteúdos e materiais didáticos que chegam à escola fechados, sem qualquer aproximação com a realidade vivida. Até mesmo para os professores os conteúdos são apresentados de modo que a realidade vivenciada por eles está distante daquela exemplificada nos livros. Da mesma forma, os procedimentos metodológicos ainda são predominantemente centrados na ação do professor, tendo em vista o cumprimento de metas da escola, comprometidas com o viés meramente técnico e instrumental.

A ideia é difundir uma espécie de abandono de uma compreensão egocêntrica de mundo para assumir uma perspectiva coletiva, baseada em princípios aceitos racionalmente pelos que se encontram nos espaços da escola. Prega-se, portanto, a rejeição da ideia de verdade evidente, pois o que distingue o ser humano não é o "monopólio de se opor ao ente, reconhecer e tratar objetos, fazer e cumprir afirmações verdadeiras [...], mas, sim, em primeiro lugar a utilização comunicacional de uma linguagem articulada em proposições que é específica da nossa forma de vida sociocultural" (Habermas, 1990a, p. 288-289).

É importante lembrar, igualmente, a quase certeza de que não é possível educar num relativismo absoluto. A escola, em seu contexto e conforme sua história, precisa reunir esforços na perspectiva de estabelecer validade para a tarefa educativa, como formação humana, que tem de se desvencilhar das diferentes formas de dominação e de exploração produzidas pela filosofia da consciência.

Desenvolver a recuperação da razão não dominadora, não exploradora, não sectarista e não solipsista, capaz de autocrítica e promotora da emancipação humana, é tarefa a que Habermas se propõe. "Os atores participantes tentam definir cooperativamente os seus planos de ação, levando em conta uns aos outros, no horizonte de um mundo da vida compartilhado e na base de interpretações comuns de situação" (Habermas, 1990b, p. 72).

A fala de Habermas destaca o mundo da vida de onde emanam sentidos e demandas, necessidades e faltas. Em outro momento, Habermas enfatiza a relevância do encontro comunicativo entre os sujeitos, na consideração de sua história cultural, também no ambiente escolar:

> O indivíduo e a sociedade constituem-se reciprocamente. Toda a integração social de conjuntos de ação é simultaneamente um fenômeno de socialização para sujeitos capazes de ação e de fala, os quais se formam no interior desse processo e, por seu turno, renovam e estabilizam a sociedade como a totalidade de suas relações interpessoais legitimamente ordenadas. (Habermas, 1990b, p. 101)

Rouanet (1997), nessa mesma linha de pensamento, ressalta que o processo comunicativo prevê a consideração e a valorização dos indivíduos em sua história cultural e em suas experiências cotidianas vividas, constituindo-se, desse modo, uma nova cultura escolar:

> Dentro desse novo paradigma, a racionalidade adere aos procedimentos pelos quais os protagonistas de um processo comunicativo conduzem sua argumentação, com vistas ao entendimento último, referindo-se, em cada caso, a três contextos distintos: o mundo objetivo das coisas, o mundo social das normas e o mundo subjetivo das vivências e emoções. É um conceito processual da razão: serão racionais não as proposições que correspondem à verdade objetiva, mas aquelas que foram validadas num processo argumentativo em que o consenso foi alcançado sem deformações externas, resultante das violências, ou internas, resultante da falsa consciência, através de provas e contraprovas, de argumentos e contra-argumentos. (Rouanet, 1987, p. 13-14)

Cada contexto é um mundo da vida, que emprega um saber comum e é uma comunidade de saber. O mundo da vida compreende a reserva das evidências ou das convicções experimentadas que os participantes da comunicação utilizam no processo cooperativo de interpretação. É o universo do senso comum, aceito na atividade social cotidiana e problematizável.

Nesse contexto, Habermas destaca o papel da argumentação como mecanismo principal de aprendizagem. Observa, no entanto, que os sujeitos que participam de encontros comunicativos e se envolvem em processos argumentativos precisam ser sujeitos racionais e autônomos, isto é, de nada adianta que alguém os conduza na fala, definindo o que devem dizer ou aceitar. A argumentação tem de apresentar elementos capazes de convencer os outros e isso não por coerção, ameaça ou outro dispositivo dessa natureza. Então, diante disso, se determinado ponto de vista ou opinião precisa ser justificado, é porque não há consenso absoluto sobre sua validade.

No processo de ensinar e aprender, a ocorrência do "não" faz parte da essência da argumentação. A metodologia de aula, portanto, deve considerar os vários posicionamentos sobre os conteúdos. O direito de dizer "não" ou dizer "sim" assiste a cada um, e a necessidade de argumentar sobre algo que se defende é fundamental. Sem o argumento racional, não há comunicação racional; portanto, o que resultaria daí seria imposição.

Habermas entende que mundo da vida e sistema são duas realidades distintas: o **sistema** refere-se às implicações funcionais das ações para a reprodução de uma sociedade determinada. Já o **mundo da vida** contribui para manter a identidade social e individual ao organizar a ação em torno de valores compartilhados, com o objetivo de alcançar um acordo sobre aspectos de validade que são passíveis de crítica. Habermas enfatiza a racionalização do mundo da vida, que, por sua vez, decorre do fortalecimento da ação comunicativa, que tem como uma de suas funções a construção recíproca da sociedade, da cultura e da personalidade (componentes estruturais do mundo da vida) pelas interações mediadas pela linguagem (Bannell, 2006).

Pelo mundo da vida, os sujeitos chegam à compreensão compartilhada do mundo, pois o mundo da vida

> não somente forma o contexto para os processos de entendimento mútuo, mas também fornece os recursos para isso. O mundo da vida comum a cada caso oferece uma provisão de obviedades culturais donde os participantes da comunicação tiram seus esforços de interpretação os modelos de exegese consentidos. (Habermas, 1989, p. 166)

Isso porque "o mundo da vida exerce a função de reservatório cultural, no qual são conservados os resultados das elaborações históricas realizadas pelos processos de ação", segundo

Uribe Riviera (1995, p. 59). Diante disso, convém indagar como ocorreria o processo educativo: A realidade em que se encontram professores e alunos nos sistemas educativos no Brasil é percebida sob o domínio dos interesses da produção de capital?

A educação, nesse contexto, tem sido fortemente marcada pela impaciência com o outro, pela intolerância a outros princípios e pelos fundamentalismos diversos que compõem o agir contemporâneo. Evidencia-se que os saberes que emanam do mundo da vida são diferentes daqueles saberes de natureza estritamente teórica. A diferença está no fato de que saberes teóricos podem ser fundamentados, ou seja, os alunos têm condições de atribuir novos significados aos conteúdos trabalhados quando esses conteúdos são colocados em discussão com base nos saberes e sentidos vivenciados pelos alunos.

O pensamento habermasiano, portanto, promove o resgate aos valores socioculturais em qualquer comunidade comunicativa, com destaque para a comunidade escolar. Construir novos saberes, então, pressupõe levar em conta o mundo da vida. Tal postura encaminha a discussão no sentido de dar novo significado ao currículo escolar, tanto o expresso quanto o vivido nos diferentes espaços e tempos da escola.

> Só os limitados fragmentos do mundo da vida que caem dentro do horizonte de uma situação constituem um contexto de ação orientada ao entendimento, que pode ser tematizado e aparecer sob a categoria de *saber*. Da perspectiva centrada na situação, o *mundo da vida* aparece como depósito de autoevidências ou de convicções inquestionadas, das quais os participantes na comunicação fazem uso nos processos cooperativos de interpretação. Mas só quando se tornam relevantes para uma situação [...] podem determinadas autoevidências ser mobilizadas em forma de um saber sobre o qual existe consenso e que ao

mesmo tempo é suscetível de problematização. (Habermas, 1987, p. 176, grifo do original, tradução nossa)

O mundo no qual se relacionam os sujeitos entre si é o mundo da vida e a **linguagem** é o que os une. Assim, a escola precisaria buscar entender o mundo da vida daqueles que dela fazem parte. Como isso seria possível? Visto que o modelo de escola proposto decorre de interesses da elite que coordena as ações, os espaços internos da escola podem tornar-se valiosos no sentido da busca pela transgressão ao modelo do sistema.

A aula contaria com ricos espaços de fala dos envolvidos, permitindo que o mundo vivido fosse colocado sobre a mesa no processo de comunicação racional. Segundo esse modelo, o docente não é mais o dono do saber, nem mesmo o que detém o poder. Coação e ameaças não encontram espaço na sala de aula. O mundo cultural é rico e inclui as vivências e tradições daqueles que o compõem. Portanto, uma perspectiva crítica e racional de aula é, sem dúvida, necessária. Essa é a perspectiva habermasiana.

O velho e o novo se entrelaçam, resultando daí outro conhecimento, outro entendimento da própria vida e dos sujeitos que se encontram. O saber que nasce do mundo da vida é diferente do saber teórico. Enquanto este pode ser fundamentado, aquele adquire novo *status* a partir do momento em que é colocado em discussão.

Os indivíduos, conforme esse modelo de educação, encontram-se em igualdade de condições e colocam-se na posição de reciprocidade, procurando entender juntos a vida. Nessa perspectiva, busca-se valorizar o homem com suas capacidades e cultura, seus sentidos e emoções. A educação assume papel ativo de aprendizagem e vivência coletiva. A escola, portanto, promove o desenvolvimento de um homem que se percebe parte de um grupo social, capaz de analisar, criticar e propor transformações com base nas próprias experiências e vivências.

Na trajetória curricular, é preciso, pois, entender o aluno mais e mais como um sujeito capaz de construir novos conhecimentos na relação com os outros e com o meio em que vive, contemplando e socializando os mundos que se encontram no interior da escola.

Ao perceber-se sujeito, no sentido de ser dignificado e considerado em seus sentimentos e valorizado pelos seus significados, o aluno passa a ser sujeito da história, isto é, passa a construir uma nova realidade, contribuindo com seu potencial, encontrando na escola significados antes não vivenciados.

O processo constitutivo da vida humana é processo interativo de encontro/diálogo de sujeitos que nele se constituem ao mesmo tempo que o instauram e o realizam na dinâmica do encontro racional. Na intersubjetividade, buscam os homens entender-se entre si sobre os próprios objetivos fixados ali onde estão. É verdade que o entendimento sempre é provisório porque o amanhã poderá possibilitar um novo entendimento sobre a mesma realidade. Para alcançar a integração social, é preciso alcançar um entendimento mútuo por meio da linguagem, um mecanismo para coordenar a ação entre os indivíduos.

A escola, como agência de encontro e de realização do homem, é determinada pelo entendimento compartilhado e pela atuação solidária dos que dela fazem parte. Passam à condição de normalidade a discussão e a análise de argumentos e posicionamentos, com vistas a uma solução que provenha do coletivo. Valoriza-se a fala dos sujeitos e considera-se essa ferramenta como fundamental no processo de ensino-aprendizagem, concebida como a resolução de problemas e conflitos, da mesma forma, como a articulação de um projeto de vida pessoal.

Esse paradigma, portanto, não concebe uma educação baseada em um programa preestabelecido de disciplinas sujeitas a objetivos e métodos definidos por pessoas que nem conhecem a realidade da escola ou que não estão dispostas a lançar um olhar sobre a realidade tão diversa e tão rica em que ela se insere.

Nada está pronto, acabado, pois tudo é retomado pelos sujeitos em interação. Assim, em vez de a escola insistir em lançar conceitos preestabelecidos no tempo, na forma como no passado foram definidos, promove em seu meio a busca pela significação do que se lê, vê, ouve, escreve ou faz, das práticas sociais que historicamente foram se enraizando. Desse modo, os conceitos começam a sofrer modificações; o valor da história cultural da comunidade passa a ecoar porque os sujeitos são outros, em cada tempo. Nessa visão, o ensino começa quando o mestre aprende com seus alunos. Como explica Kierkegaard, citado por Marques (1992, p. 562), o ensino começa quando o mestre aprende com o discípulo, quando o mestre se situa no que o discípulo compreendeu, da maneira como o discípulo compreendeu.

A teoria apresentada por Habermas encaminha a educação na perspectiva de uma racionalidade comunicativa, o que significa dar valor às questões que até aqui têm estado desvinculadas da abordagem argumentativa e que então passam a ser consideradas parte do contexto do ensinar e do aprender. Evidentemente que, para isso ocorrer, é necessário que sejam adotados procedimentos que ampliem os conceitos pedagógicos reinantes e os fundamentos epistemológicos da educação e que estes sejam demarcados considerando-se a teoria da comunicação.

O LUGAR DA CULTURA NA EDUCAÇÃO

Por meio de sua teoria, Habermas trabalha a abordagem político-cultural dos homens que se relacionam entre si, mediante normas linguisticamente articuladas, tendo como objetivo mútuo o entendimento. Percebe-se, segundo ele, que o conceito de entendimento não apenas determina, *a priori*, aonde chegará o conteúdo, mas também aponta para as posições corresponsáveis das partes, até que se chegue a uma unidade organizada e aceitável para os participantes. Aí encontramos alguns elementos que podem ser articulados no campo da educação, tendo em vista sua qualidade.

Segundo Habermas (1989), o conhecimento gerado por meio do encontro comunicativo tem em vista promover a emancipação dos indivíduos e esse projeto é relevante nesse aspecto.

> O agir comunicativo pode ser compreendido como um processo circular no qual o ator é as duas coisas ao mesmo tempo: ele é o **iniciador**, que domina as situações por meio de ações imputáveis; ao mesmo tempo, ele é também o **produto** das tradições nas quais se encontra, dos grupos solidários aos quais pertence e dos processos de socialização nos quais se cria. (Habermas, 1989, p. 166, grifo nosso)

Observando-se dessa perspectiva, já é possível compreender que no bojo da teoria de Habermas estão a consideração e o resgate de valores socioculturais. Ou seja, entendemos que a comunicação racional parte do princípio de que há um fundo comum de cultura, que permite a inteligibilidade por parte dos que argumentam, dizendo "sim" ou "não".

Habermas defende a cultura como

> o armazém do saber, do qual os participantes da comunicação extraem interpretações no momento em que se entendem mutuamente sobre

algo. A sociedade compõe-se de ordens legítimas por meio das quais os participantes da comunicação regulam sua pertença a grupos sociais e garantem solidariedade. (Habermas, 1990a, p. 96)

Evidentemente, Habermas não discute os rumos do conhecimento e da formação segundo os ideais do capitalismo, que a tudo vem determinando no tempo presente, onde quer que estejam os indivíduos, marcados fortemente pela expressiva influência que exerce o mercado capitalista em sua vida e em suas experiências. Como destaca Gomes (2009, p. 232), "Habermas desenvolve uma teoria da racionalidade de dupla face, em que a instrumental convive com um outro tipo de racionalidade que ele denomina comunicativa".

Habermas entende que o sistema tem enorme capacidade de interferir no mundo da vida, o que se mostra na tendência à racionalização das normas por parte dos que se relacionam, porque o sistema procura interferir na produção cultural. De acordo com Mühl (2011, p. 1040),

> o moderno Estado tecnocrático tem exigido o avanço da racionalidade instrumental e estratégica na escola, tornando-a uma entidade que é forçada a incorporar progressivamente a racionalidade instrumental em atendimento às exigências sistêmicas. O sistema realiza tal intento procurando interferir, por intermédio do planejamento administrativo escolar, na esfera cultural, fazendo com que esta, que tradicionalmente se reproduz por suas próprias condições e se orienta por critérios autolegitimadores, passe a depender da constituição e da legitimação sistêmica.

Os desafios da escola vão além do trabalho relativo ao conhecimento científico produzido histórica e socialmente pelos homens. Um de seus maiores desafios é produzir cultura com base nos contextos e no tempo histórico em que ela se encontra.

A racionalização a que Habermas se refere está profundamente relacionada à formação dos valores culturais e da consciência moral.

> Podemos imaginar os componentes do mundo da vida, a saber, os modelos culturais, as ordens legítimas e as estruturas de personalidade, como se fossem condensações e sedimentações dos processos de **entendimento**, da **coordenação da ação**, e da **socialização**, os quais passam através do **agir comunicativo**. Aquilo que brota das fontes do pano de fundo do mundo da vida e desemboca no agir comunicativo, que corre através das comportas da tematização e que torna possível o domínio de situações, constitui o estoque de um saber comprovado na prática comunicativa. (Habermas, 1990b, p. 96, grifo nosso)

A afirmação de Habermas aponta também para as práticas culturais no ambiente escolar e para as definições curriculares da escola. Ora, conforme essa ideia, seria possível a promoção de condições de entendimento, bem como de coordenação de ações e de vida socializada, a partir da proposta escolar. Em outras palavras, a teoria considera que, em qualquer grupo social, é possível chegar a determinado entendimento sobre algo.

Como argumenta Resende (1999, p. 36), "A história do espaço público é a história da criação dos sentidos. Sua compreensão vem se reconfigurando à medida que os sentidos também sofrem revalorizações, recriam-se, permutam-se e amalgamam-se". Isso significa dizer que todos sofrem influência em seu cotidiano, pois o espaço público reconfigura o mundo da vida.

Desse modo, a escola, na condição de campo de promoção cultural, é também campo de reprodução cultural. Portanto, a escola pode, mas nem sempre produz cultura que dê novos sentidos às coisas que se colocam diante dos sujeitos de sua comunidade. Quando a escola não é capaz de dar novos sentidos aos conteúdos, o sistema o faz pelo exercício da racionalização das normas a serem vividas.

No entanto, sob o regime das determinações do sistema, a escola enfrenta desafios, sofre e "perde a possibilidade de tornar-se um espaço público, em que os indivíduos desenvolvem a racionalidade do saber de forma participativa e aprofundam a solidariedade humana e a autonomia individual na convivência democrática entre todos" (Mühl, 2011, p. 1040). Essa situação é descrita pelo teórico de Frankfurt, ao observá-la mais detalhadamente:

> A eficácia peculiar desta ideologia reside em dissociar a autocompreensão da sociedade do sistema de referência da ação comunicativa e dos conceitos de interação simbolicamente mediada, e em substituí-lo por um modelo científico. Em igual medida, a autocompreensão culturalmente determinada de um mundo social de vida é substituída pela autocoisificação dos homens, sob as categorias da ação racional dirigida a fins e do comportamento adaptativo. (Habermas, 1993, p. 74)

No espaço escolar, portanto, os indivíduos, que são competentes para realizarem fala e ação, são pressionados pelo sistema a se adaptarem a determinado modelo cultural, deixando de lado o sentido e a profundidade da própria história de vida. Assim, os alunos, bem como os demais agentes, podem ser orientados segundo princípios racionais aceitáveis entre eles, e isso inclui toda a comunidade escolar.

Esses valores aceitáveis podem ser definidos entre ao menos dois indivíduos que desejam se entender sobre algo no mundo. As ações entre ambos, porém, precisam ser coordenadas e esse papel pode muito bem ser desempenhado pela escola. Todavia, Habermas (1987, p. 461, tradução nossa) defende que "à medida que o sistema econômico submete a seus imperativos a forma da vida doméstica e o modo de vida dos consumidores e trabalhadores, o consumismo e o individualismo possessivo relacionados com o rendimento e a competitividade assumem uma força configuradora".

O poder do sistema é enorme e suas imposições não se configuram como algo simples ou despretensioso. Ao contrário, a ideologia é tal que toda ação instrumentalizada necessária é trabalhada para que a mudança ocorra. Esse aspecto torna a teoria habermasiana de difícil aplicação, pois o poder do capital é sempre o maior.

Apesar do alerta feito, o pensamento de Habermas segue no sentido da retomada e da consideração da cultura dos indivíduos na escola ou na comunidade externa. Em outras palavras, será sempre exigido daqueles que se encontram em algum grupo ou ato comunicativo que observem determinadas normas racionais ou princípios com os quais todos os envolvidos concordam.

As experiências a que Habermas se refere seriam as vivências cotidianas que são marcadas nos indivíduos, tornando-se realidades cujos significados precisam ser considerados no ambiente escolar e podem até mesmo contribuir com a dinâmica do currículo escolar, ou, dizendo de outro modo, servir para significar os conteúdos e dar novo sentido ao currículo, no que tange tanto à proposta de conhecimento quanto às formas de relacionamento. Por isso mesmo, o autor destaca:

> Para mim, cultura é o armazém de saber, do qual os participantes da comunicação extraem interpretações no momento em que se entendem mutuamente sobre algo. A sociedade compõe-se de ordens legítimas através das quais os participantes da comunicação regulam sua pertença a grupos sociais e garantem solidariedade. (Habermas, 1990a, p. 96)

Para Habermas, as tradições culturais são definidoras de discursos, são significadoras das falas e das ações. A atividade argumentativa estará atrelada a elas, pois as "interpretações" que os participantes da comunicação extraem seriam os sentidos das coisas diante das quais estão. Tais coisas seriam relevantes ou não, a depender dos contextos e momentos históricos.

Pensando-se dessa forma, a escola tem diante de si um desafio metodológico, ou seja, trabalhar com base em uma metodologia que possibilite e fomente o debate, a crítica, a exemplificação dos conteúdos, trazendo a realidade vivenciada pelos alunos para os espaços de sala de aula. As interpretações dos alunos decorrem das tradições culturais que neles foram construídas no tempo.

No entanto, considerando a educação no contexto da produção de capital, não é difícil perceber que a teoria habermasiana não encontraria abrigo fácil na educação, apesar de seus aspectos humanizadores e democratizantes, pois o capitalismo não admite democracia e ele mesmo não tem coração, mas atua sobre os indivíduos na condição de produtores de capital, não como promotores de processos democráticos.

Oportuna é a observação de Lima et al. (2013, p. 268):

> A essência da escola é centralizadora, é detentora do saber, é transmissora do saber, é reprodutora de relações que ela julga ser as ideais: disciplina, ordem, adequação (racionalidade técnica/burocrática), ao invés de crítica, criatividade, mudança, transformação (racionalidade emancipatória).

Os desafios, portanto, estão diante dos agentes educacionais e da instituição escolar, organizada e estruturada segundo uma tradição cultural. O problema que não pode deixar de ser considerado, ainda, é aquele que Mészáros (2008, p. 53) denuncia:

> nunca é demais salientar a importância estratégica da concepção mais ampla da educação, expressa na frase: "a aprendizagem é a nossa própria

vida". Pois muito do nosso processo contínuo de aprendizagem se situa, felizmente, fora das instituições educacionais formais. Felizmente, porque esses processos não podem ser manipulados e controlados de imediato pela estrutura educacional formal legalmente salvaguardada e sancionada.

Portanto, ressaltamos que a proposta teórica de Habermas encontra barreiras postas pelo sistema, que se alia ao mercado para promover a educação utilizando-se da escola do Estado de maneira ideológica (Althusser, 1987).

Destacamos, neste ponto, o pensamento de Mühl (2011, p. 1042):

> Qual a possibilidade de se propor uma proposta de educação emancipadora neste contexto, em que progressivamente domina a racionalidade instrumental? Diante desse quadro, existe ainda espaço para uma educação humanizadora, crítica, transformadora? A teoria da racionalidade comunicativa apresenta alguma perspectiva de resistência ou de mudança diante deste contexto de colonização sistêmica?

Certamente que o desafio está posto, porque a visão essencial de Habermas é a compreensão da racionalidade, que, por meio da crítica da situação em vigor, conduz à superação da razão instrumental pela razão comunicativa. A razão instrumental seria uma concepção estreita e mutilada de razão. A razão instrumental aponta para a possibilidade de afloramento de novos entendimentos decorrentes do encontro entre aqueles que aceitam discutir sobre algo e tomar atitudes que seguem um rumo contrário ao agir estratégico, segundo o qual são utilizados como instrumentos de controle a persuasão, a gratificação, a ameaça e o engano.

A escola pública hoje, profundamente marcada pela tradição cultural da reprodução, atua fortemente com base em determinações, ameaças e disciplinamento, não dando espaço para metodologias que preservem o direito do outro, as manifestações culturais e a construção coletiva do conhecimento. Contraria, desse modo, a defesa da ideia de que a escola representa "o alargamento do horizonte cultural, relacional e expressivo, na dinâmica das experiências vividas e na totalidade da aprendizagem da humanidade pelos homens" (Marques, 1992, p. 560).

O projeto do entendimento sobre algo está sobre a mesa. A perspectiva de uma ação comunicativa coloca-se como desafio num mundo em que parecem desvanecer possibilidades democráticas. Nessa perspectiva, a educação é vista como processo no qual a vida se alinha, por meio da sociedade, e os indivíduos são chamados na escola a assumir uma postura humana diante dos processos de comunicação. Para a educação, eis que entra um componente fundamental, a **intersubjetividade**. Segundo Habermas, citado por Silva e Gasparin (2006, p. 16), "quanto mais o sujeito se comunica, mais ele aprende. Nesse enfoque, conhecimento é entendimento entre educadores e educandos, a respeito de algo do mundo objetivo, social e subjetivo".

Habermas refuta os aspectos egoístas, individualistas e dominadores, porém empenha-se em recuperar a universalidade da razão. Abandona a filosofia da consciência, optando pela filosofia da linguagem. De acordo com seu pensamento, o homem é capaz de estabelecer relações com o mundo físico, com os objetos, com seus desejos e sentimentos. Essas ações têm no mundo da vida as referências para as pretensões de verdade e autenticidade.

Considerando isso, Habermas se defronta com a pluralidade histórica e cultural das visões de mundo. Uma compreensão de mundo inicialmente egocêntrica dará lugar à separação do mundo objetivo e social em relação ao mundo subjetivo.

Assim, o ambiente escolar necessitaria configurar-se como lugar de encontro para as relações educativas entre os sujeitos racionais e comunicativos. Aprende-se frente a frente, ouvindo e falando, refletindo, trocando vivências.

A comunidade educativa precisa repensar sua prática, rever seus referenciais metodológicos, confrontar conceitos e compartilhar ideias, observar a diversidade cultural, estando aberta a novas possibilidades de construção de conhecimento, levando em conta os sujeitos e sua história. O conhecimento se dá, portanto, na relação dos indivíduos entre si, ou seja, a partir das vivências materiais.

Finalizando, destacamos as palavras de Bannell (2006, p.15): "no pensamento de Habermas, a educação deveria ser compreendida no sentido mais abrangente possível, abrigando processos de formação social, cultural e científico, em todos os espaços onde acontecem".

O grande desafio da tarefa da educação é o fortalecer formas de resistência a todo e qualquer processo de imposição, coerção ou inculcação ideológica da indústria cultural, que se mostra no cotidiano das sociedades. Assim, educandos e educadores, como seres de direitos (Arroyo, 2007, p, 14), precisam perceber os diversos modos de dominação, alienação e distorção da realidade, que favorecem alguns e prejudicam outros.

Nesse sentido, propõem-se processos educativos que levem em conta a presença do outro como sujeito de história e contextos próprios. Não cabe, pois, educar na perspectiva dos mandos e desmandos, da coerção ou da opressão, pelo contrário, mesmo em uma sociedade comandada pelo estigma do capital, a escola pode empenhar-se em processos localizados que estimulem a intersubjetividade e a racionalidade comunicativa.

FINALIZANDO

A questão com a qual trabalhamos neste texto foi: Mundo da vida e cultura, que contribuições são dadas à educação pela teoria de Habermas? O objetivo é sempre audacioso, visto que o contexto da educação e da formação de professores está contaminado em seu todo pelos interesses da produção de capital e da exploração do trabalho. Nesse sentido, a proposição teórica de Habermas apresenta-se como desafio a ser alcançado.

Diante do contexto, educar torna-se também um desafio e isso inclui, necessariamente, a história dos coletivos. O homem, como ser social, não pode prescindir dos outros, seus semelhantes. Tendo isso em vista, a proposta habermasiana segue no sentido da valorização da participação ativa e racional de todos os membros de determinado grupo que se reúne em torno de algum interesse. Segundo seu pensamento, a democracia se daria de modo racional, quando todos os participantes aceitam, *a priori*, normas que regem suas falas e ações. Conforme destaca Mühl (2011, p. 1036),

> A preocupação de Habermas com a racionalidade liga-se ao objetivo que, desde o início, acompanha seu trabalho investigativo: reabilitar a ideia segundo a qual a razão é o principal recurso – senão o único – de que a humanidade dispõe para resolver seus conflitos e encontrar alternativas de solução para seus problemas.

Nessa linha de pensamento, compete à escola trabalhar cada vez mais uma socialização que construa valores humanos capazes de aproximar o homem do homem, derrubando barreiras e preconceitos que destroem ou impedem a interação dos sujeitos, cada um com sua história e seus significados. A escola pode caminhar em direção a uma proposta humana e emancipadora, que signifique as diversas realidades e considere, na prática, os desejos/necessidades da comunidade escolar. "A interação entre indivíduos constrói as estruturas intersubjetivas de uma sociedade, enquanto os recursos dessas estruturas são mobilizados no agir comunicativo para formar o indivíduo" (Bannell, 2006, p. 15).

A escola precisa entender-se como espaço de encontro de culturas, vidas e experiências vividas. Fazer educação na perspectiva emancipadora, pois, é trabalhar com pessoas carregadas de história, sentimentos, emoções, conhecimentos e tradição cultural. A realidade e a história do outro são fundamentais para a construção de novos conhecimentos. Se assim não fosse, poderíamos contentar-nos com um conhecimento estanque e sem o colorido das diferentes realidades vividas. A educação tem um papel político fundamental, pois uma forma efetiva de demonstrar racionalidade é mostrar a capacidade de usar o conhecimento, e isso se dá nas relações intersubjetivas.

Segundo Mühl (2011, p. 1037), Habermas "assume a concepção de racionalidade como um processo que se desenvolve na intersubjetividade", não na vida solipsista. A escola, portanto, precisa desempenhar um papel eminentemente democrático, ser um lugar de encontro, de permanente troca de experiências, na consideração dos contextos vivenciados e significados por eles mesmos, visto que os alunos, além de terem experiências de vida, detêm também saberes muito significativos e direitos de fala e ação. Em decorrência disso, podemos afirmar que a determinação simples dos conteúdos não cabe, sendo preciso que estes sejam colocados sob o crivo da racionalidade dos que estão envolvidos no processo de ensinar e aprender.

A necessidade de resgatar o espaço público é urgente, pois isso significa permitir e acatar ideias contrapostas, aceitar o "não" como possibilidade, considerar que a "verdade" possa ser questionada. Isso encaminha o docente e a instituição escolar, em todos os níveis, ao desenvolvimento de uma nova metodologia de ensino, aquela que considere não a determinação do objeto, mas sua proposição para o debate.

REFERÊNCIAS

ALTHUSSER, L. **Aparelhos ideológicos de Estado**. 3. ed. Rio de Janeiro: Graal, 1987.

ARROYO, M. G. **Indagações sobre currículo**: educandos e educadores: seus direitos e o currículo. Brasília: Ministério da Educação/ Secretaria de Educação Básica, 2007.

BANNELL, R. I. **Habermas e a educação**. Belo Horizonte: Autêntica, 2006.

GOMES, L. R. Educação e comunicação em Habermas: o entendimento como mecanismo de coordenação da ação pedagógica. **Cadernos de Educação**, Pelotas, n. 33, p. 231-250, maio/ago. 2009.

HABERMAS, J. **Consciência moral e agir comunicativo**. Rio de Janeiro: Tempo Brasileiro, 1989.

HABERMAS, J. **O discurso filosófico da modernidade**. Lisboa: Dom Quixote, 1990a.

HABERMAS, J. **Passado como futuro**. Rio de Janeiro: Tempo Brasileiro, 1993.

HABERMAS, J. **Pensamento pós-metafísico**: estudos filosóficos. Rio de Janeiro: Tempo Brasileiro, 1990b.

HABERMAS, J. **Teoria de la acción comunicativa**. Madrid: Taurus, 1987. v. 1.

HABERMAS, J. **The Theory of Communicative Action**. Boston: Beacon Press, 1984. v. 1: Reason and the Rationalizalion of Society.

LIMA, A. B. et al. A escola na eterna dimensão conflitual: ser conservação e ter transformação. In: LIMA, A. B. de; FREITAS, D. N. T. de. (Org.). **Políticas sociais e educacionais**: cenários e gestão. Uberlândia: Edufu, 2013. p. 267-282. v. 1.

MARQUES, M. O. Os paradigmas da educação. **Revista Brasileira de Estudos Pedagógicos**, Brasília, v. 73, n. 175, p. 547-565, set./dez. 1992. Disponível em: <http://rbep.inep.gov.br/ojs3/index.php/rbep/article/view/1107>. Acesso em: 16 maio 2021.

MÉSZÁROS, I. **A educação para além do capital**. 2. ed. São Paulo: Boitempo, 2008.

MÜHL, E. H. Habermas e a educação: racionalidade comunicativa, diagnóstico crítico e emancipação. **Educação & Sociedade**, Campinas, v. 32, n. 117, p. 1035-1050, out./dez. 2011. Disponível em: <http://www.scielo.br/scielo.php?script=sci_arttext&pid=S0101-73302011000400008&lng=en&nrm=iso>. Acesso em: 16 maio 2021.

PRESTES, N. H. O pensamento de Habermas. **Filosofia, Sociedade e Educação**, Marília, ano 1, n. 1, 1997.

RESENDE, F. O jornal e o jornalista: atores sociais no espaço público contemporâneo. **Novos Olhares**, São Paulo, ano 2, n. 3, p. 36-49, 1999.

ROUANET, S. P. **As raízes do Iluminismo**. São Paulo: Companhia das Letras, 1987.

SILVA, M. C. A.; GASPARIN, J. L. A teoria da ação comunicativa de Jürgen Habermas e suas influências sobre a educação escolar. In: SEMINÁRIO NACIONAL DE ESTUDOS E PESQUISAS, 7., 2006, Campinas.

URIBE RIVIERA, F. J. **Agir comunicativo e planejamento social**: uma crítica ao enfoque estratégico. Rio de Janeiro: Fiocruz, 1995.

Rita Buzzi Rausch
Isabela Cristina Daeuble Girardi
Luciane Schulz
Andressa Gomes Dias

CAPÍTULO

7

Contributos de António Nóvoa à formação e profissão docente no Brasil

INTRODUÇÃO

A necessidade de preparação docente no Brasil surgiu no século XVIII, mas, no percurso histórico e legal de formação de professores, foi somente em 1980 que começou a se manifestar um movimento em sua defesa, tendo como base a profissionalização da docência e a constituição da identidade profissional do professor. Com a Lei n. 9.394, de 20 de dezembro de 1996 – Lei de Diretrizes e Bases (LDB) –, a formação inicial de professores, tanto para a educação infantil quanto para o ensino fundamental e médio, passou a ser em nível superior (Brasil, 1996). Esse movimento permanece até os dias atuais, uma vez que o Plano Nacional de Educação 2014-2024 – Lei n. 13.005, de 25 de junho de 2014 – tem como meta garantir a política nacional de formação de profissionais da educação, assegurando que todos os professores da educação básica tenham formação específica de nível superior, obtida em curso de licenciatura (Brasil, 2014).

Ideias de vários estudiosos e pesquisadores, nos âmbitos nacional e internacional, vêm contribuindo com o fortalecimento desse movimento no país. Entre eles, destacamos António Nóvoa, que, nos últimos 30 anos, vem influenciando a forma de pensar e agir a formação de professores no Brasil por meio de seus livros, entrevistas e palestras.

António Sampaio da Nóvoa é um pesquisador português muito conceituado na área da educação. Doutor em Ciências da Educação e de História pela Universidade de Genebra e doutor em História pela Universidade de Paris IV – Sorbonne, é professor catedrático do Instituto de Educação da Universidade de Lisboa e já lecionou em universidades da Europa e dos Estados Unidos como professor convidado. Atuou como reitor da Universidade de Lisboa de 2006 a 2013; foi presidente da Associação Internacional de História da Educação entre os anos de 2000 e 2003; trabalhou como consultor do presidente da República para a Educação entre 1996 e 1998; e é autor de mais de 150 títulos, entre livros e artigos.

Muito conhecido no Brasil, sobretudo a partir de 1992, com a publicação de seu livro *Os professores e a sua formação*, Nóvoa passou a ser um grande pensador e referência notável no campo dos estudos sobre formação de professores e profissão docente, expondo, de maneira inteligível e elementar, a importância do debate sobre a formação e a vida docente.

Diante da quantidade de produções do autor circulando no país e de sua relevância para a formação e a profissão docente no Brasil, questionamos: Quais são os principais contributos de Nóvoa para essa área no país, manifestadas em suas produções científicas? Com a problemática definida, estabelecemos como objetivo elucidar essas contribuições por meio de suas produções que por aqui circulam.

Com o intuito de compartilhar os achados dessa pesquisa bibliográfica e qualitativa, estruturamos este texto apresentando inicialmente, nesta introdução, a justificativa para a escolha das ideias de Nóvoa como objeto de investigação e uma breve biografia do autor, bem como a problemática e o objetivo da pesquisa. Na sequência, descrevemos a metodologia utilizada no desenvolvimento deste trabalho. Em seguida, analisamos os principais contributos do autor à formação e profissão docente e, ao final, apresentamos algumas considerações e recomendações.

CAMINHOS PERCORRIDOS

Com relação ao tipo de pesquisa em que nos apoiamos para este trabalho, a qualitativa e bibliográfica, Gatti e André (2010, p. 30-31) destacam que

> as pesquisas chamadas de qualitativas vieram a se constituir em uma modalidade investigativa que se consolidou para responder ao desafio da compreensão dos aspectos formadores/formantes do humano, de suas relações e construções culturais, em suas dimensões grupais, comunitárias ou pessoais. Essa modalidade de pesquisa veio com a proposição de ruptura do círculo protetor que separa pesquisador e pesquisado, [...] numa posição de impessoalidade. Passa-se a advogar, na nova perspectiva, a não neutralidade, a integração contextual e a compreensão de significados nas dinâmicas histórico-relacionais.

Entretanto, apesar de termos tentado atender às características da pesquisa qualitativa apresentadas por Gatti e André (2010), ressaltamos que não fizemos uma pesquisa de campo, mas bibliográfica, atendendo ao objetivo de nossa investigação. A pesquisa bibliográfica é uma tipologia de pesquisa em que se pretende analisar um problema com base em teorias publicadas em diferentes fontes de informação, como livros e artigos de periódicos e de anais de eventos científicos. O intuito de se desenvolver uma pesquisa bibliográfica é conhecer e analisar as principais contribuições teóricas acerca de determinada temática. Em nosso caso, buscamos examinar os principais contributos de Nóvoa à formação e à profissão docente por meio de suas obras que circulam no Brasil.

As obras do referido autor para análise estão indicadas no Quadro 7.1, a seguir.

Quadro 7.1 – Relação de textos do autor analisados na pesquisa

Obras	Ano	Editora/Periódico
Os professores e a sua formação	1992a	Dom Quixote
Vidas de professores	1992b	Porto
Reformas educativas e formação de professores (com Thomas S. Popkewitz)	1992	Educa
Profissão professor	1995	Porto
Os professores na virada do milênio: do excesso dos discursos à pobreza das práticas	1999	Revista *Educação e Pesquisa*
Formação de professores e ação pedagógica	2002	Educar
O regresso dos professores	2007	Universidade de Lisboa
Para uma formação de professores construída dentro da profissão	2009a	Revista *de Educación*
Professores: imagens do futuro presente	2009b	Educa
Pensar alunos, professores, escolas, políticas	2012	Revista *Educação, Cultura e Sociedade*
Nada substitui um bom professor: propostas para uma revolução no campo da formação de professores (capítulo de livro)	2013	Ed. da Unesp
Firmar a posição como professor, afirmar a profissão docente	2017	Revista *Cadernos de Pesquisa*

Primeiro, selecionamos as obras do autor e, depois, procedemos à leitura minuciosa de cada obra, utilizando-nos de fichamentos para registrar nossa leitura de forma sistemática. Cada fichamento continha: indicação bibliográfica, resumo, principais citações e comentários.

Na continuidade, recorremos à análise de conteúdo com base em Bardin (2011), que apresenta um conjunto de técnicas de análise das comunicações (quantitativas ou não) e que aposta no rigor do método como forma de não se perder na heterogeneidade de seu objeto. Essas técnicas visam obter, por procedimentos sistemáticos e objetivos de descrição do conteúdo das mensagens, indicadores e conhecimentos relativos às condições de variáveis inferidas na mensagem. A autora organiza a análise do conteúdo em três fases: 1) pré-análise; 2) exploração do material; e 3) tratamento dos resultados, inferência e interpretação.

Na fase de exploração do material, são feitos recortes em unidades de contexto e de registro; é a etapa da codificação, em que as categorias são criadas conforme emergem dos autores. Como explica Bardin (2011), a categoria é uma forma de pensamento e reflete a realidade, de forma resumida, em determinados momentos; categorizar é um processo de classificação de elementos constitutivos em um conjunto por diferenciação e, em seguida, por reagrupamento, segundo o gênero (analogia), com os critérios previamente definidos.

Por meio da leitura flutuante dos fichamentos das obras de António Nóvoa, na busca pelos principais contributos do autor à formação e à profissão docente, nossas categorias emergentes se constituíram da seguinte maneira: formação profissional do professor; escola centrada na aprendizagem; escola: diversidade de práticas e de realidades; formação contínua de professores; propostas de formação de professores; e uma casa comum para a formação de professores. A seguir, discorremos sobre cada uma dessas categorias.

FORMAÇÃO PROFISSIONAL DO PROFESSOR

A formação de professores, ao longo de sua trajetória, tem passado por diferentes perspectivas ideológicas, tanto no discurso teórico quanto no desenvolvimento prático. Até o século XVI, qualquer pessoa podia ser professor, bastava saber ler, escrever e contar. A partir do século XVII, outras perspectivas surgiram.

Nesse percurso, até os dias atuais, Ramalho, Nuñez e Gauthier (2003) apontam três vertentes: (1) o professor como artesão; (2) o professor como técnico; e (3) o professor como profissional.

Nesse contexto, Nóvoa (1999, p. 15) é um dos autores que defendem a perspectiva profissional do professor, considerando que

> A profissionalização dos professores está dependente da possibilidade de construir um saber pedagógico que não seja puramente instrumental. Por isso, é natural que os momentos-fortes de produção de um discurso científico em educação sejam, também, momentos-fortes de afirmação profissional dos professores.

Um dos dilemas atuais da profissão docente refere-se à deslegitimação dos professores como produtores de saberes, uma vez constatado o crescente desenvolvimento das ciências da educação, resultando em muitos pesquisadores na área. Para o autor, o ensino deve ser concebido como uma atividade crítica e o professor como um profissional autônomo que investiga sua prática docente e reflete sobre ela.

> Os professores devem combater a dispersão e valorizar o seu próprio conhecimento profissional docente, construído a partir de uma reflexão sobre a prática e de uma teorização da experiência. É no coração

da profissão, no ensino e no trabalho escolar, que devemos centrar o nosso esforço de renovação da formação de professores e do trabalho pedagógico. (Nóvoa, 2012, p. 13)

Nessa perspectiva, o professor assume um papel ativo, de formação e de autoformação contínua.

Estamos perante uma espécie de consenso discursivo, bastante redundante e palavroso, que se multiplica em referências ao desenvolvimento profissional dos professores, à articulação da formação inicial, indução e formação em serviço numa perspectiva de aprendizagem ao longo da vida, à atenção aos primeiros anos de exercício profissional e à inserção dos jovens professores nas escolas, à ideia do professor reflexivo e de uma formação de professores baseada na investigação, às novas competências dos professores do século XXI, à importância das culturas colaborativas, do trabalho em equipa, do acompanhamento, da supervisão e da avaliação dos professores... e assim por diante. (Nóvoa, 2007, p. 3)

Nóvoa atenta para a necessidade de devolver a formação docente aos professores, passando-a para dentro da profissão, pois uma formação baseada na investigação só faz sentido quando é construída dentro da profissão, o que contribui para um sentimento de pertença profissional, tão importante para as mudanças educacionais necessárias. Entretanto, a formação e a profissionalização do professor não devem ser vistas como um processo individual, e sim coletivo.

Para o autor, "a competência coletiva é mais do que o somatório das competências individuais. Estamos falando da necessidade de um tecido profissional enriquecido, da necessidade de integrar na cultura docente um conjunto de modos coletivos de produção e de regulação do trabalho" (Nóvoa, 2009a, p. 213-214, tradução nossa). A cultura coletiva não é imposta por via administrativa ou decisão superior, por isso a necessidade de ser trabalhada durante a formação docente. A escola é um espaço de formação de professores, tanto inicial quanto continuada, uma vez que não existem respostas prontas paras os dilemas diários por eles enfrentados nesse espaço, de modo que o diálogo entre colegas e a partilha de práticas se tornam uma ferramenta importante para o trabalho docente.

No ciclo de desenvolvimento profissional docente, no percurso de construção de saberes necessários à profissão, desde a educação básica, passando pela formação inicial, pela inserção na carreira e pela formação continuada, Nóvoa chama a atenção para o cuidado que devemos ter com a entrada do professor na profissão. Essa etapa, no entender do autor, encontra-se descoberta de ações qualificadas que visam profissionalizar o professor.

> Um momento particularmente sensível na formação de professores é a fase de indução profissional, isto é, os primeiros anos de exercício docente. Grande parte de nossa vida profissional é decidida nesses anos iniciais e na forma como nos integramos na escola e no professorado. Nesse sentido, esse momento deve ser organizado como parte integrante do programa de formação em articulação com a licenciatura e o mestrado. (Nóvoa, 2009a, p. 212, tradução nossa)

Assim, "nestes anos em que transitamos de aluno para professor é fundamental consolidar as bases de uma formação que tenha como referência lógicas de acompanhamento, de formação-em-situação, de análise da prática e de integração na cultura profissional docente" (Nóvoa, 2009b, p. 38).

Na defesa de uma formação que propicie a criação de espaços de participação e reflexão coletiva, Nóvoa ressalta também a existência de espaços que propiciem o desenvolvimento da dimensão pessoal atrelada à profissional na formação docente, tão carente e necessária, superando-se, dessa maneira, a hegemonia da formação centrada no pragmatismo e no determinismo positivista. Nessa perspectiva, para pensar a profissão docente, é necessário o conhecimento do caráter pessoal no ato de ensinar, pois, como propõe Nóvoa (1992a, p. 7), "não é possível separar o eu pessoal do eu profissional, sobretudo numa profissão fortemente impregnada de valores e de ideias e muito exigente do ponto de vista do empenhamento e da relação humana".

O fazer do professor não envolve apenas o conhecimento técnico e científico, mas também o ser e o constituir-se professor, aspecto fundamental ao desenvolvimento da identidade profissional docente. É por essa razão que se deve "elaborar um conhecimento pessoal (um autoconhecimento) no interior do conhecimento profissional e captar (de capturar) o sentido de uma profissão que não cabe apenas numa matriz técnica ou científica". Nessa direção, é preciso desenvolver "uma **teoria da pessoalidade no interior de uma teoria da profissionalidade**" (Nóvoa, 2009b, p. 39, grifo do original).

Para o autor, ao entrelaçar a dimensão pessoal à dimensão profissional, é necessário o entendimento do processo de profissionalização dos docentes e da história da profissão, para, então, construir um processo identitário, com a apropriação do sentido de sua história pessoal e profissional por meio da autorreflexão.

ESCOLA CENTRADA NA APRENDIZAGEM

Durante sua existência, a escola no Brasil foi assumindo diversos papéis e funções, distanciando-se de sua real missão: a construção-produção do conhecimento. A escola assumiu mil e uma tarefas e, ao longo do século XX, com as políticas educacionais de cunho neoliberal, atual social-democracia, como o Programa Educação para Todos*, foi alargando suas missões a tal ponto que ficou atravancada e perdeu o controle de suas prioridades.

Nóvoa (2009b, p. 60) vem analisando criticamente esse contexto e posiciona-se em defesa de uma escola centrada na aprendizagem, pois

> a escola no centro da colectividade remete para uma instituição fortemente empenhada em causas sociais, assumindo um papel de "reparadora" da sociedade [...]. Não é possível fazer tudo e a tudo dedicar a mesma atenção. Concentrando-se nas dimensões sociais, esta escola acaba por conceder uma menor atenção às aprendizagens.

O autor caracteriza os novos papéis da escola como transbordamento escolar. "Resumindo de maneira excessivamente simples a história do último século, podemos dizer que a escola foi se desenvolvendo por acumulação de missões e de conteúdos, numa espécie de constante **transbordamento**, que a levou a assumir uma infinidade de tarefas" (Nóvoa, 2009b, p. 50, grifo do original).

Esse transbordamento se refere ao fato de a escola assumir diversas funções que não são inerentes à sua função na sociedade. Organismos sociais como governo, família, comunidades, entre outros, não cumprem seu papel diante da educação, e a escola

---

* Peroni (2015) chama a atenção para as redefinições do papel do Estado e das fronteiras entre o público e o privado na educação a partir da segunda metade do século XX, com a abertura de mercado; o Educação para Todos, proposto pela Organização das Nações Unidas para a Educação, a Ciência e a Cultura (Unesco), por exemplo, é um programa com cunho neoliberal. Para conhecê-lo, acesse o *site* da Unicef Brasil, disponível em: <https://www.unicef.org/brazil/declaracao-mundial-sobre-educacao-para-todos-conferencia-de-jomtien-1990>. Acesso em: 13 maio 2021.

passa a assumir uma série de atribuições, perdendo-se naquilo que é essencial para ela. Em outras palavras, para Nóvoa (2009b, p. 77), "quando tudo é essencial, torna-se impossível concretizar uma acção racional e inteligente. A escola desviou-se muitas vezes das tarefas do ensino e da aprendizagem para se dedicar às missões sociais", incorporando, muitas vezes, o papel de reparadora da sociedade.

A sociedade precisa entender que um espaço público de educação não compete exclusivamente à escola. "A contemporaneidade exige que tenhamos a capacidade de recontextualizar a escola no seu lugar próprio, valorizando aquilo que é **especificamente escolar**, deixando para outras instâncias actividades e responsabilidades que hoje lhe estão confiadas" (Nóvoa, 2009b, p. 67-68).

É necessário que a escola reflita sobre sua real função e reveja suas ações no cotidiano escolar, pois "a escola como organização centrada na aprendizagem sugere uma valorização da arte, da ciência e da cultura, enquanto elementos centrais de uma sociedade do conhecimento" (Nóvoa, 2009b, p. 60). O autor destaca ainda que

> O trabalho escolar tem duas grandes finalidades: por um lado, a transmissão e apropriação dos conhecimentos e da cultura; por outro lado, a compreensão da arte do encontro, da comunicação e da vida em conjunto. É isto que a Escola sabe fazer, é isto que a Escola faz melhor. É nisto que ela deve concentrar as suas prioridades, sabendo que nada nos torna mais livres do que dominar a ciência e a cultura, sabendo que não há diálogo nem compreensão do outro sem o treino da leitura, da escrita, da comunicação, sabendo que a cidadania se conquista, desde logo, na aquisição dos instrumentos de conhecimento e de cultura que nos permitam exercê-la. (Nóvoa, 2009b, p. 62-63)

Nóvoa também nos leva a refletir sobre as diferenças que existem, muitas vezes, entre escolas públicas e escolas privadas. Como ele explica, "as elites investem numa educação (privada) que tem como elemento estruturante a aprendizagem, enquanto as crianças dos meios mais pobres são encaminhadas para escolas (públicas) cada vez mais vocacionadas para dimensões sociais e assistenciais" (Nóvoa, 2009b, p. 79). Entretanto, muitas vezes, para que a própria aprendizagem ocorra, a escola pública necessita assumir dimensões sociais, desde que essas dimensões não se tornem primordiais.

> Para que a aprendizagem possa ter lugar a escola terá de cumprir, escusado será dizer, algumas missões sociais e assistenciais. Os dramas da miséria, da fome, dos maus tratos, da gravidez precoce ou do consumo de drogas, entre tantos outros, impossibilitam um projecto educativo coerente. Mas assumir estas tarefas, provisoriamente, por imperativo ético, não é a mesma coisa do que defini-las como missões primordiais da escola, e este tem sido o erro maior da escola transbordante. (Nóvoa, 2009b, p. 87)

Outra questão apontada por Nóvoa diz respeito à ideia que perpassa, muitas vezes, a educação integral. No ponto de vista de Nóvoa (2012, p. 15), "o conceito de educação integral contribuiu para o 'transbordamento da escola', para uma escola que foi assumindo um excesso de missões e de tarefas, com grande dispersão de projectos e actividades". Em outras palavras, a escola precisará deixar de ser folclórica, "onde existe tudo e nada, onde tudo parece ter a mesma importância, onde não é possível instaurar um sentido para o trabalho e para as aprendizagens" (Nóvoa, 2012, p. 15).

Além disso, o professor tem um papel primordial nessa reconfiguração. Ele precisa rever sua prática a fim de que seu trabalho se constitua "na construção de práticas docentes que conduzam os alunos à aprendizagem" (Nóvoa, 2009b, p. 30). Em síntese, corroboramos a perspectiva do autor na defesa de que, se a modernidade escolar se definiu por transbordamento, a contemporaneidade escolar necessita se definir pelo retraimento. Isso só acontecerá se a sociedade responsabilizar-se pelo que lhe compete (Nóvoa, 2009b).

Nosso grande desafio, assim, está em avançarmos do direito à educação para o direito à aprendizagem, pois é esse direito que possibilitará a inclusão dos estudantes na sociedade do conhecimento (Nóvoa, 2012).

ESCOLA: DIVERSIDADE DE PRÁTICAS E DE REALIDADES

Desde sua origem, a escola esteve pautada por uma acentuada tendência elitista, exclusiva e homogênea, prevalecendo uma uniformização do ensino e das práticas pedagógicas. Contudo, no contexto atual, necessitamos de uma escola renovada. Como defende Nóvoa (2012, p. 13), "Em vez da homogeneização que caracterizou a história do século XX, impõe-se agora uma abertura à diferença".

Na contemporaneidade, carecemos de uma nova escola, uma escola que tenha ambientes educativos inovadores, focada na aprendizagem dos estudantes. Nas palavras de Nóvoa (2009b, p. 91-92), "é preciso abrir os sistemas de ensino a novas ideias. Em vez da homogeneidade e da rigidez, a diferença e a mudança. Em vez do transbordamento, uma nova concepção da aprendizagem. Em vez do alheamento da sociedade, o reforço do espaço público da educação".

É urgente uma nova escola que rompa com os padrões estabelecidos, para que consigamos "dar respostas úteis aos alunos e às distintas necessidades e projectos de vida de que eles são portadores" (Nóvoa, 2009b, p. 65).

> Trata-se, pois, de afirmar a necessidade de definir projectos educativos de escola, que sejam diferentes e que possibilitem religar a educação aos espaços de vida e da sociedade. Da mesma maneira que, há cem anos, foi necessário cortar este vínculo para afirmar a dimensão educativa e a ideia de uma escola para todos, agora é urgente reencontrar modelos pedagógicos que valorizem a utilização das "redes de comunicação", os espaços informais de aprendizagem e o sentido social do acto de educar. (Nóvoa, 2012, p. 14)

Em defesa dessa nova escola, Nóvoa nos faz refletir sobre a diferença entre uma escola vista como comunidade e uma escola vista como sociedade e posiciona-se em defesa desta última vertente, como podemos aferir pela citação a seguir:

> uma escola não deve ser encarada como uma comunidade. Desde logo, porque as pessoas não se escolhem entre si, estando reunidas naquele lugar, de forma mais ou menos arbitrária, com o objectivo de trabalharem juntas durante um período de tempo das suas vidas, independentemente de gostarem ou não das mesmas coisas, de terem ou não os mesmos interesses. **Uma escola é uma sociedade, e não uma comunidade.** (Nóvoa, 2009b, p. 66, grifo do original)

Nóvoa recorre a Meirieu e Guiraud (1997) para explicar que a comunidade é caracterizada pelos laços afetivos e pela tradição, havendo uma escolha pela adesão de determinada comunidade. É claro que, no contexto escolar, existem laços afetivos, porém o que embasa a sociedade não são apenas o afeto entre as pessoas e a comunhão de gostos, "mas o facto de estarem juntas, de terem de trabalhar em conjunto, de se respeitarem e de se enriquecerem mutuamente" (Nóvoa, 2009b, p. 66).

Nóvoa argumenta que precisamos instaurar a escola como sociedade, ou seja, "como lugar do trabalho conjunto, como lugar do diálogo e da comunicação, como espaço de segurança, como uma sociedade na qual as crianças prefiguram e praticam uma vida futura" (Nóvoa, 2009b, p. 66). Nessa escola vista como sociedade, é fundamental que as entidades públicas continuem mantendo certa regulação do sistema público de ensino, para que a escola não perca sua identidade, mas na diversidade. Essa regularização evitaria, de certa forma, as preocupações de Nóvoa manifestadas a seguir:

> Eles procuram combater a excessiva intervenção do Estado na educação e ultrapassar os constrangimentos do modelo escolar e de uma organização homogénea dos sistemas de ensino. Pessoalmente, receio que contribuam para acentuar, ainda mais, as desigualdades escolares e sociais, promovendo formas de "tribalização" da escola. (Nóvoa, 2009b, p. 75)

> Claro que, no dia em que cada grupo social ou religioso tiver a sua própria escola, fundada em crenças e valores próprios, a acção pedagógica tornar-se-á mais coerente e harmoniosa. Mas, pelo caminho, perder-se-á uma das principais qualidades da escola pública, a possibilidade de instaurar narrativas partilhadas e culturas de diálogo. (Nóvoa, 2009b, p. 84)

O que deve existir nessa escola aberta à diferença é mais liberdade de escolha, mais autonomia diante dos dilemas do cotidiano escolar. "As famílias e os alunos devem poder escolher a sua escola e, simultaneamente, participar na definição do seu projecto educativo" (Nóvoa, 2009b, p. 85). Essa participação conjunta entre todos os envolvidos é fundamental para que se obtenham processos educativos significativos para sua realidade. Assim,

> Valorizar formas diferentes de fazer a escola é multiplicar as oportunidades de cada um. Com uma condição: não renunciar, nunca, à construção de uma cultura comum e de lhe dar um sentido pessoal e coletivo. Com uma certeza: escola que não abra perspectivas de mobilidade não é escola, é beco sem saída. (Nóvoa, 2012, p. 13)

Nesse contexto, e para essa nova escola emergir, Nóvoa eleva a importância do professor como um vetor fundamental à mudança educativa que almejamos, alertando-nos de que nada substitui o bom professor:

> Os professores reaparecem, neste início do século XXI, como elementos insubstituíveis não só na promoção das **aprendizagens**, mas também na construção de processos de inclusão que respondam aos desafios da **diversidade** e no desenvolvimento de métodos apropriados de utilização das **novas tecnologias**. (Nóvoa, 2009b, p. 13, grifo do original)

Em síntese, um dos contributos de Nóvoa tem sido a denúncia da necessidade de refletirmos criticamente sobre a escola que temos, no intuito de rompermos como uma visão unificada e uniformizadora do ensino e da pedagogia, pois só é possível defendermos a escola pública se defendermos sua urgente renovação. Essa reflexão deverá nos levar efetivamente a novas ações, a uma diversidade de práticas e de realidades, superando-se a homogeneização característica do século XX.

FORMAÇÃO CONTÍNUA DE PROFESSORES

Na trajetória de formação de professores no Brasil, principalmente a partir da década de 1970, vários intelectuais começaram a se mobilizar a favor da valorização dos professores, pela dignificação da profissão docente, pelas mudanças da imagem do professor, por maior autonomia profissional e, também, pela importância dos professores no desafio do futuro.

Nóvoa tem sido um desses intelectuais que, rompendo com uma visão fragmentada de formação de professores (ora formação inicial, ora formação continuada), defendem a necessidade de pensarmos em uma formação contínua ao longo da vida acadêmica e profissional do professor. Precisamos "valorizar o *continuum* profissional, isto é, [...] pensar a formação inicial em relação com a indução profissional e com a formação continuada" (Nóvoa, 2017, p. 1113).

Nesse processo contínuo de desenvolvimento profissional, o professor necessita ser o maior protagonista. "Os professores têm que ser protagonistas activos nas diversas fases dos processos de formação: na concepção e no acompanhamento, na regulação e na avaliação" (Nóvoa, 1995, p. 19). Ou ainda, "importa valorizar paradigmas de formação que promovam a preparação de professores reflexivos, que assumam a responsabilidade do seu próprio desenvolvimento profissional e que participem como protagonistas na implementação das políticas educativas" (Nóvoa, 1992a, p. 27).

Por um longo tempo, percebeu-se certo silenciamento dos professores. Como argumenta Nóvoa (2009b, p. 23), "Fala-se muito das escolas e dos professores. Falam os jornalistas, os colunistas, os universitários, os especialistas. Não falam os professores.

Há uma ausência dos professores, uma espécie de silêncio de uma profissão que perdeu visibilidade no espaço público". É preciso que a voz dos professores regresse, que eles entrem em cena na sociedade. Reivindica-se a presença pública dos professores para que promovam seu papel social, pois "nas sociedades contemporâneas, o prestígio de uma profissão mede-se, em grande parte, pela sua visibilidade social" (Nóvoa, 2013, p. 208). Com relação à profissão docente, em nosso entender, esse reconhecimento e reconquista do espaço dependem da qualidade do trabalho nas escolas e da capacidade de intervenção dos professores no espaço público da educação.

Entretanto, a maioria dos programas de formação contínua têm se revelado inúteis, sendo desenvolvidos de forma fragmentada, conteudista e distante da necessidade e da realidade dos professores. A perspectiva da formação contínua "obriga-nos a pensar ao contrário, construindo os dispositivos de formação a partir das necessidades das pessoas e da profissão, investindo na construção de redes de trabalho colectivo que sejam o suporte de práticas de formação baseadas na partilha e no diálogo profissional" (Nóvoa, 2007, p. 9).

Nesse sentido, para Nóvoa (2007, p. 13),

> Estar em formação implica um investimento pessoal, um trabalho livre e criativo sobre os percursos e os projetos próprios, com vista à construção de uma identidade, que também é uma identidade profissional [...] A formação não se constrói por acumulação de cursos, de conhecimento ou técnicas, mas sim através de um trabalho de reflexividade crítica sobre as práticas e de (re)construção permanente de uma identidade pessoal. Por isso é tão importante investir a pessoa e dar um estatuto ao saber.

Assim, para a formação de professores, é necessário romper com a racionalidade técnica dominante e desencadear um processo de reflexividade e de pesquisa, que garanta emancipação, contribuindo no desenvolvimento de sua dimensão política, epistemológica e ética. Entendemos que a formação em uma dimensão reflexiva e investigativa é fundamental para que os professores assumam sua autonomia no processo educacional, promovendo a qualidade de ensino na escola em uma perspectiva crítico-emancipatória. A vantagem da reflexividade e da pesquisa é que elas representam um passo à frente, motivando os professores para interpretações próprias, estimulando a postura crítico-reflexiva, proporcionando aos futuros e experientes docentes a promoção do desenvolvimento do pensamento autônomo (Nóvoa, 1992a).

Nessa perspectiva, busca-se, essencialmente, formar o professor reflexivo e pesquisador e, nesse sentido, "as estratégias de investigação-ação e de investigação-formação contém potencialidades que é preciso, pois estimulam uma colaboração profissional nos seios das escolas e uma ligação entre os professores e a comunidade científica" (Nóvoa, 1992a, p. 66).

Outro aspecto importante é o reconhecimento de que

> a prática e a experiência profissional não são formadoras de per si; por isso, a reinvenção de espaços que permitam um investimento da(s) prática(s) como lugar de reflexão é uma condição *sine qua non* de uma formação contínua que contribua para um maior controlo dos professores sobre a sua profissão. (Nóvoa, 1992a, p. 66)

Nesse percurso de formação, é importante também que os professores experientes assumam certa responsabilidade e se percebam como coformadores de futuros professores ou professores iniciantes. Conforme recorda Nóvoa (2013, p. 205), "em meados do século XIX, não havia programas de formação e os professores aprendiam o seu ofício nas escolas, junto a um professor mais experiente, em uma lógica de mestre e aprendiz".

Nóvoa (2013), em sua proposta denominada *Por uma formação de professores a partir de dentro*, defende a necessidade de atribuir a formação de professores aos próprios professores. Em outras palavras, os mais experientes devem assumir lugar na formação dos iniciantes e futuros professores. Em obra anterior, o autor já havia mencionado "a necessidade de os professores terem um lugar predominante na formação dos seus colegas. Não haverá nenhuma mudança significativa se a 'comunidade dos formadores de professores' e a 'comunidade dos professores' não se tornarem mais permeáveis e imbricadas" (Nóvoa, 2009b, p. 17).

Nessa conjuntura,

> A formação contínua de professores pode desempenhar um papel importante nesta mudança de perspectiva, estimulando a emergência de uma cultura profissional no seio do professorado e de uma cultura organizacional no seio das escolas (Bell e Day, 1991). Na verdade, a formação contínua vai ter incidência muito significativa na vida das escolas, nas práticas de ensino, na reformulação da formação inicial e na configuração futura da profissão docente. (Nóvoa; Popkewitz, 1992, p. 65)

Em resumo, a formação contínua de professores assume importância crucial para Nóvoa, pois é por meio dela que pode surgir uma renovação na educação, qualificando tanto os programas de formação inicial e continuada de professores como a constituição da profissionalidade docente, além de provocar uma possível mudança nas escolas e no próprio prestígio dos professores.

PROPOSTAS DE FORMAÇÃO DE PROFESSORES

Nóvoa ressalta o papel do Estado quando se pensa em propostas de formação de professores, considerando que não é possível falar nessa formação sem atrelar seu desenvolvimento às condições de trabalho do professor, sua valorização salarial, bem como à melhoria da infraestrutura das escolas. Para o autor,

> nada será conquistado se não se alterarem as condições existentes nas escolas e as políticas públicas em relação aos professores. É inútil apelar à reflexão se não houver uma organização das escolas que a facilite. É inútil reivindicar uma formação mútua, inter-pares, colaborativa, se a definição das carreiras docentes não for coerente com este propósito. É inútil propor uma qualificação baseada na investigação e parcerias entre escolas e instituições universitárias se os normativos legais persistirem em dificultar esta aproximação. (Santos, 2013, p. 234)

Ao tratar de propostas de formação de professores, Nóvoa (1992a) alerta para a necessidade de articulá-las aos projetos da escola. Nessa direção, o autor apresenta três dimensões da formação dos professores:

1. o desenvolvimento pessoal (produzir a vida do professor) – voltado para a construção de uma identidade pessoal-profissional, baseada em suas histórias de vida e nos próprios projetos;
2. o desenvolvimento profissional (produzir a profissão docente) – sustentado na reflexão crítica sobre a prática pedagógica, por meio do desenvolvimento da reflexividade e da pesquisa; assim, os professores tornam-se profissionais reflexivos e autônomos, responsáveis pela própria formação e protagonistas na implementação de políticas educacionais;

> 3. o desenvolvimento organizacional (produzir a escola) – mobilizando-se um investimento educativo para os professores e a proposição de experiências inovadoras nos projetos escolares.

O autor destaca que, em qualquer proposta de formação de professores, é importante promover o desenvolvimento de cinco dimensões, ou cinco Ps: o primeiro P volta-se às **práticas**, uma vez que "a formação de professores deve assumir uma forte componente práxica, centrada na aprendizagem dos alunos e no estudo de casos concretos, tendo como referência o trabalho escolar" (Nóvoa, 2009a, p. 203, tradução nossa). Por conseguinte,

> Não se trata de adaptar uma qualquer deriva praticista e, muito menos, de acolher as tendências anti-intelectuais na formação de professores [...]. Trata-se, sim, de abandonar a ideia de que a profissão docente se define, primordialmente, pela capacidade de transmitir um determinado saber. (Nóvoa, 2009a, p. 208-209, tradução nossa)

No entanto, por entender que

> A formação do professor é, por vezes, excessivamente teórica, outras vezes excessivamente metodológica, [...] há um déficit de práticas, de refletir sobre as práticas, de trabalhar sobre as práticas, de saber como fazer. [...] Têm o corpo e a cabeça cheios de teorias, de livros, de teses, de autores, mas não sabem como aquilo se transforma em prática, como aquilo tudo se organiza numa prática coerente. Por isso, tenho defendido, há muitos anos, a necessidade de uma formação centrada nas práticas e na análise dessas práticas. (Nóvoa, 2007, p. 14)

A relação entre teoria e prática é uma das possibilidades para se repensar a formação. Nóvoa (2007, p. 12) argumenta que a "formação de professores ganharia muito se estivesse organizada, preferentemente, em torno de situações concretas, de insucesso escolar, de problemas escolares ou de programas de acção educativa". Assim, basear-se em casos concretos, que são vivenciados na prática, pode incidir na mobilização de conhecimentos teóricos, provocando um movimento de teorização da prática docente.

O segundo P refere-se à **profissão**, considerando-se o professor da escola como coformador desse futuro professor, pois "a formação de professores deve passar para 'dentro' da profissão, isto é, deve basear-se na aquisição de uma cultura profissional, concedendo aos professores mais experientes um papel central na formação dos mais jovens" (Nóvoa, 2009a, p. 203, tradução nossa). O autor alerta para o fato de os professores experientes terem sido afastados dos locais de formação dos mais jovens. Isso decorre de um crescimento no número de pesquisadores especialistas que ocupam lugares de destaque nos espaços de formação docente. Não se quer dizer com isso que seja dispensável a investigação científica na educação, muito pelo contrário, houve uma proximidade com a investigação e o rigor científico, "mas a formação de um professor encerra uma complexidade que só se obtém a partir da integração numa cultura profissional" (Nóvoa, 2009a, p. 211, tradução nossa).

O terceiro P chama a atenção para a **pessoa**, para o trabalho da formação inicial na perspectiva da autorreflexão e da autoanálise, uma vez que "a formação de professores deve dedicar uma atenção especial às dimensões pessoais da profissão docente, trabalhando essa capacidade de relação e de comunicação que define o tato pedagógico" (Nóvoa, 2009a, p. 211, tradução nossa). Além do mais, para o autor, "a necessária tecnicidade e cientificidade do trabalho docente não esgotam todo o ser professor. E que é fundamental reforçar a pessoa-professor e o professor-pessoa" (Nóvoa, 2009a, p. 212, tradução nossa).

Assim, além de combinar atributos teóricos, pedagógicos e técnicos, o autor chama a atenção para a autorreflexão e a autoformação no processo de desenvolvimento profissional docente. Por entender a inseparabilidade que existe entre as dimensões pessoal e profissional, Nóvoa (2009b, p. 22) argumenta:

> Trata-se de construir um conhecimento pessoal (um autoconhecimento) no interior do conhecimento profissional e de captar o sentido de uma profissão que não cabe apenas numa matriz técnica ou científica. Toca-se aqui em qualquer coisa de indefinível, mas que está no cerne da identidade profissional docente.

O autor reafirma, dessa forma, a importância do desenvolvimento da dimensão pessoal, tão ausente em cursos de formação docente, atrelando-a, por sua vez, à dimensão profissional, sem desvalorizar as dimensões técnicas ou tecnológicas da formação. É por isso que defende, em várias de suas publicações, a abordagem (auto)biográfica como método de investigação, estando integrada com as histórias de vida num movimento que busca novas maneiras de formação com base na reflexão dos próprios percursos de vida (Nóvoa, 1992b). O movimento, defendido pelo autor dentro do universo pedagógico, surgiu de uma necessidade de se produzir um outro tipo de conhecimento, "mais próximo das realidades educativas e do quotidiano dos professores" (Nóvoa, 1992b, p. 19).

O quarto P faz referência à **partilha**, destacando a importância do trabalho em equipe, valorizando o papel do coletivo na profissão, reforçando, assim, a construção dos projetos educativos, pois "os novos modos de profissionalidade docente implicam um reforço das dimensões coletivas e colaborativas, do trabalho em equipe, da intervenção conjunta nos projetos educativos de escola" (Nóvoa, 2009a, p. 207, tradução nossa). Por conseguinte,

> O objetivo é transformar a experiência coletiva em conhecimento profissional e ligar a formação de professores ao desenvolvimento de projetos educativos nas escolas. [...] Não há respostas preestabelecidas para o conjunto de dilemas que os professores são chamados a resolver numa escola marcada pela diferença cultural e pelo conflito de valores. Por isso é tão importante assumir uma ética profissional que se constrói no diálogo com os outros colegas. (Nóvoa, 2009a, p. 214, tradução nossa)

O trabalho colaborativo, a partilha de conhecimento, o diálogo entre os pares, o respeito mútuo e a ética constituem uma cultura profissional (Nóvoa, 2009a, 2013). A formação de professores que ocorre em um ambiente colaborativo aproxima os docentes e possibilita um clima descontraído, afetivo, cooperativo e de respeito mútuo, valorizando o conhecimento e o estudo em grupo, o diálogo, a troca de experiências e de ideias e contribuindo com o desenvolvimento da aprendizagem docente. "A troca de experiências e a partilha de saberes consolidam espaços de formação mútua, nos quais cada professor é chamado a desempenhar, simultaneamente, o papel de formador e de formando" (Nóvoa, 1992a, p. 26).

Nóvoa (2002, p. 59) sustenta que

> Práticas de formação contínua organizadas em torno dos professores individuais podem ser úteis para a aquisição de conhecimentos e de técnicas, mas favorecem o isolamento e reforçam uma imagem dos professores como transmissores de um saber produzido no exterior da profissão. Práticas de formação contínua que tomem como referência

as dimensões coletivas contribuem para a emancipação profissional e para a consolidação de uma profissão que é autônoma na produção de seus saberes e dos seus valores.

A profissão docente será inconsequente se a tradição individualista perdurar. Uma das necessidades que surgiram no início do século XXI foi a do professor coletivo, ou professor como coletivo. Na definição de Nóvoa (2013, p. 206), é "a ideia da docência como colectivo [...]", pois muitos são os dilemas enfrentados pelos professores no cotidiano e, se forem enfrentados em conjunto, a possibilidade de surgirem soluções passa a ser maior. Entretanto, "a colegialidade, a partilha e as culturas colaborativas não se impõem por via administrativa ou por decisão superior. A formação de professores é essencial para consolidar parcerias no interior e no exterior do mundo profissional" (Nóvoa, 2009b, p. 41).

Para auxiliar nessa organização coletiva docente, o autor orienta que sejam constituídas comunidades de prática, sendo estas conceituadas como "um espaço conceptual construído por grupos de educadores comprometidos com a pesquisa e a inovação, no qual se discutem ideias sobre o ensino e aprendizagem e se elaboram perspectivas comuns sobre os desafios da formação pessoal, profissional e cívica dos alunos" (Nóvoa, 2009b, p. 41-42).

A constituição de comunidades de prática reforça "um sentimento de pertença e de identidade profissional que é essencial para que os professores se apropriem dos processos de mudança e os transformem em práticas concretas de intervenção. É esta reflexão colectiva que dá sentido ao desenvolvimento profissional dos professores" (Nóvoa, 2009b, p. 42).

O quinto e último P destaca o **público**, no que se refere ao diálogo com a sociedade, na qual a formação docente precisa estar marcada "por um princípio de responsabilidade social, favorecendo a comunicação pública e a participação profissional no espaço público da educação" (Nóvoa, 2009a, p. 215, tradução nossa). Isso porque, para o autor, "as escolas comunicam mal com o exterior. [...] É necessário aprender a comunicar com o público, a ter uma voz pública, a conquistar a sociedade para o trabalho educativo, comunicar para fora da escola" (Nóvoa, 2009a, p. 215, tradução nossa). Em outra obra, o autor reforça que

> as escolas comunicam mal com o exterior. Os professores explicam mal o seu trabalho, conduzindo a enormes equívocos. As escolas resistem à avaliação e à prestação de contas sobre o seu trabalho. E, sobretudo, há uma ausência da voz dos professores nos debates públicos. É necessário comunicar para fora da escola. (Nóvoa, 2009b, p. 67)

Nóvoa (2009b, p. 29, grifo do original) também nos orienta acerca das disposições necessárias ao trabalho docente na contemporaneidade, fazendo uma crítica à tendência de se falar em competências, tão presente no contexto brasileiro:

> Durante muito tempo, procuraram-se os **atributos** ou as **características** que definiam o "bom professor". Esta abordagem conduziu, já na segunda metade do século XX, à consolidação de uma trilogia que teve grande sucesso: saber (**conhecimentos**), saber-fazer (**capacidades**), saber-ser (**atitudes**).
>
> Nos anos 90 foi-se impondo um outro conceito, **competências**, que assumiu um papel importante na reflexão teórica e, sobretudo, nas reformas educativas. Todavia, apesar de inúmeras reelaborações, nunca conseguiu libertar-se das suas origens comportamentalistas e de leituras de raiz técnico e instrumental.

Não espanta, por isso, que se tenha adaptado tão bem às políticas da "qualificação dos recursos humanos", da "empregabilidade" e da "formação ao longo da vida", adquirindo uma grande visibilidade nos textos das organizações internacionais, em particular da União Européia.

Ao sugerir um novo conceito, disposição, pretendo romper com um debate sobre as competências que me parece saturado. Adopto um conceito mais "líquido" e menos "sólido", que pretende olhar preferencialmente para a ligação entre as dimensões pessoais e profissionais na produção identitária dos professores.

Nesse sentido, Nóvoa (2009b) apresenta cinco disposições ao bom professor: (1) conhecimento, (2) cultura profissional, (3) tato pedagógico, (4) trabalho em equipe e (5) compromisso social; juntas, elas colaboram para a construção de uma identidade profissional. O autor assim as conceitua:

> 1. **O conhecimento.** [...] O trabalho do professor consiste na construção de práticas docentes que conduzam os alunos à aprendizagem. [...]
>
> 2. **A cultura profissional.** Ser professor é compreender os sentidos da instituição escolar, integrar-se numa profissão, aprender com os colegas mais experientes. [...]
>
> 3. **O tacto pedagógico.** [...] capacidade de relação e de comunicação [...], conquistando os alunos para o trabalho escolar. [...]
>
> 4. **O trabalho em equipe.** [...] intervenção conjunta nos projetos educativos de escola. O exercício profissional organiza-se, cada vez mais, em torno de "comunidades de prática". [...]

5. O compromisso social. Podemos chamar-lhe diferentes nomes, mas todos convergem. Educar é conseguir que a criança ultrapasse as fronteiras [...]. Hoje, a realidade da escola obriga-nos a ir além da escola [...]. (Nóvoa, 2009b, p. 30-31, grifo do original)

Essas disposições podem servir de inspiração na elaboração de propostas para a formação docente e, bem contextualizadas, podem impulsionar a reelaboração dos programas e das práticas de formação. Contudo, Nóvoa (2007, p. 12) ressalta que "É preciso dar passos concretos, apoiar iniciativas, construir redes, partilhar experiências, avaliar o que se fez e o que ficou por fazer. É preciso começar".

Nessa direção, no artigo "Firmar a posição como professor, afirmar a profissão docente", um de seus textos mais recentes que circulam no Brasil, Nóvoa amplia essa discussão acerca das disposições do professor por meio dos significados do termo **posição**, destacando que sua proposta "constrói-se em torno do conceito de *posição*, que contém grandes potencialidades para compreender o processo como cada um se torna profissional e como a própria profissão se organiza interna e externamente" (Nóvoa, 2017, p. 1119, grifo do original).

Com base nesse conceito, o autor apresenta cinco entradas para pensar a formação profissional dos professores:

- a posição é uma **postura**, a construção de uma atitude pessoal enquanto profissional;
- a posição é uma **condição**, o desenvolvimento de um lugar no interior da profissão docente;
- a posição é um **estilo**, a criação de uma maneira própria de agir e organizar o trabalho como professor;

- a posição é um **arranjo**, melhor dizendo, um rearranjo, a capacidade de encontrar permanentemente novas formas de actuar;
- a posição é uma **opinião**, uma forma de intervenção e de afirmação pública da profissão. (Nóvoa, 2017, 1119-1120, grifo do original)

Para deixar a proposta mais clara, essas entradas, derivadas do termo *posição*, foram desdobradas em: disposição pessoal; interposição profissional; composição pedagógica; recomposição investigativa; e exposição pública (Nóvoa, 2017).

Enfim, para o autor,

> As experiências mais interessantes de formação estão organizadas em torno de professores fortemente comprometidos com a profissão. São professores que querem evoluir e que se juntam com os colegas para reflectirem sobre o seu trabalho. As sessões de formação são coordenadas por profissionais competentes e prestigiados, que merecem o respeito de todos. Não é fácil criar um clima propício à partilha dos nossos problemas e admitir que necessitamos de ajuda. Mas um bom programa de formação não é constituído por uma colecção de cursos ou de conferências. A bagagem essencial de um professor adquire-se na escola, através da experiência e da reflexão sobre a experiência. O que dá sentido à formação é o diálogo entre os professores, a análise rigorosa das práticas e a procura **colectiva** das melhores formas de agir. (Nóvoa, 2007, p. 12, grifo do original)

Em síntese, Nóvoa discute a necessidade de uma formação de professores construída dentro da profissão, que combine atributos teóricos, pedagógicos e técnicos, promovendo a autorreflexão no processo de formação e inovando a educação, além de apontar a necessidade de se articularem as propostas de formação docente com os projetos das escolas.

Nesse sentido, três dimensões de formação são abordadas pelo autor: (1) o desenvolvimento pessoal; (2) o desenvolvimento profissional; e (3) o desenvolvimento organizacional. Em qualquer proposta de formação, somente o domínio do conhecimento científico não é o suficiente para a formação inicial docente, sendo necessário considerar cinco facetas que remetem à disposição para o trabalho docente, correspondendo aos cinco Ps que apontam para:

uma formação construída dentro da profissão (prática), colocando o professor experiente da escola básica como coformador do futuro professor (profissão), trabalhando a formação inicial na perspectiva da autorreflexão e da autoanálise (pessoa), valorizando e promovendo o trabalho em equipe e a formação mútua (partilha) e fomentando o diálogo com a sociedade (público).

É nesse sentido que o autor destaca a importância das investigações de cunho (auto)biográfico, tendo como alvo o professor por meio de sua vida, sua carreira, sua trajetória de formação, criando-se, assim, uma cultura de formação.

UMA CASA COMUM PARA A FORMAÇÃO DE PROFESSORES

Nóvoa (2013) propõe a criação de uma casa para a formação e o desenvolvimento da profissão docente, ou seja, um lugar institucional comum. É fundamental que essa casa tenha um vínculo interno e externo à universidade, que seja um espaço híbrido, um lugar ampliado que agregue professores, escolas, universidades, políticas públicas, instituições, entre outras organizações educacionais.

O autor defende a criação de uma nova realidade organizacional, na qual professores da educação básica e da educação superior estejam integrados e trabalhem coletivamente em prol da aprendizagem docente. Essa casa comum teve como inspiração centros acadêmicos de medicina que reúnem, numa mesma instituição, prestação de serviços em saúde, formação e pesquisa, como explica Nóvoa (2012, p. 11):

> quero sublinhar a necessidade de os professores terem um lugar predominante na formação dos seus colegas. O exemplo dos médicos e dos hospitais escolares e o modo como a sua preparação está concebida nas fases de formação inicial, de indução e de formação em serviço talvez nos possa servir de inspiração.

No campo da educação, esse tipo de instituição precisa ser criado:

> Estamos perante um novo desafio, com enormes consequências: a fusão dos espaços académicos e institucionais das escolas e da formação de professores. Defendo a criação de uma nova realidade organizacional no interior da qual estejam integrados os professores, os formadores de professores (universitários) e os pesquisadores. (Nóvoa, 2012, p. 12)

Para além da formação desenvolvida na universidade e da formação desenvolvida na escola, Nóvoa (2009a, p. 209, tradução nossa) defende a criação de um terceiro lugar: "o que caracteriza a profissão docente é um lugar outro, um terceiro lugar, no qual as práticas são investidas do ponto de vista teórico e metodológico, dando origem à construção de um conhecimento profissional docente". Esse lugar deve integrar, efetivamente, universidade e educação básica e trazer a profissão para dentro das instituições formativas.

Ele propõe essa integração nesse lugar comum pois

> Nos últimos anos, tem vindo a crescer um sentimento de insatisfação, que resulta da existência de uma distância profunda entre as nossas ambições teóricas e a realidade concreta das escolas e dos professores. Como se houvesse um fosso intransponível entre a universidade e as escolas. Como se nossa elaboração acadêmica pouco tivesse contribuído para transformar a condição socioprofissional dos professores. (Nóvoa, 2017, p. 1108)

Trata-se, portanto, de construir um novo lugar para a formação de professores, numa zona de fronteira entre a educação superior e a educação básica, no intuito de preencher essa lacuna que nos impede de criar modelos inovadores de formação de professores. Como esclarece Nóvoa (2017, p. 1115), "Nesse lugar, deve assumir-se um 'imperativo de profissionalização' [...]. Dito de outro modo: é nesse lugar que se produz a profissão professor, não só no plano da formação, mas também no plano da sua afirmação e reconhecimento público".

Além da necessidade de existência desse novo lugar, Nóvoa (2017) orienta também acerca do que essencialmente deve ser feito nesse espaço. Para o autor, é importante que esse lugar apresente algumas características, a saber: seja uma casa comum da formação e da profissão docente; seja um lugar de entrelaçamentos; seja um lugar de encontro; e seja um lugar de ação pública.

FINALIZANDO

No Brasil, vivemos um momento de muitos discursos sobre a formação de professores. Muitas vezes, os discursos que circulam são coerentes com os princípios que norteiam as propostas de formação de qualidade, bem como manifestam certa consciência do que é possível e necessário fazer. Entretanto, muito pouco do que é enunciado é colocado em prática. Por essa razão, é urgente uma mobilização coletiva no país para que, efetivamente, consigamos impulsionar ações construtivas em prol da formação de professores que almejamos e defendemos.

Nóvoa tem contribuído com uma nova maneira de pensar e agir no campo da formação docente, valorizando seu percurso profissional. O autor discute a necessidade de uma formação docente que aconteça de modo coletivo e mútuo na profissão, em cujo processo o professor assuma duplo papel: o de formador e o de formando, com base em casos concretos advindos da articulação com os projetos das escolas. Esse processo de formação constrói uma ética coletiva baseada no diálogo com seus pares, favorecendo a troca de experiências e a teorização da prática, constituindo uma emancipação profissional que, por muito tempo, foi marginalizada em decorrência da ocupação de lugares de destaque nos espaços de formação por especialistas das ciências da educação.

Essa relação entre teoria e prática durante a formação promove um movimento de ação-reflexão-ação que viabiliza a formação focada na autorreflexão e na autoformação, uma vez que não podemos separar a pessoa do profissional que é o professor. Esse movimento se mostra importante para o sentimento de pertença à profissão, que fomenta a tão almejada mudança no cenário educacional.

No entanto, para que as escolas se tornem espaços de formação mútua possíveis, Nóvoa salienta o dever do professor de centrar suas forças na aprendizagem. Ao longo dos anos, o ambiente escolar absorveu diversas demandas sociais que não cabem a ele resolver. Por essa razão, houve um transbordamento da escola, principalmente da escola pública, que passou a desenvolver atividades assistencialistas, deixando para a elite a escola centrada na aprendizagem. Nesse contexto, o autor defende que temos de avançar do direito à educação para o direito à aprendizagem, pois só assim incluiremos os estudantes na sociedade do conhecimento.

Nóvoa assinala também a urgente renovação do espaço escolar, que foi caracterizado, ao longo do século XX, pela homogeneização, marcada pela ideia de uma escola para todos. O autor destaca a obrigação de superarmos essa ideia para nos abrirmos à diferença, a fim de garantir um espaço escolar e uma aprendizagem mais significativos para os sujeitos. Portanto, precisamos refletir criticamente sobre a escola que temos para criarmos a escola que queremos.

Assim, o autor consegue contextualizar questões de natureza conceitual e metodológica, contando com a mediação relacional e cognitiva dos professores. De forma abrangente, traz reflexões para a situação da profissão docente, partindo do ponto de vista de que a escola é uma organização heterogênea, defendendo a notável necessidade de investimento nas vidas dos docentes. Os processos de formação necessitam dar sentido à história de suas vidas, pontuando que é primordial investir na pessoa e no saber da experiência do professor. Desse modo, esperamos ampliar o debate da comunidade que discute/investiga/propõe a formação de professores.

REFERÊNCIAS

BARDIN, L. **Análise de conteúdo**. São Paulo: Edições 70, 2011.

BRASIL. Lei n. 9.394, de 20 de dezembro de 1996. **Diário Oficial da União**, Poder Legislativo, Brasília, DF, 23 dez. 1996. Disponível em: <http://www.planalto.gov.br/ccivil_03/leis/l9394.htm>. Acesso em: 19 abr. 2021.

BRASIL. Lei n. 13.005, de 25 de junho de 2014. **Diário Oficial da União**, Poder Legislativo, Brasília, DF, 26 jun. 2014. Disponível em: <http://www.planalto.gov.br/ccivil_03/_ato2011-2014/2014/lei/l13005.htm>. Acesso em: 13 maio 2021.

GATTI, B.; ANDRÉ, M. E. D. A. A relevância dos métodos de pesquisa qualitativa em educação no Brasil. In: WELLER, W.; PFAFF, N. (Org.). **Metodologias da pesquisa qualitativa em educação**: teoria e prática. Petrópolis: Vozes, 2010. p. 29-38.

MEIRIEU, P.; GUIRAUD, M. **L'école ou la guerre civile**. Paris: Plon, 1997.

NÓVOA, A. Firmar a posição como professor, afirmar a profissão docente. **Cadernos de Pesquisa**, v. 47, n. 166, p. 1106-1133, out./dez. 2017. Disponível em: <https://goo.gl/DLPiKg>. Acesso em: 13 maio 2021.

NÓVOA, A. **Formação de professores e ação pedagógica**. Lisboa: Educar, 2002.

NÓVOA, A. Nada substitui um bom professor: propostas para uma revolução no campo da formação de professores. In: GATTI, B. et al. **Por uma política nacional de formação de professores**. São Paulo: Ed. da Unesp, 2013. p. 199-210.

NÓVOA, A. **O regresso dos professores**. Lisboa: Universidade de Lisboa, 2007.

NÓVOA, A. (Coord.). **Os professores e a sua formação**. Lisboa: Dom Quixote, 1992a.

NÓVOA, A. Os professores e as histórias da sua vida. In: NÓVOA, A. (Org.). **Vidas de professores**. Porto: Porto, 1992b. p. 11-30.

NÓVOA, A. Os professores na virada do milênio: do excesso dos discursos à pobreza das práticas. **Educação e Pesquisa**, São Paulo, v. 25, n. 1, p. 11-20, 1999.

NÓVOA, A. Para una formación de profesores construida dentro de la profesión. **Revista de Educación**, n. 350, p. 203-218, 2009a. Disponível em: <http://www.revistaeducacion.educacion.es/re350/re350_09.pdf>. Acesso em: 13 maio 2021.

NÓVOA, A. Pensar alunos, professores, escolas, políticas. **Revista Educação, Cultura e Sociedade**, v. 2, n. 2, p. 7-17, jul./dez. 2012. Disponível em: <https://goo.gl/egh61u>. Acesso em: 13 maio 2021.

NÓVOA, A. **Professores**: imagens do futuro presente. Lisboa: Educa, 2009b.

NÓVOA, A. (Org.). **Profissão professor**. 2. ed. Porto: Porto, 1995.

NÓVOA, A.; POPKEWITZ, T. S. (Org.). **Reformas educativas e formação de professores**. Lisboa: Educa, 1992.

PERONI, V. M. V. (Org.). **Diálogos sobre as redefinições no papel do Estado e nas fronteiras entre público e privado na educação**. São Leopoldo: Oikos, 2015.

RAMALHO, B. L.; NUÑEZ, I. B.; GAUTHIER, C. **Formar o professor, profissionalizar o ensino**: perspectivas e desafios. Porto Alegre: Sulina, 2003.

SANTOS, L. L. Entrevista com o Professor António Nóvoa. **Educação em Perspectiva**, Viçosa, v. 4, n. 1, p. 224-237, jan./jun. 2013.

Marta Chaves

CAPÍTULO 8

Krupskaya: uma pedagoga revolucionária

INTRODUÇÃO

A apresentação deste texto sobre a intelectual e revolucionária Nadežda Krupskaya se dá em 2018, cinquenta anos após o início do período que ficou conhecido no Brasil como os *anos de chumbo*, que datam de 1968. Assim como em outros países, esse ano não se limitou aos festivais de música em meio às chamadas *descobertas da juventude*.

A década de 1960, para além dos festivais de *rock and roll*, particularmente no Brasil, expressou um importante contexto de lutas e embates ideológicos (Silva, 2006; Rezende, 2001; Alves, 1993; Chaves, 2008). Descrito por Ventura (2008) como o ano que não terminou, 1968 nos apresenta a força da juventude que se faz em uma luta do *Metal contra as nuvens*, para relembrar a letra da música do poeta Renato Russo (1991). Devemos registrar que parte significativa da brutalidade dos anos de chumbo se mostrou mais contundente em função da aproximação, do conhecimento prévio ou da identificação e defesa da sociedade comunista que vinha da então chamada União das Repúblicas Socialistas Soviéticas (URSS).

Com a passagem dessas cinco décadas, vale refletir sobre alguns aspectos da educação defendida por Krupskaya, a jovem sensível e combatente que, antes de seus 15 anos, ocupava-se com o magistério. Ao longo de décadas de atuação como professora, preocupou-se com crianças e ministrou aulas para operários nas frias noites da Rússia. Em todas as suas ações, estudos, discursos e na ferrenha militância, estava presente a defesa do desenvolvimento cultural e da formação revolucionária no processo educativo.

A política ditatorial instituída no Brasil nos anos 1930 e reafirmada em 1964 preconizava que toda forma de censura deveria ser efetivada; não foi diferente com os textos de Krupskaya. Se não fosse isso, que outro motivo haveria para o fato de que os livros de história da educação* pouco ou nada discutem sobre pedagogos e estudiosos como Anatoli Vasilevitch Lunacharski (1875-1933), Anton Semionovich Makarenko (1888-1939), Moisey Mikhaylovich Pistrak (1888-1937) e Nadežda Konstantinovna Krupskaya (1869-1939)?

A temida URSS, com seu poderio bélico, trouxe temor em relação às questões educacionais. De forma direta ou indireta, há alguma relação com a censura brasileira. Lembremos como alguns militares e profissionais foram treinados por agentes estadunidenses.

Sabemos que a brutalidade da censura imposta à América Latina com suas "veias abertas", como apontou Galeano (1978), não conteve suficientemente a leveza (e a firmeza) das melodias de Tchaikovsky (1840-1893). Ainda que de maneira limitada, foi possível apreciar as cenas do filme *Doutor Jivago* (de 2002, com estreia no Brasil em 2005). Podemos assinalar ainda como tendemos a apreciar o *ballet* ou os ginastas russos.

Lamentavelmente, no que tange à educação e, em particular, à educação das crianças com menos de 7 anos de idade, apesar das relevantes elaborações de Krupskaya, estas ou não se encontram ou não são contempladas de modo suficiente nos textos que versam sobre a história da educação.

---

* Registramos relevantes títulos afetos à educação nacional: Capriles (1989); Saviani, D. (2013); Xavier, Ribeiro e Noronha (1994); Saviani, Lombardi e Sanfelice (2006); Kuhlmann Júnior (1998); Gatti Júnior e Inácio Filho (2005); Vasconcellos (2011); Freitas e Biccas (2009); Manacorda (1992, 2010); Elias (1997); Lombardi e Nascimento (2004); Romanelli (2007); F ilonov (2010) e Saviani, N. (2012).

Presenciamos, na atualidade, um acentuado debate sobre a importância da educação formal. Discursos, proposições e documentos com o peso da letra da lei ou documentos orientadores reafirmam a relevância da educação escolar. Nossos questionamentos, mais uma vez, são expostos: Os argumentos sobre a importância da educação são comuns e frequentes, mas como os encaminhamentos das ações de ordem política e as orientações teórico-metodológicas se apresentam nos escritos educacionais? É importante que os estudos afetos à história da educação abranjam distintas perspectivas e proposições? O princípio e o conteúdo político são explicitados e, portanto, compreendidos? Essas indagações, a nosso ver, são decisivas para o maior ou rasteiro avanço na educação do país.

Nas últimas décadas do século XX, sobretudo impulsionados pela Constituição de 1988, seguiram-se debates, legislação, estudos e certo avanço educacional. Perspectivas teórico-metodológicas se firmaram, como, mais precisamente, a teoria histórico-cultural, referencial originado nas Repúblicas Soviéticas, após a Revolução de 1917. Houve um número crescente de estudos e pesquisas acadêmicas considerando, com maior ou menor densidade, essa perspectiva teórica. Vigotski, um de seus elaboradores, tem citação recorrente em documentos orientadores do Ministério da Educação.

Basta citar alguns dos textos do Programa Nacional de Alfabetização na Idade Certa – PNAIC (Brasil, 2015), documento específico para a educação infantil com referências a Vigotski, cuja menção, ainda que de forma abreviada, segue o exemplo do que ocorreu em 1998 no Referencial Curricular Nacional para a Educação Infantil (Brasil, 1998).

Devemos registrar que, em documentos orientadores das unidades da Federação, há menção a essa perspectiva teórica, como é o caso do Estado do Paraná (Paraná, 2015a, 2015b), para ficarmos restritos a um período mais recente. Com relação ao documento paranaense, assinalamos o esmero na composição dos dois volumes e, dos 17 textos que os compõem, a maioria absoluta assume a vinculação à teoria histórico-cultural.

Observamos ainda que os intelectuais russos têm sido apresentados aparentemente pela psicologia. Esse fato pode sugerir um equívoco se exclusivamente assim for compreendido, visto que a teoria ou psicologia histórico-cultural é essencialmente uma elaboração e proposição vinculada à educação.

Manacorda (1992, 2010) afirma que a história pedagógica do século XX está para ser escrita. Diante dessa assertiva, esperamos que Krupskaya possa constar nos estudos dos principais pedagogos dos últimos tempos. Vale enunciar que, no que se refere aos escritos da pedagogia ou aos propositivos de Krupskaya, a elaboração dessa importante educadora é praticamente anulada.

Com exceção desse renomado historiador italiano, Mario Alighiero Manacorda, são raras as referências aos intelectuais russos, incluindo Makarenko e Lunacharski.

O princípio e o conteúdo político da educação soviética são compreendidos quando atribuímos atenção ao contexto soviético e às defesas de sociedade que se firmavam com a Revolução Russa de 1917. A teoria histórico-cultural não pode ser compreendida pela ausência do princípio político expresso nas proposições de Lunacharski, Makarenko e Krupskaya, o que significa afirmar que são inválidos os estudos dos clássicos da teoria histórico--cultural se forem desconsiderados seus fundamentos marxistas, o princípio político e o conteúdo revolucionário, que nada mais são do que a defesa da sociedade comunista. Desconsiderar ou não tornar explícito esse conjunto de elementos anula ou secundariza a essência dos escritos dos estudiosos da educação ou da psicologia. Esses aspectos são fundamentais para aqueles que se ocupam de pesquisas na área educacional.

A teoria histórico-cultural constitui uma perspectiva, ou melhor, uma resposta teórico-metodológica aos desafios da educação. A defesa da nova ordem, cujo elemento basilar era o desenvolvimento cultural, com proposições explícitas de vinculação comunista, mostra-se como princípio crucial e conteúdo político dessa perspectiva. Assim, não se tratava de formar o novo homem, mas de formar o *novo* homem comunista.

Nesse sentido, os estudos sobre a educação do final do século XIX, do século XX e da atualidade, ao considerarem os desafios, as conquistas e as elaborações dos intelectuais russos, poderiam fazer valer não apenas a compreensão da história, mas também favoreceriam a iniciativa de pensar, ou quem sabe superar, os desafios educacionais atuais.

PROPOSIÇÕES EDUCACIONAIS

Nos estudos referentes à história da educação, é comum serem contemplados os pioneiros da educação e da educação infantil, apresentados de forma suficiente e abundante: Jean-Jacques Rousseau (1712-1778), Johann Heinrich Pestalozzi (1746-1827) e Friedrich Froebel (1782-1852). Rousseau defende o naturalismo, a criança e seu desenvolvimento biológico. Tratava-se de evidenciar que a criança, ao nascer, é pura e inocente. Pestalozzi traz modificações nos métodos de ensino, principalmente na chamada *escola elementar*. Froebel, que propôs a criação do *Kindergarten* (jardim de infância), com predominância de atividades práticas autogeradas pelos interesses e desejos da criança, é considerado como aquele que fez avançar as ideias de Pestalozzi.

Nesse cenário predominantemente europeu, no início do século XX, Maria Montessori (1870-1952) é apresentada com seus trabalhos voltados ao aspecto biológico e ao desenvolvimento infantil, preocupando-se com a criação de materiais adequados à exploração sensorial pelas crianças e específicos a cada objetivo educacional. Nesse conjunto, Célestin Freinet (1896-1966) é conhecido por suas técnicas inovadoras e sua defesa de trabalhos educativos com base na cooperação.

Assim, os séculos XIX e XX acentuam perspectivas teóricas para a educação, particularmente para as crianças com menos de 7 anos de idade, e há um predomínio da chamada *filosofia moderna de educação*, com novas concepções sobre a criança, o currículo e a função do educador. Livros e textos abordam, preponderantemente, a Europa; países como Alemanha, França e Itália são postos com maior evidência. Lembramos que os escritos não atribuem a mesma atenção aos educadores russos.

A Rússia, também localizada em continente europeu, no início do século XX, constituiu uma organização escolar sem precedentes. Estudar as experiências de educação socialista, em nosso entendimento, é imprescindível, pois elas fornecem elementos para tratarmos dos desafios inerentes ao ensino formal contemporâneo. Nesse sentido, justificamos a necessidade de conhecer práticas educativas que se opõem à forma burguesa de educação, o que significa enunciar: uma educação revolucionária, motivo mais que suficiente para que os estudos contemplem essa perspectiva.

No cenário soviético de 1917, são evidenciadas medidas que romperam com a antiga forma, se não em sua plenitude, mas pondo em xeque as regras do regime czarista anterior. Destacamos a separação entre a escola e a Igreja e a organização da escola unificada. Somada a essas medidas, era essencial, tanto em pronunciamentos quanto nas propostas, a nova educação. Essa matriz foi veementemente defendida por Krupskaya, que à época presidia o Conselho do Comissariado para a Educação.

Krupskaya (1979), de atuação combatente, evocava a atenção para os grupos comunistas infantis, chamados de *Movimento dos Jovens Pioneiros*, cujo conteúdo educacional deveria ser decisivo na luta contra o antigo regime e a negação dos princípios burgueses. Afirmava que, se perguntasse aos jovens pioneiros qual era o conteúdo de seu trabalho, estes afirmariam que era lutar pela causa operária e construir o socialismo.

Bertonha (2009, p. 40), um dos mais conceituados intelectuais e estudiosos da história contemporânea, assim descreve a Rússia do final do século XIX e início do século XX:

> a Rússia estava longe de ser uma potência realmente dominante e, mesmo que as pessoas que viviam naquele momento não pudessem saber, estava em lenta decadência. Seu território era amplo, mas grandemente desabitado e sem boas vias de comunicação, o que, muitas vezes, era mais um problema do que uma vantagem. Sua população era numerosa, mas menos instruída e mais pobre do que no resto da Europa e, muitas vezes, hostil ao domínio do Império, o que obrigava os militares russos a desviarem parte substancial dos seus soldados para missões de polícia interna.

E continua:

> Basta recordar, a propósito, que se a produção de ferro duplicou na Rússia nas primeiras décadas do século XIX, ela aumentou trinta vezes na Grã-Bretanha, o que indica como os russos ainda viviam num país arcaico, com a produção agrícola limitada pela servidão dos camponeses, uma indústria pequena, um sistema financeiro e de administração pública atrasados, com relação à Europa ocidental, e pouco eficientes e um regime político autocrático. (Bertonha, 2009, p. 40)

O autor segue discorrendo sobre a fragilidade da Rússia, que, após a Revolução de 1917, se configuraria como uma potência mundial:

> Em termos militares, o mesmo podia ser dito. Havia enormes problemas de abastecimento, a maioria dos oficiais era incompetente e a capacidade russa em desenvolver armas tecnologicamente avançadas era pequena. Os russos, além disso, eram uma potência terrestre, com presença nula nos grandes oceanos e com uma marinha de guerra pequena (cerca de 1/5 da britânica em 1815) e isolada nos mares gelados e Negro. Além disso, as mudanças no panorama tecnológico mundial iam na direção contrária às condições russas. (Bertonha, 2009, p. 40)

Bertonha (2009) e Kennedy (1989) afirmam que a Rússia, na primeira década do século XX, era o segundo maior produtor de petróleo do mundo e a quarta potência industrial, considerando-se o aço e o carvão. A Rússia, em 1917, ainda que com essa condição de riqueza, contava com uma população que padecia com o frio e a quase total ausência de alimentos, o que configurava o fracasso sociopolítico do império czarista.

O sofrimento do povo e dos soldados russos, por vezes, é narrado com algum nível de fidedignidade em poemas e imagens cinematográficas. Lembramos que somente com uma insensibilidade acentuada não há emoção com a descrição do contexto russo presente no filme *Leningrado* (2011).

Por mais que resistam os que estremecem com o socialismo e o comunismo, por mais que alguns pretensos estudiosos da história neguem o que alcançaram os revolucionários russos, sabemos que nem as baixas temperaturas, nem a fome quase absoluta impediram os soldados, trabalhadores e militantes revolucionários de tornar a República Socialista Soviética uma potência na indústria, na ciência e na cultura.

A tarefa dos revolucionários, em um contexto de intensa miséria e adversidade, pode ser dimensionada nesta descrição:

> Perto de três quartos da população da Rússia eram analfabetos antes da revolução; em certas regiões o número de iletrados era ainda mais elevado. Assim, na Turquemênia, apenas sete pessoas em mil sabiam ler e escrever; seis na Kirguizia, apenas cinco no Tadjiquistão. Além disso, 48 nacionalidades da Rússia da época não tinham alfabeto. A Bielorrússia, o Uzbequistão, o Kazaquistão, o Azerbeidjão, a Lituânia, a Moldávia e a Arménia não tinham um único estabelecimento de ensino superior; na Kirguizia, no Tadjiquistão e na Turquemênia não havia mesmo estabelecimentos de ensino secundário especializado. (U.R.S.S., 1976, p. 67-68)

A Ucrânia se firmou como um centro de indústria hulheira, de metalurgia, de construções mecânicas. Antes da revolução, contava com 27 escolas superiores e algumas instituições científicas. No início de 1970, nessa mesma região, havia, aproximadamente, 900 estabelecimentos de ensino superior e de secundário especializado. Registros atestam que o número de estudantes foi multiplicado por 31 em relação aos anos anteriores à revolução dos bolcheviques; em 1914, existiam na Rússia 6 institutos de medicina e, em 1922, 26 institutos da área médica (U.R.S.S., 1976). Com relação à organização do sistema de instituições educacionais, cumpre observar:

> O sistema de instituição pública na U.R.S.S. compreende as instituições pré-escolares, as escolas de ensino básico de diferentes tipos, os estabelecimentos de ensino profissional (as escolas aprendizagem e técnicas), os colégios técnicos (tecnicums) e os estabelecimentos de ensino superior (universidades e institutos). As diferentes instituições extraescolares para crianças e adolescentes, os estabelecimentos culturais para jovens e adultos fazem igualmente parte do sistema de instrução pública. (U.R.S.S., 1976, p. 96)

No tocante à educação pré-escolar, nominada também como *educação infantil*, nas décadas que sucederam o ano da revolução, o Estado Socialista a organizou e desenvolveu de forma sem igual. Foteeva (1986) afirma que, da década de 1980, havia mais de 130 mil instituições pré-escolares, com mais de 15 milhões de crianças, em idades compreendidas entre 2 meses e 7 anos. Esse aspecto pode servir de argumento a ser contemplado em estudos educacionais, considerando-se não apenas os pedagogos revolucionários, mas também as estratégias e o nível de organização do ensino nas décadas que sucederam a Revolução de 1917. Isso significa que, de fato, o poderio industrial, bélico e científico que alcançou a antes miserável e agora potente URSS se fez exatamente como defendido por Lenin (1977, 1978) e Krupskaya (1979): por meio da organização educacional e cultural. Basta lembrar, como revela Foteeva (1986), que 72% de todos os habitantes da Rússia entre 9 e 49 anos no início do século XX não sabiam ler e escrever.

Ressaltamos que, em seus discursos, Krupskaya (1979) insistia na dificuldade de se construir o socialismo e amparava suas reflexões no próprio Lenin (1977), seu esposo e camarada de toda a vida. Na concepção do líder revolucionário, as relações no socialismo são mais complexas do que no capitalismo.

KRUPSKAYA E A EDUCAÇÃO REVOLUCIONÁRIA: O DIÁLOGO E A SUPERAÇÃO DAS PROPOSIÇÕES DE SUA ÉPOCA

Em período imediatamente posterior à Revolução de Outubro, entre 1917 e 1929, Anatoli Vasilevitch Lunacharski* (1873-1933) foi o responsável pela edificação da base da educação na URSS. Assumiu, em 1917, a condição de maior destaque junto ao governo revolucionário, qual seja, a de Comissário do Povo para Instrução Pública, evidenciando seu principal argumento de que "o conhecimento servirá para ele [o trabalhador] como sua maior arma na luta por uma vida melhor e pelo seu crescimento espiritual" (Lunacharsky, 2017, p. 269). Essa máxima se firmou com o incondicional apoio de Krupskaya. Esse argumento, que se constitui na essência, na principal matriz da defesa da Revolução de 1917, de um lado, fez estremecer os defensores do capitalismo e, de outro, representou o anúncio, pela primeira vez na história da humanidade, com a Revolução Bolchevique, da possibilidade de máximo desenvolvimento humano e social.

Krupskaya, conhecida como *a esposa de Lenin*, fundador do Partido Comunista e líder do processo revolucionário, deve ser reconhecida para além da fidelidade que teve a seu camarada de

---

* Foi decisiva a contribuição de Lunacharski para o desenvolvimento científico e cultural da URSS. Entre os textos que podem favorecer a compreensão das proposições desse intelectual, citamos Lunacharski (1975, 1988) e Lunacharsky (1965, 1974, 1975, 2021 [1967]).

toda a vida. Essa pedagoga pode ser considerada, com Makarenko* e Lunacharski, como a idealizadora e responsável pelos princípios políticos para a educação, a psicologia e a arte na URSS.

Krupskaya dedicou sua juventude e a própria vida à revolução e elaborou proposições educacionais tendo por base a defesa do conhecimento para o desenvolvimento humano. Manteve-se estudiosa e firmou-se como combatente e ferrenha crítica das decisões e encaminhamentos políticos que por vezes nada favoreciam a superação de uma das principais mazelas da nova ordem socialista, a fragilidade na organização e no planejamento.

Nesse sentido, Krupskaya foi capaz de identificar que, somada a essa "incapacidade", estava a burocracia que florescia de forma "exuberante" (Krupskaya, 2017, p. 55). Nesse contexto de premente necessidade de superar a burocracia e a ineficácia para atingir a organização que a ordem socialista exigia, depositava-se na educação a principal investida dos revolucionários.

Na acepção de Krupskaya, a responsabilidade escolar, mesmo com as urgências da sociedade da época, não deveria ser baseada prioritariamente no controle de ações políticas e da preparação profissional. Esse ideário custou particularmente a Krupskaya e Lunacharski incontáveis embates e polêmicas com as lideranças comunistas, sobretudo pela necessidade urgente de a URSS formar trabalhadores e especialistas. Vale lembrar que, nos primeiros anos após 1917, havia grande debate em defesa do ensino profissionalizante.

---

* Consideramos Makarenko, Krupskaya e Lunacharski a expressão máxima do princípio e do conteúdo político das proposições afetas à educação, à arte e à psicologia. Os escritos de Makarenko foram basilares para o desenvolvimento dos programas e do sistema educacional após a Revolução de 1917. Compondo a obra desse incansável revolucionário, podemos citar: Makarenko (1960, 1976, 1977, 1981, 1987, 2012).

De acordo com Krupskaya (2017, p. 88), toda e qualquer oportunidade de formação deveria ser revestida de meios para "educar o hábito de ação coletiva e de desenvolver hábitos organizacionais". A pedagoga russa tratava desses temas, em especial nesse caso, explicando como a vivência do jogo pode se associar ao ensino e ao planejamento de ações com vistas à eficácia.

A revolucionária tinha em mente o desenvolvimento de um espírito para a coletividade: a temática dos jogos, associada ao desenvolvimento intelectual e às condutas sociais necessárias – novos hábitos – que urgiam à época, estava presente nos estudos vinculados à educação e à psicologia, áreas importantes ao considerarmos o contexto soviético dos anos 1920 e 1930. É farta a produção teórica que versa sobre o desenvolvimento intelectual e outros temas prementes naquele tempo; estudiosos como Vigotski (1995, 1999, 2000, 2009, 2010a, 2010b), Elkonin (1988) e Liublinskaia (1973) ocuparam-se de estudos relativos a jogos, brinquedos e brincadeiras. Essa atenção à aprendizagem, ao desenvolvimento e às estratégias na e para a organização do ensino não era exclusiva de um só país, socialista ou capitalista; estavam preservados o espírito e o conteúdo político que viriam ou deveriam constar nas elaborações de outros intelectuais e psicólogos da URSS.

Nas palavras da intelectual revolucionária, "uma das fontes mais importantes de desenvolvimento destes hábitos é o jogo" (Krupskaya, 2017, p. 119). Assim, o jogo e as brincadeiras poderiam contribuir decisivamente para a formação de novos hábitos, bem como significar a formação de condutas sociais necessárias ao socialismo e ao comunismo. A auto-organização, que não deve ser associada ao conceito de autonomia utilizado atualmente, era vital para a edificação da ordem política instituída em 1917.

Nessa direção, jogos e brincadeiras, temas caros ao desenvolvimento das capacidades humanas e, ao mesmo tempo, elementos basilares para o desenvolvimento do espírito coletivo e da auto-organização, eram tratados por Krupskaya e contemplados por estudiosos da educação e da psicologia. Citamos a contribuição ímpar de Makarenko (1976, 1981), que, a exemplo de outros intelectuais revolucionários, orientava professores e familiares dos escolares.

Na defesa da formação humana e escolar na condução da ordem socialista da época, a intelectual, ao abordar a educação das crianças e dos jovens, afirma:

> Os jogos mais prazerosos, mais necessários para as crianças são aqueles em que as próprias crianças colocam os objetivos do jogo: construir uma casa, ir para Moscou, preparar o jantar, matar ursos etc. O processo do jogo consiste na concretização destes objetivos: as crianças fazem planos e escolhem meios para sua realização. (Krupskaya, 2017, p. 119)

Com relação às possibilidades de educação, Krupskaia ([19--]) enuncia que a burguesia educa seus filhos e os filhos dos trabalhadores de maneira distinta; assinala que os primeiros são educados para serem líderes e os filhos da classe trabalhadora para a submissão e a passividade, tornando-se fiéis servidores da burguesia. Lenin (1976, 1978, 1979), além de ser um combatente revolucionário, é reconhecido como um dos maiores intelectuais do século XX; esse autor e Krupskaia ([19--]) defendiam que o fundamental naqueles tempos era ocupar-se da educação das novas gerações.

Para Krupskaia ([19--], p. 89, tradução nossa), "a educação soviética está orientada a desenvolver as atitudes de todas as crianças, a elevar sua atividade, sua consciência e a fortalecer sua personalidade, sua individualidade".

Assim, ao tratar dos métodos de ensino burguês e soviético, a autora evidencia as distinções entre ambos no entendimento de que a personalidade da criança somente pode desenvolver--se plenamente em coletividade. Em seus discursos, propalava que "a coletividade não absorve a personalidade da criança, mas influencia na qualidade e no conteúdo da educação" (Krupskaia, [19--], p. 90, tradução nossa).

Em 1927, ao abordar os problemas pedagógicos, Krupskaia ([19--]) enfatizava a necessidade de os métodos educacionais serem outros. Se a escola burguesa educava seus filhos para a liderança e os filhos da classe trabalhadora para a subserviência, a escola comunista se organizava para o desenvolvimento cultural e do espírito coletivo (Krupskaia, [19--]).

Além disso, para a autora, somado ao espírito coletivo, outro elemento afeto à educação era a disciplina; a conduta organizada e regrada seria essencial no processo educativo, devendo constituir-se de tal forma que expressasse uma manifestação voluntária e consciente (Krupskaia, [19--]). Nesse quesito, Makarenko (1976), mais uma vez, fortalece as proposições educacionais da época.

As primeiras décadas do século XX são marcadas por esse cuidado em relação às instituições educativas. Bogoyavlensky e Menchinskaya ([19--]) reafirmam a atenção atribuída à psicologia e à educação ao escreverem que se intensificavam pesquisas atinentes a essas áreas após a Revolução de 1917. De acordo com seus estudos, tratava-se de um período histórico em que havia profundas discussões sobre os fundamentos psicológicos e os métodos educativos, firmando-se investigações acerca dos processos mentais da criança.

O conhecimento de Krupskaya sobre os fundamentos e propósitos educacionais de diferentes países a autorizava a orientar os profissionais da educação e os militantes revolucionários. Em seus discursos e textos, tratava da educação na Alemanha, na Inglaterra, na Suíça, na Itália e nos Estados Unidos da América e abordava Comenius, Pestalozzi, Owen, Montessori. Com seus estudos criteriosos, posicionou-se em relação a uma das proposições de maior evidência no século XX: a Escola Nova.

Ao fazer uma análise precisa da Escola Nova, citando, literalmente, os estudos de Dewey (1959, 1971, 1978), reconheceu que, quando está em pauta a escola convencional, a Escola Nova é "um enorme passo adiante" (Krupskaya, 2017, p. 55). Essa afirmação de Krupskaya não a torna defensora desse movimento, tampouco escolanovista; ao contrário, como pontuado pela própria Krupskaya (2017, p. 55), "essa [escola nova] absolutamente não é a escola que a classe operária quer".

De forma explícita, Krupskaya (2017, p. 54) se posicionava em relação à Escola Nova. Em seus termos:

> o objetivo das escolas "novas" é atender às necessidades do Estado com camadas de funcionários administrativos superiores com iniciativa, inteligência e formação; atender às necessidades da burguesia por gestores capacitados nas empresas industriais. A necessidade de tal camada de elite é posta pelo rápido desenvolvimento do imperialismo.

Uma das características da Escola Nova é atribuir valor ao interesse da criança – algo que Krupskaya reconhece. Sobre essa questão, sintetizando o pensamento de Dewey, a intelectual russa escreve:

> a criança fica satisfeita; quando uma criança está envolvida em algo que a atrai, que interessa, ela vai se envolver por completo no que faz, a sua atividade se desenvolve, o corpo se esforça sem coerção externa. Como resultado, a atividade com aquela matéria que interessa provoca desenvolvimento das forças mentais da criança. Estudando a personalidade da criança, seus interesses, o educador pode, alimentando seus interesses, desenvolvê-los, aprofundá-los, transformando-os. Levando em consideração a personalidade da criança, é possível alcançar grandes resultados. (Krupskaya, 2017, p. 50-51)

Essa síntese de Krupskaya e o valor que a educadora atribui aos interesses de quem aprende não harmonizam suas defesas educacionais com os preceitos da Escola Nova. O que não permite essa identificação é o fundamento teórico-metodológico e o princípio político da sociedade e da educação soviética da época. A organização política e social em questão se estruturou a partir das teses de Marx e Engels, que, como sabemos, anulam qualquer identificação com os princípios burgueses.

O psicólogo estadunidense trata do interesse da criança na perspectiva da ordem burguesa, e Krupskaya argumenta no sentido de contribuir com a edificação do socialismo; isso pressupõe que estava em defesa da Escola do Trabalho.

A auto-organização e a resolução dos problemas como um fim para a vida eram defendidas por Krupskaya (2017, p. 124) nos seguintes termos:

> Assim, pouco a pouco a criança obtém hábitos corretos, tratando coletivamente a resolução dos problemas apresentados pela vida, e isto dá a ela a possibilidade de relacionar-se conscientemente também com

o problema, ver como ela se organiza melhor para a execução das tarefas colocadas perante ela, isto é, com as questões da auto-organização. Depois de feito o trabalho indicado antes com elas, o professor e os estudantes vão compreender mais e estar melhor preparados para a tarefa da auto-organização e para introduzi-la na vida.

A intelectual segue argumentando em favor da educação para a coletividade:

> Além destas tarefas formativas, ante a escola coloca-se a tarefa de dar às crianças uma certa quantidade de conhecimentos e hábitos formais, os quais possibilitam uma futura autoeducação, para familiarizá-las com a vida cultural da humanidade e ao mesmo tempo, com a necessidade das crianças na vida cotidiana. (Krupskaya, 2017, p. 106)

Continua a autora em defesa de uma escola em que a ciência não se desvincule do cotidiano:

> A criança precisa saber as etapas de desenvolvimento da humanidade, precisa saber para que possa compreender o presente, precisa compreender para onde vai o desenvolvimento social. A criança tem um interesse agudo em todas essas questões que despertam para o entorno da vida, é preciso apenas fazer a ligação deste interesse com o estudo dos fenômenos. (Krupskaya, 2017, p. 108)

Esse fim para a vida, o que podemos entender como o **sentido** e o **significado** do ensino, deve ser compreendido sempre com seu fim político e social em uma perspectiva de formação de crianças, jovens e adultos, trabalhadores com princípios de coletividade.

Para que a utilidade do ensino formal, isto é, a utilidade da escola, seja devidamente compreendida, é necessário relembrar que devemos considerar o princípio político em constituição e que deveria ser o principal elemento da educação das Repúblicas Soviéticas. É preciso levar em conta que o mais relevante intento da Revolução após 1917 era a instituição da Escola do Trabalho. Assim, a principal categoria da ordem socialista, o trabalho, estava (ou estaria) preservada. Dessa forma, a utilidade do ensino não era para a vida, como na ordem capitalista. O que estava em discussão era a condição do ensino para a vida em coletividade, na tentativa de organização do socialismo.

> A escola deve fortalecer e aprofundar as predisposições sociais despertadas na criança, revelar para ela que o trabalho é a base da sociedade humana, ensinar-lhe a alegria do trabalho produtivo e criativo, fazê-la sentir-se como parte da sociedade, um membro útil. (Krupskaya, 2017, p. 72)

É por isso que o primeiro ato proclamado pelo Comissariado da Educação Pública foi a declaração do sistema único de educação, "escola única", gratuita, dividida em dois graus e que fornece preparação sólida para a vida e para o trabalho. Fazer uma escola de dois graus, com nove anos de duração – não apenas em palavras, mas na realidade – torná-la acessível para todas as crianças, este foi o primeiro problema da educação que se colocou diante da Rússia Soviética. (Krupskaya, 2017, p. 83)

Essas afirmações de Krupskaya poderiam ter preservado a revolucionária e também Lunacharski de severas críticas, pois ambos não desconsideravam as necessidades da sociedade soviética após a Revolução de 1917. Estes defendiam, assim como outros líderes, a Escola do Trabalho. Apenas não queriam que fosse esvaziada de arte, por exemplo, na busca premente pela formação de trabalhadores para fins úteis dadas as necessidades da época.

Para a urgência do momento e a constituição da Escola do Trabalho atenta aos estudos relativos ao desenvolvimento educacional, inclusive de outros países, Krupskaya (2017) revelava sua preocupação com o que podemos chamar de *didática para a organização do ensino*. Em suas argumentações, reafirmava que a criança deveria ocupar-se de ouvir e memorizar e que necessariamente deveria participar de "experiências", pois a vida escolar deveria ser "cheia de movimento e emoção" (Krupskaya, 2017, p. 121). Se assim fosse, a tão pretendida auto-organização teria relação direta com a disciplina, e esta seria compreendida pelas próprias crianças como necessária.

Krupskaya, em um período em que "quatro quintos do total de crianças não tinham possibilidade de estudar" (U.R.S.S., 1976, p. 84), orientava e apresentava elementos para se considerarem as prioridades na organização do sistema educacional:

> a) saber ler e escrever; b) familiaridade com uma quantidade de fenômenos e técnicas de mediação e suas correspondentes grandezas (aritmética e geometria elementar); c) familiaridade com a constituição do corpo humano; d) compreensão elementar da geografia física e matemática; e) noções sobre economia, política e cultura cotidiana da vida da República Soviética; e f) noções sobre a vida passada da sociedade humana. (Krupskaya, 2017, p. 106-107)

Com isso, vale registrar que não se trata do ensino organizado de forma fragmentada no que diz respeito a áreas do conhecimento e conteúdos; tampouco deveria ser algo desenvolvido de maneira árida, com uma sequência esvaziada de sentido e significado, como costumamos presenciar nas instituições escolares, públicas e privadas (importante assinalar). Esse critério para a organização do sistema educacional soviético se mostra como mais um aspecto que justifica a importância de estudos afetos às defesas de Krupskaya. As proposições dessa revolucionária podem contribuir com os cursos de formação de professores e os programas contínuos de profissionais da educação.

Para isso, faz-se necessário que os textos que versam sobre educação em diferentes épocas e contextos não se limitem a apresentar os chamados *pioneiros da educação*. Estudos que em geral secundarizam ou por vezes excluem Krupskaya, Makarenko, Lunacharski e outros pedagogos russos devem ser revistos, pois esses intelectuais se configuram mais que pioneiros: expressam em suas elaborações a possibilidade de uma sociedade e de uma educação plena para todos.

FINALIZANDO

As condições objetivas da Rússia determinavam a adoção de medidas específicas e imediatas e, ao mesmo tempo, convidavam a edificar uma prática e, portanto, uma concepção de educação revolucionária. Não foram desconsiderados os conhecimentos científicos da época em um cenário em que se fazia necessária a apresentação de novos valores aos velhos homens. A atenção que podemos atribuir aos desafios e êxitos alcançados na Rússia pode justificar reflexões acerca das questões em análise atualmente.

Podemos indagar: Quais são as contribuições das experiências educativas da sociedade soviética pós-Revolução de 1917 para aqueles que vislumbram a emancipação da humanidade? Qual é a necessidade de refletir sobre as proposições educativas da época e os elementos que a teoria histórico-cultural nos apresenta na atualidade? Vale refletir sobre a contribuição dos estudos afetos à história da educação, à formação e atuação dos professores no momento atual? São questões que necessitam ser consideradas, visto que assumir a existência de um problema ou uma necessidade é o primeiro passo para ensejar sua superação.

Se levarmos em conta que as elaborações e proposições de líderes revolucionários figuram como escritos clássicos para a educação, as indagações podem começar a ser respondidas. Aos descontentes com os estudos dos clássicos russos, ou que insistentemente mostram insatisfação com essa possibilidade de investigação, podemos responder que não se secundariza ou não se nega o estudo ou mesmo a apreciação de clássicos da arte, da ciência ou da psicologia como Aristóteles, Van Gogh, Einstein ou Piaget.

Ter como referência os clássicos e, nesse caso, a necessidade de estudar os clássicos russos fortalece a principal defesa da educação com vistas à emancipação humana – a defesa no sentido de que se devem organizar o ensino e a vida com o que há de mais elaborado e mais belo.

REFERÊNCIAS

ALVES, M. M. **68 mudou o mundo**: a explosão dos sonhos libertários e a guinada conservadora num ano que valeu por décadas. Rio de Janeiro: Nova Fronteira, 1993.

BERTONHA, J. F. **Rússia**: ascensão e queda de um império – uma história geopolítica e militar da Rússia, dos czares ao século XXI. Curitiba: Juruá, 2009.

BOGOYAVLENSKY, D. N.; MENCHINSKAYA, N. A. A psicologia da aprendizagem de 1900 a 1960. In: LURIA, A.; LEONTIEV, A.; VIGOTSKY, L. S. et al. (Org.). **Psicologia e pedagogia**. Lisboa: Estampa, [19--]. p. 145-226. v. 1.

BRASIL. Ministério da Educação e do Desporto. **Referencial Curricular Nacional para a Educação Infantil**. Brasília, 1998.

BRASIL. Ministério da Educação. Secretaria de Educação Básica. Diretoria de Apoio à Gestão Educacional. **Pacto Nacional pela Alfabetização na Idade Certa**. A oralidade, a leitura e a escrita no ciclo de alfabetização. Caderno 5. Brasília, 2015.

CAPRILES, R. **Makarenko**: o nascimento da pedagogia socialista. São Paulo: Scipione, 1989.

CHAVES, M. **O papel dos Estados Unidos e da Unesco na formulação e implementação da proposta pedagógica no Estado do Paraná na década de 1960**: o caso da educação no Jardim de Infância. 279 f. Tese (Doutorado em Educação) – Universidade Federal do Paraná, Curitiba, 2008.

DEWEY, J. **Democracia e educação**. São Paulo: Editorial Nacional, 1959. (Atualidades Pedagógicas, 21).

DEWEY, J. **Experiência e educação**. São Paulo: Editora Nacional, 1971. (Cultura, Sociedade e Educação, 15).

DEWEY, J. **Vida e educação**. 10. ed. São Paulo: Melhoramentos; Rio de Janeiro: Fundação Nacional do Material Escolar, 1978.

DOUTOR Jivago. Direção: Giacomo Campiotti. Alemanha/EUA/ UK, 2002.

ELIAS, M. D. C. **Célestin Freinet**: uma pedagogia de atividade e cooperação. 5. ed. Petrópolis: Vozes, 1997.

ELKONIN, D. B. **Psicologia do jogo**. São Paulo: M. Fontes, 1988. (Psicologia e Pedagogia).

FILONOV, G. N. **Anton Makarenko**. Recife: Massangana, 2010.

FOTEEVA, A. **O melhor para as crianças**: a educação pré-escolar pública na URSS. Moscou: Progresso, 1986.

FREITAS, N. C. de; BICCAS, M. de S. **História da educação no Brasil**: 1926-1996. São Paulo: Cortez, 2009. (Biblioteca Básica da História da Educação Brasileira).

GALEANO, E. **As veias abertas da América Latina**. 2. ed. Rio de Janeiro: Paz e Terra, 1978.

GATTI JÚNIOR, D.; INÁCIO FILHO, G. (Org.). **História da educação em perspectiva**: ensino, pesquisa, produção e novas investigações. Campinas: Autores Associados; Uberlândia: Edufu, 2005. (Coleção Memória da Educação).

KENNEDY, P. **Ascensão e queda das grandes potências**: transformação econômica e conflito militar de 1500 a 2000. Rio de Janeiro: Campus, 1989.

KRUPSKAIA, N. K. **Acerca de la educación comunista**: artículos y discursos. Moscou: Ediciones em Lenguas Estrangeras, [19--].

KRUPSKAYA, N. K. **A construção da pedagogia socialista**: escritos selecionados. São Paulo: Expressão Popular, 2017.

KRUPSKAYA, N. K. **Acerca de la educación pré-escolar**. Moscou: Pueblo y Educación, 1979.

KUHLMANN JÚNIOR. M. **Infância e educação infantil**: uma abordagem histórica. 2. ed. Porto Alegre: Mediação, 1998.

LENIN, V. I. **Acerca de la juventud**. Moscou: Progreso, 1976.

LENIN, V. I. **La literatura y el arte**. Moscou: Progreso, 1979.

LENIN, V. I. **O Estado e a Revolução**: o que ensina o marxismo sobre o Estado e o papel do proletariado na Revolução. São Paulo: Hucitec, 1978.

LENIN, V. I. **Sobre a educação**. Lisboa: Seara Nova, 1977. v. 1.

LENINGRADO. Direção: Aleksandr Buravsky. Rússia/Inglaterra, 2011. 110 min.

LIUBLINSKAIA, A. A. **O desenvolvimento psíquico da criança**: dos 3 aos 7 anos. 3. ed. Lisboa: Estampa, 1973. (Biblioteca Básica de Cultura, 2).

LOMBARDI, J. C.; NASCIMENTO, M. I. M. (Org.). **Fontes, história e historiografia da educação**. Campinas: Autores Associados, 2004. (Coleção Memória da Educação).

LUNACHARSKI, A. V. **Religión y socialismo**. Salamanca: Sígueme, 1975.

LUNACHARSKI, A. V. **Sobre a instrução e a educação**. Moscou: Progresso, 1988.

LUNACHARSKY, A. V. **As artes plásticas e a política na URSS**. Lisboa: Estampa, 1975.

LUNACHARSKY, A. V. Decreto sobre la educación popular. **Marxists Internet Archive**. [1967]. Disponível em: <https://www.marxists.org/espanol/lunacha/index.htm>. Acesso em: 16 maio 2021.

LUNACHARSKY, A. V. **On Literature and Art**. Moscow: Progress Publishers, 1965.

LUNACHARSKY, A. V. Proclamação do Comissário do Povo para a Educação. In: KRUPSKAYA, N. K. **A construção da pedagogia socialista**: escritos selecionados. São Paulo: Expressão Popular, 2017. p. 267-273.

LUNACHARSKY, A. V. **Sobre la literatura y el arte**. Buenos Aires: Axioma, 1974.

MAKARENKO, A. S. **A cerca de la literatura**: artículos, discursos, cartas. Montevideo: Pueblos Unidos, 1960.

MAKARENKO, A. S. **Conferências sobre educação infantil**. São Paulo: Moraes, 1981.

MAKARENKO, A. S. **La colectividad y la educación de la personalidade**. Moscou: Progreso, 1977.

MAKARENKO, A. S. **O livro dos pais**: segundo volume. Lisboa: Horizonte, 1976.

MAKARENKO, A. S. **Poema pedagógico**. 2. ed. São Paulo: Brasiliense, 1987. v. 1.

MAKARENKO, A. S. **Poema pedagógico**. 3. ed. São Paulo: Ed. 34, 2012.

MANACORDA, M. A. **História da educação**: da Antiguidade aos nossos dias. 3. ed. São Paulo: Cortez, 1992.

MANACORDA, M. A. **História da educação**: da Antiguidade aos nossos dias. 13. ed. São Paulo: Cortez, 2010.

PARANÁ. Secretaria de Estado da Educação. Superintendência da Educação. **Orientações pedagógicas da educação infantil**: estudos e reflexões para organização do trabalho pedagógico. 2. ed. Curitiba, 2015a. v. 1.

PARANÁ. Secretaria de Estado da Educação. Superintendência da Educação. **Orientações pedagógicas da educação infantil**: estudos e reflexões para organização do trabalho pedagógico. 2. ed. Curitiba, 2015b. v. 2.

REZENDE, M. J. de. **A ditadura militar no Brasil**: repressão e pretensão de legitimidade – 1964-1984. Londrina: Eduel, 2001.

ROMANELLI, O. de O. **História da educação no Brasil**: 1930-1973. 32. ed. Petrópolis: Vozes, 2007.

RUSSO, R. **Álbum V**. São Paulo: EMI, 1991. 1 CD.

SAVIANI, D. **História das ideias pedagógicas no Brasil**. 4. ed. Campinas: Autores Associados, 2013. (Coleção Memória da Educação).

SAVIANI, D.; LOMBARDI, J. C.; SANFELICE, J. L. (Org.). **História e história da educação**: o debate teórico-metodológico atual. 3. ed. Campinas: Autores Associados: HISTEDBR, 2006. (Coleção Educação Contemporânea).

SAVIANI, N. Concepção socialista de educação: a contribuição de Nadedja Krupskaya. **Revista HISTEDBR**, Campinas, v. 11, n. 41e, p. 28-37, ago. 2012. Disponível em: <https://periodicos.sbu.unicamp.br/ojs/index.php/histedbr/article/view/8639893/7456>. Acesso em: 16 maio 2021.

SILVA, O. H. da. **A foice e a cruz**: comunistas e católicos na história do sindicalismo dos trabalhadores rurais do Paraná. Curitiba: Rosa de Bassi, 2006.

U.R.S.S.: a ciência, a instrução, a cultura. Tradução de Alberto Carneiro. Lisboa: Estampa, 1976. (Coleção Mundo Socialista, n. 12).

VASCONCELLOS, V. M. R. de. (Org.). **Educação da infância**: história e política. 2. ed. Niterói: Ed. da UFF, 2011.

VENTURA, Z. **1968**: o ano que não terminou. 3. ed. São Paulo: Planeta do Brasil, 2008.

VIGOTSKI, L. S. **A construção do pensamento e da linguagem**. São Paulo: M. Fontes, 2000. (Psicologia e Pedagogia).

VIGOTSKI, L. S. **Imaginação e criação na infância**. São Paulo: Ática, 2009. (Coleção Ensaios Comentados).

VIGOTSKI, L. S. **Obras escogidas**: problemas del desarrollo de la psique. Madrid: Visor, 1995. v. 3.

VIGOTSKI, L. S. **Psicologia da arte**. São Paulo: M. Fontes, 1999.

VIGOTSKI, L. S. **Psicologia pedagógica**. 3. ed. São Paulo: WMF Martins Fontes, 2010a. (Coleção Textos de Psicologia).

VIGOTSKI, L. S. Quarta aula: a questão do meio na pedologia. **Psicologia USP**, São Paulo, v. 31, n. 4, p. 681-700, out./dez. 2010b.

VYGOTSKI, L. S. **Obras escogidas**: problemas teóricos y metodológicos de la psicología. Madrid: Visor, 1991. v. 1.

XAVIER, M. E.; RIBEIRO, M. L.; NORONHA, O. M. **História da educação**: a escola no Brasil. São Paulo: FTD, 1994. (Coleção Aprender & Ensinar).

Susana Soares Tozetto
Thaiane de Góis Domingues

CAPÍTULO 9

Lee Shulman e suas contribuições
para a formação de professores por meio
dos conhecimentos docentes

INTRODUÇÃO

A docência é constituída de saberes que são apropriados durante a formação e ao longo da vida do professor, tanto pessoal como profissional, e que propiciam o ensino. Sob esse mesmo olhar, porém com um entendimento de que existe um processo de base para esses conhecimentos, Lee Shulman desenvolveu seus estudos. Para o autor, a base de conhecimentos para o ensino é "uma agregação codificada ou codificável de conhecimento, habilidades, compreensão e tecnologias, de ética e disposição, de responsabilidade coletiva – bem como um meio para representá-lo e comunicá-lo" (Shulman, 2004a, p. 87, tradução nossa).

Analisando o conceito do autor, percebemos, já de início, que o ensinar envolve mais elementos do que o saber algo. Esse conhecimento precisa ser codificável, estar claramente embasado para o professor de forma que ele possa agregá-lo e adaptá-lo ao aluno, o que envolve a habilidade de interação, de integração do conhecimento com o ambiente em que o aluno está inserido, com a sociedade, e de convivência do professor com seus pares, bem como a aproximação entre o que é ensinado dentro do espaço escolar e as expectativas de todo um sistema educacional. Além disso, a base de conhecimentos prevê a interface com tecnologias, tanto no momento do ensino quanto no de aprendizado docente.

Shulman (2004a, p. 87, tradução nossa), ao apontar a "ética e disposição de responsabilidade coletiva", indica que, ao ter clareza do que ensina e da finalidade com que o faz, o professor assume seu papel e sua responsabilidade na formação de indivíduos. Na intersecção dos conhecimentos se alicerça a base dos processos de ensinar e aprender para Shulman (2004a).

Como suas pesquisas emergem da análise de indicadores norte-americanos para a formulação de políticas públicas de formação de professores, ele aponta que até o momento de seus estudos

> aspectos fundamentais do ensino, como o conteúdo ensinado, o contexto da sala de aula, as características físicas e psicológicas dos estudantes ou a realização de propósitos não prontamente avaliados em testes padronizados, são tipicamente ignorados na busca de princípios gerais de ensino efetivo. (Shulman, 2004a, p. 90, tradução nossa)

Shulman (2004a) defende que a eficácia do ensino não pode ser o único critério para a composição de uma base de conhecimento para o ensino. De certa forma, a busca pela compreensão e pela constituição do conceito de conhecimento docente perpassa a história de vida de Lee Shulman, sua formação e suas experiências profissionais. Cabe observar que as informações acerca de sua biografia apresentadas neste texto foram extraídas de seu *site**.

Filho único de um casal de imigrantes judeus, Shulman nasceu em 1938, em Chicago, nos Estados Unidos, onde vive até hoje. Após seus estudos em escolas judaicas, ganhou uma bolsa para a Universidade de Chicago, onde estudou filosofia e psicologia. Na universidade, conheceu Benjamin Bloom e Joseph Schwab e, sob influência do segundo, desenvolveu posteriormente os estudos sobre conhecimento docente pelo olhar do conhecimento disciplinar.

Os trabalhos acadêmicos de Shulman tiveram início na Faculdade de Educação da Universidade Estadual de Michigan.

---

* Disponível em: <http://www.leeshulman.net/biography/>. Acesso em: 15 abr. 2021.

Conforme o relato de Shulman em sua biografia, ele nunca se limitou aos departamentos das universidades; com isso, estendeu sua atuação à Escola de Medicina, onde, com Arthur Elstein, desenvolveu um estudo sobre o processo de decisão médica, apresentado em dois temas de seu primeiro livro.

Shulman apontou a cognição no exercício da prática profissional e a especificidade no domínio do conhecimento e deu continuidade a seus estudos sobre ensino e aprendizagem docente sob a perspectiva cognitiva, pautando-se no pensamento dos professores no que diz respeito à forma como tomam decisões em sala de aula e ao quanto isso influencia e é influenciado pelo processo de aprendizagem docente.

Essas pesquisas foram realizadas pelo Instituto de Pesquisa sobre Ensino da Universidade Estadual de Michigan, do qual Shulman foi codiretor fundador. Com uma mudança para a Escola de Educação da Universidade de Stanford, em 1982, Shulman se engajou em pesquisas sobre o conhecimento docente; seus estudos foram um marco para a formação docente e para as pesquisas sobre o ensino.

À medida que seus estudos avançavam, Shulman foi desenvolvendo categorias da base de conhecimentos, segundo o entendimento de que todas são importantes na constituição docente, porém com a compreensão de que o processo se dá no decorrer da trajetória profissional do docente.

No Brasil, o autor é referencial em pesquisas sobre o conhecimento docente nas mais diversas áreas. Em análise do repertório de teses e dissertações da Coordenação de Aperfeiçoamento de Pessoal de Nível Superior (Capes) – Plataforma Sucupira, localizamos 372 pesquisas com base nos estudos de Shulman, sendo 219 dissertações e 122 teses. Os trabalhos foram desenvolvidos em 78 instituições de ensino em todo o país, com a maior concentração na Região Sudeste. O ensino de ciências e o de matemática são as principais áreas de conhecimento dessas pesquisas, seguidas de áreas vinculadas ao ensino em geral e à saúde. Entre os autores que mais referenciam Lee Shulman está Maria da Graça Nicoletti Mizukami, que, em seus trabalhos acerca do ensino e da formação e aprendizagem da docência, fundamenta-se nos conceitos sobre o conhecimento docente e a base desse conhecimento desenvolvidos por Shulman.

A análise das pesquisas brasileiras remete à trajetória do autor, demonstrando a consonância dos estudos sobre a formação de professores e o conhecimento docente com as pesquisas elaboradas por Lee Shulman, que levaram às suas teorias. Isso posto, é possível perceber que Shulman (1986, 2004a) tem sido um autor relevante para as pesquisas em nosso país no que diz respeito ao desenvolvimento da docência e dos conhecimentos a ela relacionados. Seus estudos estão associados a diferentes licenciaturas, bem como a áreas que não contam propriamente com profissionais com formação para a docência atuando como professores, a exemplo das pesquisas acerca do ensino na área de saúde.

Considerando-se a relevância da base do conhecimento docente, a *knowledge base**, apresentaremos, na sequência, uma

---

* O termo *knowledge base*, de origem inglesa, significa "base de conhecimento", em tradução literal. Ele é empregado de forma bastante ampla e engloba todos os saberes do docente: conhecimento do conteúdo, saber experiencial, conhecimento das crianças, conhecimento de si mesmo, cultura geral etc. (Gauthier, 2013).

síntese das contribuições de Lee Shulman acerca do conhecimento docente.

CONHECIMENTOS DOCENTES

Na escola, segundo Shulman (2004b), o critério de mensuração de aprendizagem dos alunos está sendo circunscrito a avaliações que nem sempre correspondem ao currículo escolar – provas que não consideram a escolaridade anterior do aluno, suas condições de vida e, muitas vezes, de trabalho. Relacionar a efetividade do trabalho docente e de mecanismos de aprendizagem de alunos a modelos padronizados de avaliação limita todo o processo de ensino, que é bem mais amplo. Por vezes, esses resultados ditam estratégias de formação docente, deixando-se de analisar o que é, de fato, fundamental, o que é preciso saber para ensinar.

O autor parte de alguns pressupostos:

> Um professor sabe algo não compreendido por outros, possivelmente os alunos. O professor pode transformar compreensão, habilidades didáticas ou atitudes ou valores desejados em representações e ações pedagógicas. Estas são maneiras de falar, mostrar, interpretar, ou de outra maneira representar ideias de modo que o desconhecimento se torne conhecimento, aquele sem compreensão pode compreender e discernir, e o incapacitado pode tornar-se apto. (Shulman, 2004b, p. 227, tradução nossa)

Isso posto, o professor precisa, inicialmente, conhecer o projeto pedagógico, a escola e a matriz curricular. Como complemento, deve interagir com a equipe pedagógica e os professores para saber o que precisa ser ensinado. Além disso, tem de dominar um conteúdo e a maneira de ensiná-lo para conseguir organizar seu raciocínio e, desse modo, transmitir o conhecimento aos alunos. Consequentemente, o professor precisa de conhecimentos claros para ensinar o aluno.

Shulman (2004a, p. 92, tradução nossa) divide esses conhecimentos nas seguintes categorias:

- Conhecimento do conteúdo;
- Conhecimento pedagógico geral, em especial referência aos princípios e estratégias mais abrangentes de gerenciamento e organização de sala de aula, que transcendem a matéria;
- Conhecimento do currículo, particularmente de materiais e programas que servem como "ferramentas de ofício" para professores;
- Conhecimento pedagógico do conteúdo, esse amálgama especial de conteúdo e pedagogia que é um território exclusivo dos professores, seu meio especial de entendimento profissional;
- Conhecimento dos alunos e de suas características;
- Conhecimento de contextos educacionais, do funcionamento do grupo ou de sala de aula, da gestão e financiamento dos sistemas educacionais, das características das comunidades e suas culturas; e
- Conhecimento dos fins, propósitos e valores da educação e de sua base histórica e filosófica.

Para fins didáticos, criamos uma representação dos conhecimentos docentes elencados por Shulman (2004a) na Figura 9.1. Os círculos integrados entre si com a composição de cores de um arco-íris e em cuja intersecção encontramos o conhecimento docente, em tom branco, são uma analogia ao fato de que a cor branca resulta da integração das demais cores.

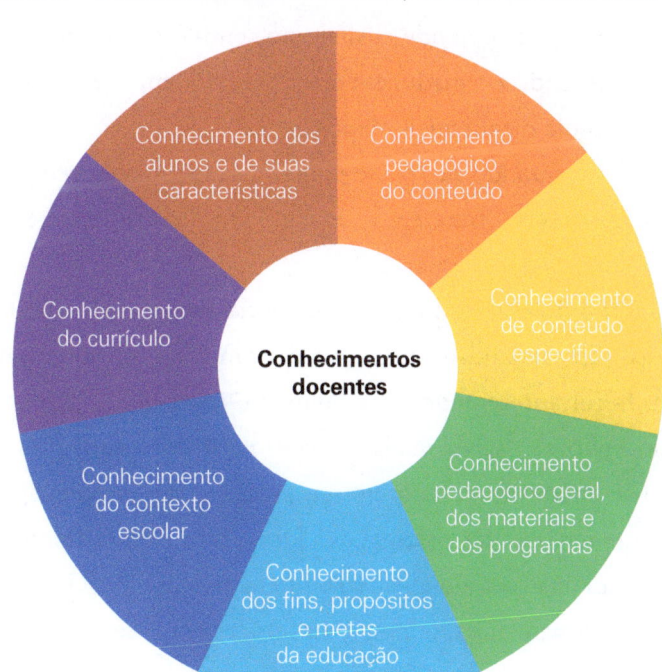

Figura 9.1 – Conhecimentos docentes, de acordo com Shulman

- Conhecimento dos alunos e de suas características
- Conhecimento pedagógico do conteúdo
- Conhecimento de conteúdo específico
- Conhecimento pedagógico geral, dos materiais e dos programas
- Conhecimento dos fins, propósitos e metas da educação
- Conhecimento do contexto escolar
- Conhecimento do currículo

Conhecimentos docentes

Os conhecimentos apresentados podem ser integrados em três grupos, a saber: (1) conhecimento pedagógico geral; (2) conhecimento do conteúdo específico; e (3) conhecimento pedagógico do conteúdo (Shulman, 2004b).

Shulman (2004a) explica que estão associados ao **conhecimento pedagógico geral**:

- o conhecimento dos alunos e de suas características;
- o conhecimento do currículo;
- o conhecimento do contexto escolar;
- o conhecimento dos fins, propósitos e metas da educação;
- o conhecimento pedagógico geral, dos materiais e dos programas.

Em outras palavras, são conhecimentos que vão além do conteúdo que se pretende ensinar, no sentido de compreender o que está sendo ensinado, em que contexto, em que realidade, em que escola e para quais alunos.

Concentrando-nos nesse primeiro grupo, o conhecimento pedagógico geral, trataremos de cada um dos conhecimentos que o compõem.

O conhecimento dos alunos e de suas características, em qualquer modalidade de ensino, é um movimento importante. O conhecer apresentado por Shulman (2004a, p. 92, tradução nossa) envolve: "saber quais são seus conhecimentos prévios, como se encontra o aluno em seu processo de aprendizagem, seus potenciais e suas defasagens". Dessa forma, para atendê-lo, o professor analisa o aluno em suas interações, atividades, respostas e questionamentos, por meio das trocas entre ele, o docente e os colegas. O professor pode sugerir como está o desenvolvimento discente e de que forma ele aprende o conhecimento que lhe é apresentado. Esse processo de conhecer o aluno envolve a reflexão e o reviver de situações de sala de aula para a internalização do que foi observado e relacionado com os alunos, o grupo e a escola, auxiliando em processos de planejamento e avaliações. Em razão da renovação de turmas, de tempos em tempos, esse conhecimento não é específico, mas pode ser explicado como a habilidade de olhar para os alunos, para o que os caracteriza, não para o que os especifica.

O **conhecimento do currículo**, para Shulman (2004b, p. 204, tradução nossa), diz respeito a

> toda a gama de programas projetados para o ensino de assuntos específicos e tópicos em determinado nível, a variedade de materiais instrucionais disponíveis em relação a esses programas e o conjunto de características que servem tanto como as indicações e contraindicações para o uso desse currículo em específico ou de materiais do programa em circunstâncias particulares.

Uma das bases desse conhecimento é compreender que o conteúdo a ser ministrado faz parte de um programa de ensino, de forma a poder adaptá-lo ao nível do que já foi aprendido, sem interferir nos ensinamentos vindouros. Também é importante, nesse caso, entender a relação existente entre as disciplinas e correlacioná-las para vincular significados ao conteúdo. Portanto, além de conhecer o currículo da matéria que vai lecionar, é necessário que o professor tenha a noção do todo, do papel dos conteúdos previstos na formação integral do aluno. Como explica Shulman (2004b, p. 204, tradução nossa),

> Além do conhecimento de materiais curriculares alternativos para determinado assunto ou tópico dentro de um momento, há dois aspectos adicionais do conhecimento curricular. É importante o professor estar familiarizado com os materiais curriculares em estudo por seus alunos em outras matérias que estão estudando ao mesmo tempo. [...] O equivalente vertical desse conhecimento curricular é a familiaridade com os temas e questões que foram e serão ensinados na mesma área do assunto durante os anos.

Embora essa discussão não seja contemplada por Shulman (2004b), é válido ressaltar que, para além da lista de conteúdos a serem trabalhados, o currículo é influenciado por políticas que preconizam o conhecimento necessário para aquela modalidade de ensino.

Por sua vez, o **conhecimento do contexto escolar** adquire um importante significado ao considerarmos o princípio de que a aprendizagem se dá quando há interesse, correlação entre o ensinado e a realidade de vida do aluno. Cada escola apresenta uma realidade distinta, vinculada a seu público local, à comunidade circunvizinha, à cultura em que está imersa, assumindo características de sua localidade. Para Shulman (2004b, p. 213, tradução nossa), o professor precisa ter conhecimento "dos princípios da organização da escola, de finanças e gestão".

Dessa forma, o conhecimento docente do ambiente escolar integra, de fato, o professor àquela comunidade escolar e às suas necessidades, isto é, ele participa ativamente da escola. Esse conhecimento também inclui a vivência do professor com seus alunos, somando-se à necessidade de ele compreender o que faz sentido para aquele aluno sentado em uma carteira, dentro de uma sala de aula, de uma escola, de um bairro. Desconhecer o contexto escolar é constituir um conglomerado de informações e depositá-las em alunos. Shulman (2004b) valoriza a integração do professor com o espaço escolar, que deve ser respeitado e privilegiado a cada planejamento ou ação docente.

Ao tratar do **conhecimento dos fins e metas da educação**, Shulman (2004a) conduz à reflexão sobre as metas atuais da educação, apontando que o professor precisa ter conhecimento sobre "os fundamentos históricos, sociais e culturais da educação, entre outros" (Shulman, 2004b, p. 213, tradução nossa). É preciso considerar que o que se busca na atualidade é resultado de um processo historicamente constituído. Assim, conhecer as bases históricas e filosóficas da educação atribui sentido à realidade atual, bem como elementos para a busca de condições de ensino. Como argumentam Mizukami et al. (2010, p. 77), os professores, em associação aos conhecimentos do contexto escolar e dos fins e metas da educação,

> Também precisam ter oportunidades para pensar sobre uma variedade de questões: o que as políticas públicas pedem que eles façam; como as novas atuações se comparam às atuais e anteriores; quais mudanças devem ser feitas, dentre as atividades que já realizam; quais atividades devem manter; quando e como realizarão as mudanças pretendidas/ projetadas; o que os seus colegas fazem e o que os administradores e pais esperam que eles façam, por exemplo.

Independentemente de o professor atuar na educação pública ou na educação privada, ele necessita ter contato com os mecanismos de manutenção e fomento da educação no Brasil, os movimentos que se dão e o que almejam e as políticas públicas educacionais vigentes, para posicionar-se como sujeito desse processo e não ser mero espectador.

Shulman (2004a) defende a busca contínua pelo **conhecimento pedagógico geral, dos materiais e dos programas** pelo professor e a importância do acesso aos objetivos de seu processo de ensino, bem como das estratégias que utilizará para atingi-los. Assim, o professor consegue traçar a forma como organizará as atividades em sala, a interação entre os alunos e será capaz de compreender como o aluno aprende e de analisar como planejar para alcançar esse intento. Diferentemente do senso comum, que, muitas vezes, relaciona o conhecimento pedagógico ao "saber dar aulas", o conhecimento pedagógico geral envolve não apenas o saber, mas também como aplicar teorias pedagógicas, articular atividades em turma, motivar alunos ao aprendizado e, ainda, revisitar práticas que não estão gerando resultados, vislumbrar, além do que deve ser ensinado, o que deve ser aprendido.

Com relação ao segundo grupo citado, o do **conhecimento do conteúdo específico**, Shulman (2004b, p. 201, tradução nossa) explica que

> Isso se refere à quantidade e organização do conhecimento por si só na mente do professor. [...] Nas diferentes áreas do assunto, diferem as formas de discutir a estrutura de conteúdo do conhecimento. Pensar corretamente sobre o conhecimento do conteúdo requer ir além do conhecimento dos fatos ou conceitos de um domínio.

Em um primeiro momento, pode soar estranho um professor ensinar um conteúdo que desconhece. Porém, o domínio de conhecimento extrapola o simples conhecer, ter tido contato, saber o que é. O conhecimento do conteúdo específico sugere o domínio, ou seja, o **aprofundamento do assunto**, de forma que ele seja explicado das mais diversas formas, nos mais diversos contextos.

Segundo Shulman (2004b), o conhecimento permite ao professor, em seu momento de interação com os alunos, vincular o conteúdo que está sendo estudado à constituição histórica do aluno, mas na linguagem do aluno para que este possa atribuir sentido ao seu processo de aprendizagem, à sua realidade.

> O professor não precisa apenas entender que algo é assim; o professor deve compreender melhor por que é assim, por qual motivo faz tal afirmação e em que circunstâncias sua explicação pode ser ou não

entendida. Além disso, esperamos que o professor entenda por que determinado assunto é relevante para uma disciplina, enquanto outro pode ser um pouco periférico. (Shulman, 2004b, p. 202, tradução nossa)

Se o professor não tem domínio de conteúdo, as trocas, os questionamentos e as interferências dos alunos que saiam do espaço delimitado pelo planejamento docente podem não ser atendidos. Ele precisa selecionar os conhecimentos que são mais relevantes para o aluno e enfatizá-los em seu ensino. Quando não se tem propriedade do conteúdo a ser ensinado, o processo de aprendizagem do aluno pode ficar raso, limitado. Portanto, o conhecimento do conteúdo específico é significativo para o processo educacional.

De acordo com Grossman, Wilson e Shulman (2005, p. 13, tradução nossa), "aprender a ensinar deve ser conceituado ao mesmo tempo que aprender mais sobre o assunto e aprender a comunicar esse conhecimento efetivamente para muitos tipos de estudantes". Esse domínio permite a articulação de respostas e a adaptação da matéria a ser ensinada ao modelo de aprendizagem do aluno, trazendo segurança ao seu processo de ensino.

A transcendência de todos os conhecimentos apresentados até o momento se dá na apresentação de Shulman a respeito do **conhecimento pedagógico do conteúdo** (o terceiro grupo citado anteriormente), pois ele funde os dois outros grupos de conhecimentos apresentados – conhecimento pedagógico geral e conhecimento do conteúdo específico. O domínio pedagógico do processo de aprendizagem possibilita o aprofundamento da matéria, de forma a propiciar a aprendizagem do aluno:

Entre essas categorias, o conhecimento pedagógico de conteúdo é de especial interesse, pois identifica os corpos distintos de conhecimento para o ensino. Representa a combinação de conteúdo e pedagogia, em uma compreensão de como determinados tópicos, problemas ou questões são organizados, representados e adaptados aos diversos interesses e habilidades dos alunos e apresentados para instrução. O conhecimento pedagógico de conteúdo é a categoria com maior probabilidade de distinguir a compreensão do especialista em conteúdo da compreensão do pedagogo. (Shulman, 2004a, p. 93, tradução nossa)

O conhecimento pedagógico do conteúdo seria a intersecção entre ter um conhecimento e saber ensiná-lo. Ele diz respeito às informações sobre determinado conteúdo em sua relação com o perfil de aluno a ser ensinado, o contexto escolar e a metodologia a ser utilizada, bem como sistematiza toda a intenção de ensino, tornando viável a aprendizagem do aluno. Por conseguinte, o desenvolvimento do conhecimento não se constitui somente no processo formativo do professor, ele o transpõe:

Dentro da categoria de conhecimento pedagógico de conteúdo incluo, para os assuntos mais relevantes do tema a ser ensinado, as formas mais úteis de representação dessas ideias, as analogias mais poderosas, ilustrações, exemplos, explicações, e manifestações [...]. [...] o professor deve ter em mãos um verdadeiro arsenal de formas alternativas de representação, alguns que derivam de pesquisas, aprendizados, enquanto outros se originam na sabedoria da prática. (Shulman, 2004b, p. 203, tradução nossa)

À vista disso, por meio do desenvolvimento do conhecimento pedagógico do conteúdo, o professor não limita sua prática pedagógica à sua forma de ensinar, mas compreende que os alunos aprendem das mais diversas maneiras e, portanto, utilizará diversas estratégias de ensino que levem ao aprendizado de todos. Esse arsenal não surge apenas no momento de sala de aula, tem seu início no planejamento escolar, que requer estudo e pesquisa, bem como o conhecimento dos alunos e do currículo. Assim, envolve a preparação de materiais, a organização de ilustrações e simulações da realidade.

Ao planejar, o professor vislumbra as possibilidades factíveis de aprendizagem de seus alunos. Com o domínio dos conhecimentos docentes, o professor os acessa durante a aula, os relaciona e promove o desenvolvimento mútuo, tanto seu quanto dos alunos.

Segundo Mizukami e Montalvão (2004, p. 526), trata-se de um conhecimento "pessoal e fruto da interação de diferentes tipos de conhecimentos que se fundem em um novo conhecimento, a partir do dia a dia do ensino de uma disciplina específica". Na intersecção dos conhecimentos adquiridos com a realidade escolar, o professor modela, entre as próprias mãos, seu conhecimento pedagógico do conteúdo, fruto de seus estudos, de suas vivências e de seus aprendizados.

Mizukami (2004, p. 40), fazendo alusão ao conhecimento pedagógico do conteúdo, afirma que se constitui em

> um conhecimento de importância fundamental em processos de aprendizagem da docência. É o único conhecimento pelo qual o professor pode estabelecer uma relação de protagonismo. É de sua autoria.
> É aprendido no exercício profissional, mas não prescinde dos outros tipos de conhecimentos que o professor aprende via cursos, programas, estudos de teorias etc.

Portanto, os conhecimentos se integram, sem a preponderância de nenhum deles, mas com a compreensão de que, com essa integração, o conhecimento pedagógico do conteúdo se eleva e envolve todo o processo de constituição docente.

Embora alguns conhecimentos se desenvolvam na prática escolar, seus alicerces estão nos fundamentos teóricos e metodológicos significativos adquiridos por meio de formações continuadas.

A própria nomenclatura que mescla os termos *pedagógico* e *conteúdo* para indicar o ápice do desenvolvimento do conhecimento docente assenta em igualdade os dois aspectos.

Isso posto, cabe enfatizar que o conhecimento pedagógico do conteúdo congrega os demais. Ele integra a formação inicial, as teorias educacionais, os referenciais legais, a interação docente em sua vivência em sala de aula, no entendimento de que, na prática, a constituição do professor se confronta, se ressignifica, se acomoda e, constantemente, reinicia seu ciclo.

FONTES DE CONHECIMENTO DOCENTE

Na vertente do processo constitutivo dos conhecimentos docentes, Shulman (2004a) aponta para a origem de tais conhecimentos, que são sete: (1) o conhecimento pedagógico geral, que engloba (2) o conhecimento dos fins, propósitos e metas da educação, (3) o conhecimento do currículo, (4) o conhecimento dos alunos e de suas características, (5) o conhecimento dos materiais, dos programas e do contexto escolar, (6) o conhecimento do conteúdo específico e (7) o conhecimento pedagógico do conteúdo. Em outras palavras, o autor discute de que maneira e sob que meios os conhecimentos afloram e se desenvolvem no professor.

Como explica Shulman (2004a, p. 93, tradução nossa),

> Há pelo menos quatro fontes principais para a base de conhecimento de ensino: (1) a formação acadêmica em disciplinas ou áreas de conhecimento, (2) os materiais e contextos do processo educacional institucionalizado (por exemplo, currículos, livros e materiais didáticos, organizações escolares e de financiamento educacional) e a estrutura da profissão docente, (3) a pesquisa sobre escolarização, organizações sociais, aprendizagem humana, ensino e desenvolvimento, e outros fenômenos sociais e culturais que afetam o que os professores podem fazer, e (4) a sabedoria da prática.

Dessa maneira, a base de conhecimentos docentes é constituída por diversos elementos que desenvolvem, constituem e consolidam o professor. No sentido literal da palavra, embasam a prática e seus conhecimentos. Esses elementos permeiam tanto a formação quanto a prática do professor, constituindo-o como tal, bem como perpassam mecanismos sistematizados de estudo para o professor, instituições de ensino, a pesquisa e a prática escolar.

Essa base de conhecimentos tem seu início na (1) **formação acadêmica**, "é o conhecimento do conteúdo – conhecimento, compreensão, aptidão e disposição que devem ser assimilados pelo estudante" (Shulman, 2004a, p. 93, tradução nossa). Dá-se com o contato do acadêmico com o material bibliográfico, que reflete os estudos acumulados na área, assim como com a produção acadêmica, histórica e filosófica sobre a origem do conhecimento em seu campo de estudo.

Shulman (2004b) aduz que, por meio da formação acadêmica, há a possibilidade de se desenvolver o conhecimento de dois tipos de estruturas de tais saberes: as substantivas e as sintáticas. Sob essa ótica, o professor deve transcender a matéria que ensina por meio da relação do que já foi aprendido com o que está sendo ensinado:

> Esta visão das fontes relativas ao conhecimento do conteúdo necessariamente implica que o professor deve ter não só profundidade de compreensão de matérias específicas, mas também uma educação humanista ampla, que serve para emoldurar o conhecimento já aprendido e facilitar uma nova aprendizagem. (Shulman, 2004b, p. 94, tradução nossa)

Logo, o professor é responsável pelo primeiro contato do aluno com um conteúdo, gerando as primeiras possibilidades de conhecimento de um assunto, demonstrando o que é importante ou de menor importância no conteúdo. Conforme Gaia (2005, p. 43), "tanto tácita quanto explicitamente, o conhecimento das estruturas substantivas tem importantes implicações em como e o que os professores escolhem para ensinar". Então, o conteúdo é apresentado ao aluno de acordo com as preferências, os desagrados e o domínio docente. A influência dessa seleção e exposição de assuntos pode até mesmo desencadear no aluno a simpatia por uma matéria ou corresponder a uma antipatia que vai acompanhá-lo em sua trajetória escolar.

Já o conhecimento sintático apresentado por Shulman (2004b) inclui "discussões e atividades que buscam o desenvolvimento do conhecimento dos alunos como o papel principal do método científico" (Gaia, 2005, p. 44). Assim, ir além da matéria aprendida e valer-se de seu arcabouço histórico é, da mesma forma, uma maneira de apropriação do conhecimento por parte do docente.

Além da formação inicial e das estruturas sintáticas e substantivas, retomando-se as fontes de conhecimento, Shulman (2004a) apresenta (2) os **materiais** e os **contextos** do processo educacional institucionalizado. O processo de escolarização organizada demandou materiais e formas de ensino-aprendizagem. Incluem-se nesse alvo:

> os currículos com seus escopos e sequências didáticas; as avaliações e os materiais avaliativos; instituições com suas hierarquias e seus sistemas explícitos e implícitos de regras e regulamentos; organizações profissionais de professores, com funções de negociação, mudança social e proteção mútua; agências governamentais em todos os níveis, do distrito estadual aos níveis federativos; e mecanismos gerais de governo e financiamento. (Shulman, 2004a, p. 94, tradução nossa)

No itinerário formativo docente, é fundamental assimilar todos esses elementos e esferas que fazem parte do contexto da escola e da educação, no sentido de o professor compreender a realidade de seu trabalho, das escolas e da sociedade em relação à escola. Portanto, processos formativos que contemplem diferentes perspectivas, trabalho coletivo e cooperativo entre professores são importantes para ampliar seu repertório, sua capacidade de análise e de reflexão e seu posicionamento crítico, além de ser uma das possibilidades de promoção da educação emancipatória para os alunos, por meio do professor.

Permeia também as fontes de conhecimento docente (3) a **pesquisa** sobre escolarização, organizações sociais, aprendizagem humana, ensino e desenvolvimento, bem como outros fenômenos sociais e culturais que afetam o que os professores podem fazer. Conhecer os processos de aprendizagem, de ensino e de escolarização, por meio de uma formação sólida, consistente, é uma necessidade fundamental (Shulman, 2004a), uma vez que tanto as pesquisas da área de educação quanto seus fundamentos norteadores, normativos, filosóficos e éticos são significativos na constituição do conhecimento docente: "assim, a literatura filosófica, crítica e empírica que pode informar os objetivos, visões e sonhos dos professores é uma parte importante da base de conhecimento acadêmico do ensino" (Shulman, 2004a, p. 95, tradução nossa).

Por fim, a (4) **sabedoria da prática** é a última fonte da base de conhecimentos (*knowledge base*) proposta por Shulman (2004a, p. 97, tradução nossa): "É a própria sabedoria adquirida com a prática, as máximas que a guiam (ou proveem racionalização reflexiva para) as práticas de professores habilidosos". Ela é adquirida, segundo o autor, por meio das vivências escolares, nem sempre registradas para a apropriação e o entendimento do desenvolvimento dos conhecimentos docentes. Shulman (2004a), em seu texto, chama atenção, aliás, para a necessidade de sistematização desses relatos de prática como forma de troca e avanço, considerando-se o entendimento de que muito é feito, vivenciado, aprendido, porém pouco é levado aos profissionais.

ASPECTOS DO RACIOCÍNIO PEDAGÓGICO

Para a composição de um estudo sobre o modo como se constitui o raciocínio pedagógico, Shulman (2004a) fez suas análises sob a ótica de professores que buscavam a melhoria do ensino, além da preparação para um ensino eficaz. Ele disponibilizou atividades a serem aprendidas e ensinadas pelos professores por meio da leitura de textos e, com base nisso, descreveu o processo de desenvolvimento do raciocínio.

Figura 9.2 – Ação e raciocínios pedagógicos

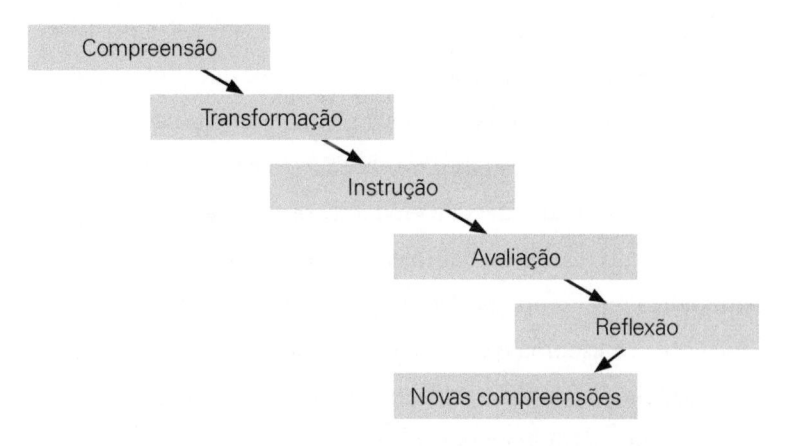

```
Compreensão
   ↓
  Transformação
      ↓
     Instrução
         ↓
        Avaliação
            ↓
           Reflexão
       Novas compreensões
```

Como percebemos na Figura 9.2, os pontos de início e término do processo de desenvolvimento do raciocínio são fundamentais para o autor, pautado na compreensão de que

> ensinar é primeiro entender. Pedimos que o professor compreenda criticamente um conjunto de ideias para ensinar. Esperamos que os professores entendam o que ensinam e, quando possível, entendam de várias maneiras. Devem entender como uma ideia se relaciona com outras ideias dentro de um mesmo assunto ou de assuntos diferentes. A compreensão dos propósitos também é central aqui. Nós nos engajamos no ensino para atingir propósitos educacionais. (Shulman, 2004a, p. 100, tradução nossa)

Para ensinar, o professor precisa, inicialmente, compreender o conteúdo a ser ensinado, o motivo, os propósitos de apresentar determinada matéria para o aluno, o que a norteia e circunscreve. Na sequência, vem a transformação, tendo em vista que "ideias compreendidas devem ser transformadas de alguma maneira para serem ensinadas. Para encontrar seu caminho ao ensinar, o professor deve pensar no caminho entre o conteúdo que entendeu e as mentes e motivações dos alunos" (Shulman, 2004a, p. 102, tradução nossa).

É preciso partir do entendimento de que um conhecimento é compreendido e transformado para, então, ser ensinado. A transformação será customizada para atender ao grupo de alunos que receberá o conteúdo; dessa forma, o professor necessita de uma preparação do material e das informações a serem desenvolvidas, buscando a representação das ideias por meio de metáforas e analogias, com a escolha da forma como o assunto será ensinado e da metodologia mais adequada, de modo a promover a adaptação ao aluno que participará em sala de aula.

Por sua vez, a instrução

> Envolve a *performance* observável de vários atos de ensino. Inclui muitos aspectos cruciais da pedagogia: organizar e gerenciar a sala de aula; apresentar claramente explicações e descrições vivas; atribuir e verificar trabalhos; e interagir efetivamente com os estudantes por meio de perguntas e sondagens, respostas e reações, elogios e críticas. Inclui, portanto, gestão, explicação, discussão e todas as características observáveis da direta, efetiva e heurística instrução já bem documentada na literatura do ensino eficaz. (Shulman, 2004a, p. 104, tradução nossa)

A instrução corresponde à forma como os alunos serão preparados para receber os conteúdos, à maneira como o professor fará a explicação, à interação que ele propiciará ou permitirá entre os alunos, aos retornos dados a cada participação. Quanto maior a compreensão e melhor a preparação do conteúdo, maior a segurança do professor no processo de instrução.

Para verificar o processo de ensino, surge a avaliação, com o propósito não apenas de quantificar resultados, mas, principalmente, de mensurar o aprendizado do aluno, a validade dos processos formativos dos alunos e, em especial, a reflexão do docente sobre seu processo de ensino, quando comparado à aprendizagem discente. Como descreve Shulman (2004a, p. 106, tradução nossa), "esse processo inclui a verificação imediata da compreensão e de mal-entendidos que um professor deve usar enquanto ensina de forma interativa, assim como avaliações formais e a avaliação que os professores fazem para fornecer *feedback* e notas".

Para finalizar o processo, promove-se a reflexão (já presente na etapa avaliativa), que tem por base o repensar da constituição do conhecimento docente, "é o que faz um professor quando olha para o ensino e o aprendizado que acabaram de acontecer e reconstrói, reencena e/ou recaptura os eventos, as emoções e as realizações" (Shulman, 2004a, p. 106, tradução nossa). Tem como propósito o aprendizado com a experiência vivenciada, permitindo o ajuste de curso para produzir maior interação dos alunos, aprendizagem e até mesmo satisfação docente.

Ao fim do processo, os atos docentes não são mais impetuosos e aleatórios. A experiência propicia um fio condutor da lógica e um pensamento reflexivo, supondo todas as alternativas e desfechos. No entanto, para fins de registro, Shulman (2004a) sugere que todo o itinerário de constituição docente tenha toda a sua trajetória registrada para propiciar uma análise e discussões coletivas, em especial no espaço escolar, como forma de colaboração com todos os docentes.

Ao analisarmos o processo de constituição do raciocínio pedagógico, levando em conta a formação docente nas licenciaturas, podemos considerar que o estágio seria um espaço em que esse processo poderia ocorrer em caráter experimental, permitindo ao futuro professor a apropriação de um processo constitutivo e reflexivo, muitas vezes motivando e ressignificando a formação e o contato com a prática e com a escola.

Dessa forma, analisando-se os conhecimentos docentes como um todo, busca-se esclarecer quais são os conhecimentos desenvolvidos na formação inicial e quais são apropriados no decorrer da trajetória profissional. Compreende-se, inclusive, a formação continuada como uma esfera de formação do professor, podendo ser um dos espaços de desenvolvimento das ações, raciocínios e conhecimentos docentes.

> A escola, enquanto lugar de trabalho, assume importância considerável na promoção do desenvolvimento profissional de seus participantes. Nesses termos, esse desenvolvimento, incorporado pelos próprios participantes, reverte em benefícios para a escola e para os processos de ensino-aprendizagem nela desenvolvidos. (Mizukami et al., 2010, p. 80)

Os processos de compreensão, transformação, instrução, avaliação, reflexão e novas compreensões (Shulman, 2004a), não obstante se deem no indivíduo, podem ser alcançados no espaço escolar pelo desenvolvimento de atividades coletivas que promovam a troca, o aprendizado e o exercício reflexivo entre os docentes.

PENSANDO A FORMAÇÃO DE PROFESSORES SOB A ÓTICA DO CONHECIMENTO DOCENTE

O processo de culminância do professor transcende seu processo formativo, por meio do conhecimento pedagógico do conteúdo, oportunidade em que, com o domínio tanto do conhecimento pedagógico quanto do conteúdo, pelas vivências e experiências adquiridas em sala de aula, pelo contato com a escola, pela compreensão da docência e da realidade escolar, o professor é capaz de compreender, transformar, instruir, avaliar, refletir e gerar novas compreensões.

Nos cursos de licenciatura, por meio das disciplinas metodológicas, além do conteúdo a ser ensinado, presume-se que é dado o contexto ao acadêmico do motivo desse aprendizado. As modalidades de ensino são apresentadas expondo-se a finalidade de cada uma e sua relevância no cenário educacional, e um contato inicial com o conhecimento dos fins, propósitos e metas da educação (Shulman, 2004a) é feito pelo futuro professor.

No momento do estágio curricular, o acadêmico tem contato com a escola, quando passa a enxergar de outra posição que não pelo olhar de aluno, agora ensaiando sua participação como profissional da educação. Dessa forma, o acadêmico tem a possibilidade de compreender como o professor acessa o currículo escolar, como busca o cumprimento de exigências legais, podendo, inclusive, passar informações que considere pertinentes sobre determinados alunos. Esse movimento, ainda que incipiente, dá abertura ao desenvolvimento de conhecimentos do currículo, do contexto escolar, dos alunos e de suas características (Shulman, 2004a).

Assim, há o reconhecimento e a valorização de uma formação para a docência. Podemos identificar que, por meio de uma formação acadêmica, são oportunizadas ao professor em formação reflexões pertinentes à sua atuação futura, ressignificando experiências vivenciadas como aluno e respaldando-o teórica e metodologicamente. Conforme Shulman (2004a, p. 94, tradução nossa),

O ensino é, essencialmente, uma profissão que exige formação acadêmica. O professor é um membro da comunidade acadêmica. Ele ou ela deve entender as estruturas da disciplina, os princípios da organização conceitual e os princípios da investigação de colaboram na formulação de resposta de dois tipos de pergunta: Quais são as ideias e habilidades importantes desta área? E como são acrescentadas novas ideias e abandonadas outras ideias consideradas deficientes pelos que produzem conhecimento nesta área?

Ao planejar suas aulas, ainda nos estágios de docência, o acadêmico tem a possibilidade de desenvolver seu conhecimento pedagógico geral, dos materiais e dos programas (Shulman, 2004a), acessar os conteúdos que fazem parte de sua formação, pesquisar e aprofundar temas que considere pertinentes; pode correlacionar seu conhecimento com o que se busca para a educação. Oportunizar essa sensibilização prepara o acadêmico para um primeiro contato com a escola após a conclusão de sua licenciatura.

Sem o processo de elaboração do conhecimento docente em sua integralidade nas formações iniciais, o processo de constituição docente vai se desenvolver com o professor já inserido em sala de aula. Embora a formação do professor seja permanente, ao longo de sua vida, a graduação possibilita o acesso à sua carreira e o início de seu desenvolvimento profissional. Portanto, ofertar uma formação superficial a futuros professores pode levar à constituição de um professor atribulado com seus compromissos diários, que aprende fazendo com os demais professores.

De todo modo, o processo de formação continuada do professor é relevante para a constituição do conhecimento docente, contextualizando-o na realidade de trabalho da escola em que está inserido, com o currículo, os alunos e a comunidade escolar em que é professor. Assim, a formação em serviço permite a ambientação e a inserção do professor de forma que ensine na escola e para a escola. Consideramos, ainda, que é essencial a formação continuada do professor mesmo após sua formação inicial e sua formação em serviço, tendo em vista as próprias demandas, ou seja, uma formação em que o professor reflita sobre seu conhecimento, sua prática e identifique o que necessita estudar para se desenvolver. O acesso a outros conhecimentos, metodologias e análises por meio de especializações, cursos e pesquisas em pós-graduação possibilita a abertura para o desenvolvimento do professor.

Nesse sentido, é necessário superar um único modelo metodológico, com reflexões sobre uma única ótica e teoria do conhecimento, quando se trata de desenvolvimento do conhecimento docente. Para conhecer as ideias e habilidades importantes para o ensino, o professor precisa compreender seu histórico, as tensões, os avanços e os retrocessos que permearam o ensino, entendendo os marcos que influenciaram e ainda interferem nas políticas educacionais que ditam os caminhos da educação. Por meio de sua base de conhecimentos, de seu aprendizado, da reflexão e da constante evolução, o professor desenvolverá a si mesmo e a seus alunos.

FINALIZANDO

Os conhecimentos docentes apontados por Shulman (1986, 2004a) são fundamentais para que, entrelaçados, o professor entenda seu papel e exerça a docência de forma reflexiva, sem reproduzir as ideias postas na sociedade de maneira inconsciente. Ao compreender a escola, seus alunos, o processo de ensino, o que, como e por que deve ensinar, o professor permite aos estudantes uma visão ampliada de mundo.

Desse modo, as contribuições de Lee Shulman são significativas para compreendermos e pensarmos a formação docente e a constituição dos conhecimentos docentes. Sua preocupação com o ensino pode ser atestada em sua biografia:

> Lee Shulman passou sua vida profissional defendendo a importância do ensino em todos os níveis, desde o jardim de infância até a pós-graduação. Ele é mais conhecido por seu trabalho sobre a base de conhecimento do ensino, incluindo o construto de conhecimento de conteúdo pedagógico, por seus esforços para promover a bolsa de ensino e aprendizagem no ensino superior e por seus estudos de educação profissional. (Lee Shulman, 2021, tradução nossa)

Assim como Shulman defende o ensino para todos, esse processo perpassa o processo constitutivo do docente, por meio do desenvolvimento de si mesmo, entre outros fatores, mediante a constituição de seus conhecimentos que serão o alicerce do exercício da docência.

Reforçando toda a escrita deste texto, que remete aos estudos e pesquisas de Lee Shulman, reafirmamos a ideia de que, para ser professor, não basta apenas dominar um conteúdo, são necessários vários outros conhecimentos que, sedimentados, acumulados e ressignificados, moldam constantemente a figura do professor.

REFERÊNCIAS

GAIA, S. S. O professor e a base do conhecimento. In: RIBAS, M. H. (Org.). **Formação de professores**: escolas, práticas e saberes. Ponta Grossa: Ed. da UEPG, 2005. p. 39-67.

GAUTHIER, C. et al. **Por uma teoria da pedagogia**: pesquisas contemporâneas sobre o saber docente. Ijuí: Ed. da Unijuí, 2013.

GROSSMAN, P. L.; WILSON, S. M.; SHULMAN, L. S. Profesores de sustancia: el conocimiento de la materia para la enseñanza. Profesorado. **Revista de Currículum y Formación del Profesorado**, Granada, v. 9, n. 2, p. 1-24, 2005.

LEE SHULMAN. **Biography**. Disponível em: <http://www.leeshulman.net/biography/>. Acesso em: 13 maio 2021.

MIZUKAMI, M. G. N. Aprendizagem da docência: algumas contribuições de L. S. Shulman. **Educação**, Santa Maria, v. 20, n. 2, p. 33-49, 2004.

MIZUKAMI, M. G. N. et al. **Escola e aprendizagem na docência**: processos de investigação e formação. São Carlos: EdUFSCar, 2010.

MIZUKAMI, M. G. N.; MONTALVÃO, E. C. Base de conhecimento para o ensino: indicadores presentes em um curso de formação inicial. In: ENDIPE, 12., 2004, Curitiba. **Anais...** Curitiba: Champagnat, 2004. p. 523-537.

SHULMAN, L. S. Paradigms and Researcher Programs in the Study of Teaching: a Contemporary Perspective. In: WITTROCK, M. C. (Org.). **Handbook of Research on Teaching**. 3. ed. New York: MacMillan, 1986. p. 3-36.

SHULMAN, L. S. **Teaching as Community Property**: Essays on Higher Education. San Francisco: JosseyBass, 2004a.

SHULMAN, L. S. **The Wisdom of Practice**: Essays on Teaching, Learning, and Learning to Teach. San Francisco: JosseyBass, 2004b.

Valéria Marcondes Brasil
Gisele Masson

CAPÍTULO 10

Contribuições da teoria marxista
para a formação de professores

INTRODUÇÃO

Neste capítulo, abordaremos as possíveis contribuições da concepção marxista para a formação de professores. Nosso objetivo é, com base nas análises marxistas sobre formação humana, destacar aspectos que possam problematizar essa temática.

Vale destacar que Marx nunca se dedicou a tratar de educação, tampouco de formação de professores, porém há muitas reflexões, ao longo de sua obra, que podem contribuir para a discussão sobre um projeto de formação humana que se contraponha ao projeto burguês de educação.

Karl Marx nasceu no dia 5 de maio de 1818, em Trier, Renânia, província ao sul da Prússia, que se constituía em um dos reinos da Alemanha. Em 1835, após a conclusão dos estudos no Liceu Friedrich Wilhelm, matriculou-se no curso de Direito, na Universidade de Bonn, mas transferiu-se para a Universidade de Berlim, no final de 1836, a fim de estudar Filosofia.

Nesse contexto, as ideias hegelianas predominavam entre aqueles que discutiam questões sociais, e Marx aderiu aos hegelianos de esquerda*. Entre os anos de 1838 e 1840, elaborou seu trabalho de conclusão de curso com o título *Diferença entre a filosofia*

---

* Articulados após a morte de Hegel, em 1831, professores e estudantes da Universidade Humboldt de Berlim formaram o grupo jovens hegelianos. Eles eram conhecidos como *hegelianos de esquerda* e faziam oposição aos de direita, caracterizados por suas relações institucionais de viés conservador, por deterem cátedras do departamento daquela instituição, bem como por ocuparem posições de prestígio nesta e no governo (Heinrich, 2018).

da natureza de Demócrito e a de Epicuro, enviado para a Universidade de Jena e defendido em 1841* (Heinrich, 2018).

Ao voltar a Trier, Marx tomou conhecimento da situação da expulsão de Bruno Bauer da Universidade de Bonn, acusado de ateísmo. Eles mantinham relações de amizade e de proximidade em termos teóricos e políticos. Além disso, a chegada de Frederico Guilherme IV ao poder e a perseguição aos professores hegelianos nas universidades inviabilizaram a pretensão de Marx de seguir a carreira universitária, levando-o a atuar como colaborador no jornal *Gazeta Renana*.

Seu envolvimento direto com os problemas da classe trabalhadora o fez perceber os limites da concepção hegeliana e, junto com Friedrich Engels, Marx inaugurou uma nova forma de interpretar a realidade. Embora não tenha sido objeto de suas reflexões, a questão do método materialista histórico-dialético representará uma ruptura com o padrão moderno de produção do conhecimento**.

Sua produção teórica rendeu a Marx uma série de perseguições, especialmente por sua posição política de crítica à exploração da classe trabalhadora. Apesar de algumas obras inacabadas, projetos inconclusos, sua monumental contribuição para o entendimento da lógica do capital e a defesa da necessidade

---

* Marx estudou em Berlim desde 1936, mas entregou sua tese à Universidade de Jena, mesmo não tendo frequentado nenhum curso. Não há registros históricos que expliquem a razão pela qual Marx tomou essa decisão, apenas especulações. Uma delas diz respeito ao fato de que, depois da mudança de monarca (Frederico Guilherme IV assumiu o poder em 1840), o hegelianismo não era bem-vindo na Prússia, o que teria levado Marx a evitar o contato com professores hostis à sua tese, com claras influências hegelianas. Outra questão também considerada é que as taxas de inscrição para o doutorado eram muito menores em Jena do que em Berlim e, considerando-se os problemas financeiros de Marx, isso pode ser uma justificativa. Além disso, em Berlim, Marx teria de traduzir sua tese para o latim, o que poderia atrasar seu exame final (Heinrich, 2018).

** Para um aprofundamento sobre essa questão, indicamos o livro *Método científico: uma abordagem ontológica* (Tonet, 2013).

de construção de uma sociedade verdadeiramente humana se constituem como fundamentais para a compreensão da única teoria social que se contrapõe radicalmente à teoria liberal. Assim, neste capítulo, nosso objetivo é identificar elementos do conjunto da obra de Marx que possam problematizar a questão da formação de professores na realidade brasileira. Inicialmente, apresentamos como as questões ideológicas, decorrentes das relações sociais de produção, orientam as concepções de sociedade, educação e formação humana. Posteriormente, buscamos contribuir para o debate sobre a formação de professores, com base na perspectiva de formação humana desenvolvida por Marx e Engels. Por fim, destacamos os limites da concepção burguesa de formação unilateral e as possibilidades do desenvolvimento de uma perspectiva emancipadora de formação de professores, considerando as contribuições de Tonet (2005).

RELAÇÕES SOCIAIS DE PRODUÇÃO, DISPUTAS IDEOLÓGICAS E EDUCAÇÃO: REFLEXÕES A PARTIR DE UMA ONTOLOGIA HISTÓRICO-SOCIAL

Para o entendimento do marxismo como teoria política explicativa do mundo, é extremamente importante a problematização de algumas discussões de ordem ideológica*. Tem sido comum, mesmo no ambiente acadêmico, a compreensão de que o marxismo é uma teoria ultrapassada, independentemente do valor intrínseco de suas ideias.

---

* Entendemos, com base em Lukács (2013, p. 520), que "a ideologia, enquanto meio de dirimir conflitos sociais, é algo eminentemente direcionado para a práxis e, desse modo, também compartilha, claro que no quadro de sua peculiaridade, a propriedade de toda práxis: o direcionamento para uma realidade a ser modificada [...]". A ideologia, nessa perspectiva, significa uma forma de consciência social que orienta a ação humana diante dos conflitos sociais.

Argumenta-se que Marx contribuiu para uma análise temporal de determinada fase do desenvolvimento do capitalismo e que, para a atual conjuntura, tal análise não faria sentido, pois os tempos são outros. Esse argumento de que a teoria marxista não contribui para o entendimento da realidade social contemporânea indica um relativo desconhecimento das ideias marxistas, uma vez que essa teoria interpreta a organização social em que vivemos. É por isso que entendemos que o fato de esse modo de produção ainda não ter sido superado faz com que a teoria marxista continue a ter relevância na atualidade.

Além disso, ela tem recebido importantes interpretações e novas indagações sobre o modo de produção capitalista. Oliveira (2004, p. 15) observa que "o que há de mais fértil numa construção teórica é a sua capacidade de renovar-se, pôr-se diante dos dilemas históricos, atiçar o pensamento e fornecer-lhe os meios de ainda avançar. Pois é o que ocorre com Marx". A fertilidade da concepção marxista de interpretação da realidade se dá porque Marx e Engels se dedicaram não só a problematizar o advento econômico do capitalismo de seu tempo, mas, principalmente, a indicar a importância da análise das relações sociais de produção para compreender outros aspectos da vida em sociedade, como as ideias e a cultura, de modo geral. Eles contribuíram, portanto, para o desenvolvimento de uma concepção ontológica histórico-social na produção do conhecimento*.

---

* Tonet (2013, p. 12-15) explica que "a ontologia é o estudo do ser, isto é, a apreensão das determinações mais gerais e essenciais daquilo que existe". Diferentemente de uma perspectiva meramente gnosiológica/epistemológica de produção do conhecimento, em que este é entendido como resultado de uma construção arbitrária e subjetiva, a perspectiva ontológica implica a subordinação do sujeito ao objeto, pois o foco é traduzir, no pensamento, a realidade do próprio objeto. Isso quer dizer que o objetivo é captar "as determinações mais gerais e essenciais do ser", que, no caso de Marx e Engels, são as classes sociais, uma vez que elas seriam o sujeito fundamental da história e, portanto, do conhecimento.

Assim, o fato de o homem produzir sua existência, com toda a distinta singularidade de nosso tempo, como a internacionalização do capital, continua a caracterizar essencialmente um sistema capitalista e que, assim como no tempo de Marx e Engels, assume dimensões ultradestrutivas para a humanidade, uma vez que a exploração, tanto do homem como da natureza, se estabelece pela lógica da degradação.

Outra questão, não menos importante, é a existência de algum consenso entre os estudiosos marxistas que afirmam que nem Marx nem Engels produziram textos específicos sobre a educação; todavia, enfatizamos que isso não significa que não tenham dado uma grande contribuição para a definição de uma concepção de formação humana.

Desse modo, com base na produção científica deixada por Marx e Engels, é possível discutir uma concepção de educação e de formação de professores. Entendemos que a teoria marxiana é tão importante para a educação exatamente pelo viés segundo o qual contribui para uma apreensão da realidade em seus aspectos universais, como a sociedade capitalista, e singulares, como a questão da formação humana.

Para tanto, é fundamental, por meio desse referencial teórico, abordar como os homens se relacionam para produzir sua existência, num determinado momento histórico, tendo em vista que essas relações interferem nos demais complexos sociais. Isso quer dizer que a questão do trabalho, em seu sentido geral, e a das classes sociais, numa determinada forma de sociedade, precisam ser consideradas.

Sobre a questão do trabalho, numa acepção geral, Marx (2013, p. 255-256) esclarece suas características fundamentais:

> No final do processo do trabalho, chega-se a um resultado que já estava presente na representação do trabalhador no início do processo, portanto, um resultado que já existia idealmente. Isso não significa que ele se limite a uma alteração da forma do elemento natural; ele realiza neste último, ao mesmo tempo, seu objetivo, que ele sabe que determina, como lei, o tipo e o modo de sua atividade e ao qual ele tem de subordinar sua vontade. E essa subordinação não é um ato isolado. Além do esforço dos órgãos que trabalham, a atividade laboral exige a vontade orientada a um fim, que se manifesta como atenção do trabalhador durante a realização de sua tarefa, e isso tanto mais quanto menos esse trabalho, pelo seu próprio conteúdo e pelo modo de sua execução, atrai o trabalhador, portanto, quanto menos este último usufrui dele como jogo de suas próprias forças físicas e espirituais.

Com base na citação anterior, podemos inferir que, para Marx, o trabalho é uma atividade ontológica fundamental, considerando que, por meio dele, no decurso histórico, o homem se diferenciou essencialmente dos animais.

Outra citação que pode contribuir para esse entendimento é a que apresentamos a seguir:

> O trabalho é, antes de tudo um processo entre o homem e a natureza, processo este que o homem, por sua própria ação, medeia, regula e controla seu metabolismo com a natureza. Ele se defronta com a matéria natural. [...] Agindo sobre a natureza externa e modificando-a por meio desse movimento, ele modifica, ao mesmo tempo, sua própria natureza. [...] Pressupomos o trabalho numa forma em que ele diz respeito unicamente ao homem. (Marx, 2013, p. 255-256)

Assim, Marx elucida que o trabalho, em sua forma ontológica, pressupõe a relação do homem com a natureza e que, ao modificá-la, também ele se modifica. Embora a teoria marxiana parta do trabalho em seu sentido genérico, como autoprodução humana do homem, o foco foi analisar o trabalho na forma capitalista de sociedade, considerando-se fundamentalmente como os homens se organizam socialmente para desenvolver o trabalho, a fim de suprir suas necessidades. É nesse sentido que a luta de classes ganha centralidade na teoria social de Marx.

O autor que se dedicou a aprofundar a análise do trabalho, sem considerá-lo numa forma específica de sociedade, foi György Lukács. Para esse estudioso,

> Somente no trabalho, no pôr do fim e de seus meios, com um ato dirigido por ela mesma, com o pôr teleológico, a consciência ultrapassa a simples adaptação ao ambiente – o que é comum também àquelas atividades dos animais que transformam objetivamente a natureza de modo involuntário – e executa na própria natureza modificações que, para os animais, seriam impossíveis e até mesmo inconcebíveis. (Lukács, 2013, p. 63)

Lukács (2013) define o trabalho como o intercâmbio do homem com a natureza para a satisfação de suas necessidades. Nesse processo, o trabalho, como mediação, possibilitou a superação da animalidade. O autor destaca que

> a necessidade de seu domínio sobre si mesmo, a luta constante contra os próprios instintos, afetos etc. [...] o homem se tornou homem exatamente nessa luta, por meio dessa luta contra a própria constituição naturalmente dada, e que o seu desenvolvimento ulterior, o seu aperfeiçoamento, só pode seguir se realizando por esse caminho e com esses meios. (Lukács, 2013, p. 155)

O trabalho, nessa perspectiva, é fundamentalmente positivo, uma vez que promove o desenvolvimento das potencialidades humanas. Já o trabalho na forma histórica capitalista, foco da análise de Marx, sobretudo na obra *O capital*, assume muitas características negativas, considerando-se que o domínio sobre o processo de trabalho não acontece mais porque este é planejado por outros sujeitos, além de ser repetitivo, exaustivo e degradante, na medida em que não é possível sequer a satisfação das necessidades fundamentais.

O resultado do trabalho, em sua gênese, era generalizado para o conjunto da sociedade. Assim, tanto o produto do trabalho quanto os conhecimentos, técnicas, habilidades eram de domínio coletivo. Sobre a generalização, Lukács (2013, p. 86) afirma:

> Na medida em que as experiências de um trabalho concreto são utilizadas em outro, ocorre gradativamente sua – relativa – autonomia, ou seja, a fixação generalizadora de determinadas observações que já não se referem de modo exclusivo e direto a um único procedimento, mas, ao contrário, adquirem certa generalização como observações de eventos da natureza em geral. São essas generalizações que formam os germes das futuras ciências, cujos inícios, no caso da geometria e da aritmética, se perdem em um passado remoto. Mesmo sem que se tenha uma clara consciência disso, tais generalizações apenas iniciais já contêm princípios decisivos de futuras ciências autenticamente autônomas.

Lukács (2013) contribui para o entendimento de que a gênese da educação e da ciência já se fazia presente nas formas iniciais de trabalho; são, portanto, fundadas por ele. Conforme sua análise, a educação se constitui como uma práxis social, pois possibilita o intercâmbio entre os homens, a fim de se transmitirem conhecimentos, habilidades, valores. É nesse sentido que o autor esclarece que os pores teleológicos* assumem duas formas: (1) os pores que buscam a transformação da natureza e (2) os pores que se propõem a exercer influência sobre a consciência de outros homens.

Lukács (2013, p. 178) destaca que a educação em "sua essência consiste em influenciar os homens no sentido de reagirem a novas alternativas de vida do modo socialmente intencionado. O fato de essa intenção se realizar – parcialmente – de modo ininterrupto ajuda a manter a continuidade na mudança da reprodução do ser social [...]". Dessa maneira, a diferenciação entre trabalho e educação é feita porque as funções que eles exercem na sociedade são distintas e, também, porque a educação só foi possível pelo desenvolvimento do trabalho.

Tonet (2007, p. 17) esclarece que todas as práxis sociais "têm uma relação de dependência ontológica em relação ao trabalho, mas a função que são chamadas a exercer exige que elas tenham em relação a ele uma distância – base da autonomia relativa – sem a qual não poderiam cumpri-la. Daí a sua especificidade".

Ao tratar da educação, Tonet (2007, p. 65) sintetiza:

> Resumindo, podemos dizer que a natureza essencial da atividade educativa consiste em propiciar ao indivíduo a apropriação de conhecimentos, habilidades, comportamentos etc. que se constituem em patrimônio acumulado e decantado ao longo da história da humanidade, contribuindo, assim, para que o indivíduo se construa como membro do gênero humano e se torne apto a reagir face ao novo de um modo que contribua para a reprodução do ser social, que se apresenta sob determinada forma particular.

---

* O pôr teleológico é a ação humana de objetivar uma finalidade, cujo resultado é a transformação da realidade, tanto objetiva quanto subjetiva. Em outros termos, é a ação do ser humano para conformar a realidade objetiva, a partir de um fim previamente ideado (Lukács, 2013).

Destacamos aqui dois elementos importantes da contribuição marxista: o **trabalho** e a **educação**. Na perspectiva teórica do marxismo, o trabalho e a educação são dimensões sem as quais o homem, ser histórico e social, jamais realizaria sua humanidade. Isso porque o indivíduo somente faz parte do gênero humano na medida em que tem as possiblidades de se apropriar daquilo que a humanidade produziu.

Diante do que expusemos, destacamos que o trabalho é ineliminável do ser social e a educação é o processo de universalização de seus resultados, em termos de conhecimentos e de habilidades, em que cada indivíduo, em sua relação com os outros, se reconhece e se constrói homem.

Mészáros (2008, p. 65) contribui para essa discussão ao afirmar que

> Dois conceitos principais devem ser postos em primeiro plano: a universalização da educação e a universalização do trabalho como atividade humana autorrealizadora. De fato, nenhuma das duas é viável sem a outra. Tampouco é possível pensar na sua estreita inter-relação como um problema futuro distante. Ela surge aqui e agora e é relevante para todos os níveis e graus de desenvolvimento socioeconômico.

Isso quer dizer que o trabalho e a educação são fundamentais para a existência da sociedade, para a reprodução da humanidade. Todavia, quando o trabalho e a educação se desenvolvem em sociedades organizadas por meio do antagonismo de classes, seus aspectos positivos vão sendo suplantados pelos interesses particulares de uma determinada classe. No caso da sociedade capitalista, a educação tem sido desenvolvida, principalmente, para a formação de força de trabalho, não promovendo o desenvolvimento das múltiplas potencialidades humanas.

Contraditoriamente, entretanto, a educação pode se constituir como um dos aspectos essenciais para a construção das condições de superação da reprodução da sociedade vigente, no sentido da transformação da consciência, do desvelamento da lógica do capital, a fim de se elaborarem estratégias para transformar nossas condições objetivas para um mundo socialmente justo. Nesse sentido, Marx e Engels consideram que, na constituição histórica da humanidade, o homem, além de realizar sua objetivação no mundo por meio do trabalho, constitui-se também pela formação dos sujeitos. Isso significa que transformar nossa forma de estar no mundo é também transformar nossa relação com os outros, por meio da educação. A educação se configura, portanto, como uma necessidade social, ao mesmo tempo que é uma das formas primordiais de desvelamento e transformação do mundo em que vivemos; porém, tem sido a principal forma de reproduzir e manter a sociedade existente.

Na próxima seção, trataremos especificamente da formação de professores e do modo como o marxismo se diferencia das demais teorias por oferecer contribuições essenciais para a compreensão da articulação entre a educação, o contexto social e a formação de professores.

RELAÇÕES ENTRE SOCIEDADE, EDUCAÇÃO E FORMAÇÃO DE PROFESSORES: CONTRIBUIÇÕES DA TEORIA MARXISTA

A educação sempre se objetiva como um campo de disputa, pois as diferentes concepções de educação estão assentadas em distintos projetos de sociedade, que se delineiam por meio da luta de classes. Conforme Frigotto (2003, p. 26),

Na perspectiva das classes dominantes, historicamente, a educação dos diferentes grupos sociais de trabalhadores deve dar-se a fim de habilitá-los técnica, social e ideologicamente para o trabalho. Trata-se de subordinar a função social da educação de forma controlada para responder às demandas do capital.

O autor destaca que, do ponto de vista da classe dominante, o papel da educação é unilateral, na medida em que enfoca, fundamentalmente, a formação de sujeitos para atender às demandas do mercado de trabalho. É nesse sentido que se faz necessário o entendimento histórico dos antagonismos de classe, uma vez que eles interferem na definição de diferentes concepções de formação.

Sobre isso, Marx e Engels (2007, p. 296) argumentam:

> Se as circunstâncias, sob as quais o indivíduo vive, lhe permitem apenas o desenvolvimento unilateral de uma característica às custas de todas as outras, [se] elas lhes dão material e tempo para o desenvolvimento de apenas uma característica, esse indivíduo alcança apenas um desenvolvimento unilateral, atrofiado.

Como já mencionamos, os autores não elaboraram nenhuma reflexão sistematizada sobre a educação, mas, ao defenderem uma concepção de sociedade, do ponto de vista da classe trabalhadora, produziram uma teoria social em contraposição à teoria liberal burguesa e, ao mesmo tempo, apresentaram críticas à formação humana na sociedade capitalista. Desse modo, enfatizaram que a superação de uma formação unilateral depende "do fato de vivermos ou não em circunstâncias que nos permitam uma atividade omnilateral, e com isso uma formação de todas as nossas predisposições" (Marx; Engels, 2007, p. 287).

Por isso, o fato de o trabalhador, na sociedade capitalista, não ter domínio de todo o processo de trabalho, dado que apenas realiza ações planejadas por outros, em situações rotineiras e repetitivas, não exige o desenvolvimento das múltiplas potencialidades humanas. Assim, a formação omnilateral busca o desenvolvimento dessas potencialidades, o que requer um projeto de formação humana que se contraponha à perspectiva burguesa.

Marx, em "Instruções aos Delegados do Conselho Central Provisório", texto de 1868, destacou o que defendia para a educação:

1) Educação intelectual.

2) Educação corporal, tal como a que se consegue com os exercícios de ginástica e militares.

3) Educação tecnológica, que recolhe os princípios gerais e de caráter científico de todo o processo de produção e, ao mesmo tempo, inicia as crianças e os adolescentes no manejo de ferramentas elementares dos diversos ramos industriais. (Marx; Engels, 2004, p. 68)

Essa concepção de educação seria desenvolvida pelas escolas politécnicas*, na perspectiva da omnilateralidade. Nessa direção, Marx (2013, p. 558) enfatiza a necessidade de "substituição do indivíduo parcial, mero portador de uma função social de detalhe, pelo indivíduo plenamente desenvolvido, para o qual as diversas funções sociais são modos alternantes de atividade". Uma fase de revolucionamento desse processo seria, de acordo

---

* Com base nessa concepção de escola politécnica, fundamentada na união do ensino teórico com o ensino prático, Gramsci propõe a escola unitária. Para um aprofundamento sobre essa temática, indicamos a leitura de *Gramsci, o Estado e a escola* (Soares, 2000).

com o autor, as escolas politécnicas. Todavia, elas deveriam ser entendidas apenas como um avanço na formação; para que isso acontecesse de modo efetivo, a organização do trabalho também deveria ser revolucionada. Por isso Marx insistia na necessidade de modificação das condições sociais para a criação de um ensino verdadeiramente novo.

Com base nessa exposição da concepção de formação humana de Marx, ressaltamos que sempre haverá limites, na sociedade capitalista, para o desenvolvimento do homem completo. Contudo, esse é o horizonte que orienta a direção da concepção de educação marxista. Tendo isso em vista, reforçamos que a educação em geral e a formação de professores mais especificamente estão condicionadas à economia, à política e à cultura, num determinado tempo histórico.

Numa perspectiva marxista, a formação de professores deve abranger os aspectos intelectuais, físicos e tecnológicos, superar a dicotomia entre a teoria e a prática, ou seja, entre o pensar e o fazer docente. Nesse sentido, as atividades intelectuais e práticas da formação de professores não podem estar vinculadas às necessidades imediatas do capital nem às formas meramente técnicas do fazer docente.

A atividade docente entendida como **práxis** contribui para a superação da prática como atividade instrumental, utilitária e imediatista, que dispensa a reflexão pelos aspectos éticos e filosóficos, inibindo a reflexão crítica sobre a intencionalidade da ação educativa na formação do professor. A práxis, na perspectiva do marxismo, constitui-se em uma atividade social, que se fundamenta por uma concepção de sociedade, de homem e de educação, a fim de contribuir para uma ação coletiva transformadora, no sentido social mais amplo, o que pressupõe ir além do aspecto prático imediato da ação intencional individual. Baseando-se na concepção de práxis de Marx, Vázquez (1990, p. 406) a define como

> atividade material humana, transformadora do mundo e do próprio homem. Essa atividade real, objetiva, é, ao mesmo tempo, ideal, subjetiva e consciente. Por isso insistimos na unidade entre a teoria e a prática, unidade que implica também uma certa distinção e autonomia relativa. A práxis não tem para nós um âmbito tão amplo que possa inclusive englobar a atividade teórica em si, nem tão limitado que se reduza a uma atividade meramente material.

Nessa visão, a práxis revolucionária significa a realização de uma práxis criadora, humanizante, "mas essa transformação consciente da realidade histórica e social tem por base o conhecimento das leis que regem as estruturas sociais e das que presidem a passagem de uma estrutura social (o capitalismo) a outra (o socialismo)" (Vázquez, 1990, p. 408).

Assim, a concepção marxista de formação de professores se contrapõe à perspectiva da epistemologia da prática, fundamentada no pragmatismo norte-americano, em que o processo de ação-reflexão-ação é concebido como uma atividade individual para resolver problemas imediatos da prática docente, limitando-se a melhorar a educação para aprimorar a sociedade capitalista. Além disso, opõe-se a qualquer proposta de formação que minimize a importância da sólida formação, assentada nos fundamentos das diferentes ciências da educação. A defesa de que o conhecimento da didática e dos métodos de ensinar é o que melhor prepara um professor reforça uma formação competente para as demandas da sociedade, contudo sem o conhecimento das leis que a regem, pressuposto necessário para uma práxis criadora, humanizante.

Moraes e Soares (2005, p. 266) destacam o que consideram como problemas presentes na formação do professor:

> excessiva valorização da epistemologia da prática profissional, da formação do professor-reflexivo, do professor-investigador, do professor--prático-reflexivo, do professor-profissional, entre outras adjetivações, que expressam os diversos constructos que encontram sua raiz nas epistemologias pragmáticas/praticistas.

Esses problemas, segundo as autoras, restringem a formação ao "desenvolvimento de competências de caráter instrumental para 'praticar, fazer e interagir'" (Moraes; Soares, 2005, p. 270). Essa tendência hegemônica na formação de professores significa, conforme Moraes e Torriglia (2000, p. 57, grifo do original), um fenômeno "de *lightinização* na educação em geral e na brasileira em particular. [...] este processo está contaminado por elementos que cerceiam as possibilidades de crítica e de debate, comprometendo a dinâmica do complexo educativo, ameaçando-o em sua própria identidade".

Em contraposição a esse fenômeno, as autoras ressaltam que é necessário "reafirmar a relevância da produção do conhecimento e, portanto, da pesquisa, e sua importância para a formação de educadores, seria o contraponto necessário para reverter este processo" (Moraes; Torriglia, 2000, p. 57).

A visão pragmática de vida social é influência determinante para o movimento que Moraes (2003) denominou *recuo da teoria* na área da educação. Sobre isso, a autora afirma que "a discussão teórica tem sido gradativamente suprimida ou relegada a segundo plano nas pesquisas educacionais, com implicações que podem repercutir, a curto e médio prazos, na própria produção de conhecimento na área" (Moraes, 2003, p. 153).

Consideramos que somente o estudo de autores clássicos e contemporâneos da sociologia, da filosofia, da psicologia, da história, da economia pode contribuir para apreender a lógica global do sistema de produção no qual vivemos, para que seja possível uma atuação consciente como profissional da educação. Não é por acaso que as políticas que propõem reformas na formação de professores têm indicado a necessidade de diminuição, no currículo, do tempo destinado ao estudo dessas áreas.

Frigotto (1998, p. 14) estabelece uma crítica ao reducionismo da formação ao apontar que

> os processos educativos e formativos, que, ao mesmo tempo, são constituídos e constituintes das relações sociais [...], passam por uma ressignificação no campo das concepções e das políticas. Estreita-se ainda mais a compreensão do educativo, do formativo e da qualificação, desvinculando-os da dimensão ontológica e da produção, reduzindo-os ao economicismo do emprego e, agora, da empregabilidade.

Essa formação unilateral impede que a educação proporcione o acesso aos conhecimentos produzidos nas mais diversas áreas do conhecimento científico, filosófico e artístico, limitando-a para o desempenho de uma atividade social. Desse modo, a teoria marxista contribui para o entendimento da categoria *trabalho*, das contradições das relações sociais de produção e da educação. Discutir esses aspectos de forma interligada é fundamental para a compreensão das possibilidades emancipatórias do trabalho e da educação.

Uma prática emancipatória significa a verdadeira liberdade do homem e de sua relação com outros homens; ela é também a proposição da superação da noção de liberdade individual, entendida como natural na sociedade capitalista, cujo ponto central é a defesa da propriedade individual e privada.

De acordo com Marx (1993, p. 63, grifo nosso),

> **Toda** a emancipação constitui uma **restituição** do mundo humano e das relações humanas ao **próprio** homem. [...] A emancipação humana só será plena quando o homem [...] tiver reconhecido e organizado as suas próprias forças (*forces propres*) como forças **sociais**, de maneira a nunca mais separar de si esta força social como força **política**.

O autor diferencia emancipação política de emancipação humana, especialmente no artigo *Glosas críticas marginais ao artigo "O rei da Prússia e a reforma social" de um prussiano* (Marx, 2010) e na obra *A questão judaica* (Marx, [S.d]). Para ele, a emancipação política é um meio para se chegar à emancipação humana, porém não de forma automática. Isso porque um dos limites da emancipação política é que, por mais que se ampliem os direitos, no plano político, não se exclui a exploração que se dá nas relações sociais de produção de tipo capitalista.

É nesse sentido que Tonet (2005, p. 475) afirma que "o cidadão é, por sua natureza, sempre homem parcial. O homem em sua plenitude está necessariamente para além da cidadania". Isso significa que a emancipação humana somente será possível quando ocorrer a superação da desigualdade de classes, por meio de um processo revolucionário. Conforme o autor,

> Se considerarmos, então, a sociedade atual veremos que uma proposta de educação emancipadora só poderá ser explicitada em seus elementos

gerais, mas nunca levada à prática como um conjunto sistematizado. A disputa, certamente, pode e deve ser efetuada, mas não se pode ter a ilusão de que é possível estruturar uma educação emancipadora como um conjunto sistematizado e largamente praticável em oposição a uma educação conservadora. (Tonet, 2005, p. 478)

Assim, se levarmos em conta a estrutura social atual e seus determinantes na forma de organização da educação como um todo, perceberemos que há limites para que a concepção de professores numa perspectiva marxista seja possível.

De qualquer modo, os elementos fundantes da teoria marxista expostos aqui contribuem para pensar a formação docente em seu sentido mais amplo, pois consideramos que a ação pedagógica pode ter como finalidade última a emancipação humana. Nesse sentido, Tonet (2005, p. 479) questiona:

> Se entendemos que a nossa atividade educativa deve ser articulada (falamos em termos de fins e não de meios) com a emancipação humana e não com a emancipação política (cidadania), então a pergunta que naturalmente pode nos ocorrer é esta: em que consiste uma atividade educativa emancipadora?

Em resposta a seu questionamento, o autor elabora alguns requisitos que julga essenciais para o desenvolvimento de atividades educativas emancipadoras. Tais requisitos indicam algumas questões que, numa perspectiva marxista, são imprescindíveis na formação docente:

1. conhecimento sólido da natureza da emancipação humana;
2. conhecimento do processo histórico real;
3. conhecimento da natureza essencial do campo específico da educação;

4. domínio dos conteúdos específicos, próprios de cada área do conhecimento;
5. articulação da atividade educativa com as lutas da classe trabalhadora.

Sobre o primeiro requisito, Tonet (2005) sublinha a necessidade de haver clareza sobre as diferenças entre a emancipação política (cidadania) e a emancipação humana, pois é fundamental que a finalidade da ação educativa esteja clara para o professor, mesmo que esta seja apenas uma possibilidade histórica. O horizonte da atividade do professor é o que dirige seu processo de trabalho, por isso é imprescindível o estudo das questões relacionadas aos limites da cidadania e das possibilidades para a superação do antagonismo de classes.

Com relação ao segundo requisito, o autor indica a importância do conhecimento da história, sobretudo da forma capitalista de sociedade, suas contradições, problemas sociais e crises que afetam, também, a educação. É preciso ter em mente que a educação é um complexo social que somente pode ser entendido no conjunto da totalidade social. É nesse sentido que destacamos o domínio dos conhecimentos das diversas ciências da educação, especialmente sociologia da educação, filosofia da educação, história da educação, entre outras.

O terceiro requisito diz respeito ao conhecimento sobre a área da educação em sentido amplo. Esse conhecimento, na visão de Tonet (2005), é necessário para que não sejam atribuídas à educação finalidades que não são suas, como a de transformar a sociedade, por exemplo. Ao mesmo tempo, esse requisito é importante para que não seja subestimado demasiadamente o papel da educação, como mera reprodutora da sociedade capitalista.

O quarto requisito aponta a necessidade do domínio dos conhecimentos específicos com os quais o professor vai trabalhar. O autor defende que o papel fundamental da educação é garantir a apropriação dos conhecimentos mais avançados, nas mais diversas áreas do conhecimento, pois o pertencimento do indivíduo ao gênero humano pressupõe a aquisição do que a humanidade foi capaz de produzir até este momento histórico. Esse requisito vai na direção daquilo que Marx concebeu como formação omnilateral, ou seja, a possiblidade do desenvolvimento das múltiplas potencialidades humanas.

O quinto requisito refere-se ao compromisso político do professor com a classe trabalhadora. Embora não seja papel da educação construir uma nova sociedade, Tonet (2005) afirma que ela pode dar uma contribuição importante nesse processo, ao atuar com a classe trabalhadora na conscientização dos problemas sociais e em suas lutas em defesa de uma sociedade verdadeiramente humana.

Esses requisitos fundamentam um projeto de formação de professores que, como salientamos, vai na direção oposta do que hegemonicamente vem se delineando nos cursos de licenciatura. Entretanto, eles indicam, sobretudo, o **conteúdo** dessa formação, mas este não pode ser concebido desvinculado de uma **forma** apropriada, ou seja, de um currículo que possibilite um tempo adequado e com propostas que articulem organicamente a teoria e a prática docente.

Isso sinaliza a necessidade de revisão das propostas existentes nas licenciaturas, em que o tempo de formação é limitado e a inserção dos futuros professores nas escolas se dá de maneira eventual, com atividades isoladas, com estágios com carga horária restrita e com poucas possibilidades de um efetivo acompanhamento do professor formador.

Sabemos dos limites que a materialidade social impõe para a consecução de um projeto de formação de professores nessa direção, mas o debate está aberto e a concretização desse projeto formativo só será possível à medida que mais pessoas passarem a conhecê-lo, defendê-lo e colocá-lo, coletivamente, em ação.

FINALIZANDO

Neste capítulo, buscamos, com base nas contribuições da obra de Marx e Engels e de autores marxistas contemporâneos, problematizar a questão da formação de professores na realidade brasileira. Para tanto, indicamos a importância de nos basearmos na concepção de formação humana, na teoria marxista, articulada às questões ideológicas, decorrentes das relações sociais de produção que orientam as concepções de sociedade, educação e formação de professores.

Destacamos que a educação e a formação docente são campos de disputa, permeados por relações de classe. Assim, explicitamos um projeto de formação de professores assentado na perspectiva marxista de formação humana, em oposição à concepção hegemônica, baseada na epistemologia da prática.

A concepção marxista se distancia, portanto, do fazer prático, da necessidade imediata e, principalmente, da dicotomia entre o conhecimento e o fazer docente, uma vez que "quanto mais nos afastamos da simples imediatidade, mais se alarga a rede destas relações, mais integralmente as 'coisas' se incorporam no sistema destas relações" (Lukács, 1974, p. 173) e, assim, possivelmente teremos uma educação capaz de se tornar transformadora.

Ao longo deste capítulo, defendemos que a sólida formação teórica é uma necessidade e que somente terá a possibilidade de contribuir para uma formação na direção do que Tonet (2005) caracterizou como atividades educativas emancipadoras se no projeto formativo estiverem previstas atividades que, de fato, articulem organicamente os fundamentos teóricos com a ação prática. A relação entre uma teoria ampla e profunda, de base crítica, e uma prática pedagógica intensiva e extensiva poderá contribuir para superar os limites da formação de professores na realidade brasileira.

Sabemos da amplitude e complexidade desse desafio – considerando a concepção que fundamenta a ação da maioria dos profissionais que atuam nos cursos de formação de professores – e dos limites objetivos para a realização de um projeto de curso com tempo mais ampliado e com uma relação mais próxima com as instituições educativas, seja nos estágios, seja nas mais diversas atividades de inserção dos estudantes no futuro campo de atuação profissional.

REFERÊNCIAS

FRIGOTTO, G. **Educação e a crise do capitalismo real**. 5. ed. São Paulo: Cortez, 2003.

FRIGOTTO, G. (Org.). **Educação e crise do trabalho**: perspectivas de final de século. Petrópolis: Vozes, 1998.

HEINRICH, M. **Karl Marx e o nascimento da sociedade moderna**: biografia e desenvolvimento de sua obra – 1818-1841. São Paulo: Boitempo, 2018. v. 1.

LUKÁCS, G. **História e consciência de classe**. Porto: Escorpião, 1974.

LUKÁCS, G. **Para uma ontologia do ser social II**. São Paulo: Boitempo, 2013.

MARX, K. **A questão judaica**. 2. ed. São Paulo: Moraes, [S.d.].

MARX, K. **Glosas críticas marginais ao artigo "O rei da Prússia e a reforma social" de um prussiano**. São Paulo: Expressão Popular, 2010.

MARX, K. Instruções aos Delegados do Conselho Central Provisório. In: MARX, K.; ENGELS, F. **Textos sobre educação e ensino**. São Paulo: Centauro, 2004. p. 67-69.

MARX, K. **Manuscritos econômico-filosóficos**. Lisboa: Edições 70, 1993.

MARX, K. **O capital**: crítica da economia política. São Paulo: Boitempo, 2013.

MARX, K.; ENGELS, F. **A ideologia alemã**. Rio de Janeiro: Civilização Brasileira, 2007.

MÉSZÁROS, I. **A educação para além do capital**. 2. ed. São Paulo: Boitempo, 2008.

MORAES, M. C. M.; TORRIGLIA, P. L. Educação light, que palpite infeliz! Indagações sobre as propostas do MEC para a formação de professores. **Teias**, Rio de Janeiro, v. 1, n. 2, p. 51-59, jul./dez. 2000.

MORAES, M. C. M.; SOARES, K. C. D. Cenas empobrecidas do conhecimento e do trabalho docentes. **Educação**, Porto Alegre, n. 2, p. 265-281, maio/ago. 2005.

MORAES, M. C. M. Recuo da teoria. In: MORAES, M. C. M. (Org.). **Iluminismo às avessas**: produção de conhecimento e políticas de formação docente. Rio de Janeiro: DP&A, 2003. p. 151-167.

OLIVEIRA, A. R. **Marx e a exclusão**. Pelotas: Seiva, 2004.

SOARES, R. D. **Gramsci, o Estado e a escola**. Ijuí: Ed. da Unijuí, 2000.

TONET, I. Educar para a cidadania ou para a liberdade? **Perspectiva**, Florianópolis, v. 23, n. 2, p. 469-484, jul./dez. 2005.

TONET, I. **Educação contra o capital**. Maceió: Edufal, 2007.

TONET, I. **Método científico**: uma abordagem ontológica. São Paulo: Instituto Lukács, 2013.

VÁZQUEZ, A. S. **Filosofia da práxis**. 4. ed. Rio de Janeiro: Paz e Terra, 1990.

Juliano Agapito
Márcia de Souza Hobold

CAPÍTULO 11

Contribuições de Paulo Freire para a formação de professores

INTRODUÇÃO

Tendo em vista os dilemas ético-políticos desencadeados no sistema político brasileiro a partir de meados de 2016, a sociedade como um todo tem se deparado com a necessidade de debater e reivindicar direitos que acreditávamos estivessem assegurados à população do país, ao menos desde a promulgação da Constituição Brasileira de 1988. Assim, gerações distintas de brasileiras e brasileiros têm se unido (ou tentado se unir) no sentido de assegurar as garantias constitucionais que vêm sendo negligenciadas em prol da implementação de uma agenda política eminentemente neoliberal, não eleita e não aprovada pela maioria do povo brasileiro.

Nesse contexto, o campo educacional tem sido foco de investidas ideológicas que visam consolidar as mudanças decorrentes desse processo de instabilidade política. Tal fato pode ser constatado ao analisarmos as atuais propostas de reforma do ensino médio e da nova Base Nacional Comum Curricular (Brasil, 2017a, 2017b), ambas aprovadas a toque de caixa, sem a devida discussão com os entes envolvidos diretamente no processo educativo.

Do mesmo modo, com a instabilidade política, ganham forças projetos como o Escola sem Partido, que já foi aprovado em câmaras municipais pelo país e tem como eixo norteador o cerceamento da ação docente, o controle sobre a liberdade de ensino, pondo em risco a laicidade da escola pública e o respeito às diferenças e à diversidade humana, que, a muito custo, têm sido conquistados por meio de lutas históricas da sociedade e de seus movimentos sociais organizados.

No que tange à formação de professores, foco deste capítulo, em outubro de 2017, o governo federal apresentou a proposta de uma nova Política Nacional de Formação de Professores, relacionada à já mencionada reforma do ensino médio, e propôs, também, a criação de uma Base Nacional de Formação Docente, mudanças no financiamento estudantil, em programas de inserção à docência e na oferta de formação a distância para profissionais do ensino. Tais propostas igualmente não emergem do debate profundo com a classe docente brasileira, o que as caracteriza como antidemocráticas; assim, mesmo antes de serem efetivadas, já suscitam desconfiança e insegurança.

Saviani (2017), ao discorrer sobre o conceito de democracia e relacioná-lo ao atual contexto brasileiro, considera essencial que seja retomado e respeitado o caráter formal da democracia, tendo em vista que, sem ele, rompe-se a institucionalidade democrática e abre-se margem para todo tipo de arbítrio. Para o autor, o que acontece hoje no Brasil pode ser compreendido como uma ditadura que conta com a cumplicidade da grande mídia e a participação do próprio Poder Judiciário, o que deixa os atingidos sem ter a quem recorrer.

É desse cenário – em que o sistema democrático de direito se encontra fragilizado e do qual o campo educacional vem recebendo reflexos – que desponta a proposta aqui apresentada de retomar os postulados de Paulo Freire, mais especificamente no que concerne à formação de professores segundo a perspectiva por ele desenvolvida.

Tendo como conceito central de sua obra a conscientização, Freire defende a ideia de que a educação é uma prática social, voltada à formação humana, não neutra, dialógica e que deve se dar no cotidiano, na prática, e não somente na teoria. Trata-se de uma vivência concreta que se realiza com fortes implicações políticas (Pena; Nunes; Kramer, 2018). Para tanto, tomamos como ponto de partida uma tríade conceitual definida mediante as contribuições de Paulo Freire para a discussão educacional, ou seja, optamos por buscar aproximações entre o campo da formação de professores e as ideias do autor sobre **dialogicidade, conscientização** e **politicidade** na formação humana. Assim, esperamos problematizar, com as contribuições de Paulo Freire, a formação do sujeito professor a fim de emancipá-lo como participante ativo de sua formação e de seu desenvolvimento, profissional e humano.

A FORMAÇÃO DE PROFESSORES E A DIALOGICIDADE

A importância de uma formação adequada de professores, que impulsione as mudanças ansiadas pela sociedade no campo educacional, tem sido discutida e estudada há bastante tempo. No que se refere à caracterização da formação do professor, ressaltamos que ela faz parte de um percurso de desenvolvimento profissional pelo qual todos os docentes passam, em que os processos de formação se relacionam a outros elementos da profissão. Na concepção de Imbernón (2011, p. 46),

> a profissão docente desenvolve-se por diversos fatores: o salário, a demanda do mercado de trabalho, o clima de trabalho nas escolas em que é exercida, a promoção na profissão, as estruturas hierárquicas, a carreira docente etc. e, é claro, pela formação permanente que essa pessoa realiza ao longo de sua vida profissional. Essa perspectiva é mais global e parte da hipótese de que o desenvolvimento profissional é um conjunto de fatores que possibilitam ou impedem que o professor progrida em sua vida profissional.

No decorrer desse processo de desenvolvimento profissional pelo qual passam os professores, sua formação tem significativa relevância, e o modo como ocorre pode contribuir para seu sucesso ou seu fracasso. Estudos sobre o desenvolvimento profissional, como as pesquisas de Menslin (2012) e de Aguiar (2013), têm apontado a importância de uma formação de professores colaborativa, em que a troca de experiências e o diálogo sejam elementos norteadores do processo. Os resultados desses e de outros estudos permitem uma aproximação com a abordagem feita por Freire em sua teoria, na qual considera a dialogicidade como elemento essencial para a consecução de uma educação como efetiva prática da liberdade. Para o autor, "existir, humanamente, é pronunciar o mundo, é modificá-lo. O mundo pronunciado, por sua vez, se volta problematizado aos sujeitos pronunciantes, a exigir deles novo pronunciar" (Freire, 2017b, p. 108).

Nesse sentido, em que Freire (2017b) reconhece a dialogicidade como essência da educação como prática da liberdade, é possível pensar uma formação docente na qual os professores, ao dialogarem com seus pares, ao trocarem experiências, ao comunicá-las, possam refletir sobre sua ação educativa, conscientizar-se dela e buscar alternativas para aprimorá-la, transformá-la, na direção de uma educação libertadora que atenda a seus anseios, de seus estudantes e da comunidade escolar como um todo.

A perspectiva da dialogicidade apontada por Freire, principalmente em sua obra *Pedagogia do oprimido* (Freire, 2017b), pode ser estendida ao processo educativo como um todo, não apenas aos processos de formação de professores. Tanto na gestão escolar e na relação entre as famílias e a escola quanto na relação entre a educação e a sociedade de modo geral, o diálogo se configura como condição essencial para que se estabeleçam relações efetivamente horizontais, democráticas entre todos os sujeitos, pois, como já alertou Freire (2017b, p. 113), "falar, por exemplo, em democracia e silenciar o povo é uma farsa".

Para além da importância do diálogo na formação em serviço dos docentes, nos espaços de atuação profissional, na escola, cabe também pensar nos momentos de formação inicial e continuada de cunho "oficial" pelos quais passam os professores e futuros professores, como os cursos de magistério, graduação, especialização e outras etapas da pós-graduação.

É inerente ao aprimoramento dessas etapas de formação que sejam ministradas conforme a perspectiva defendida por Freire (2017b), em que, para se configurar como uma educação/formação autêntica, não se faça de A (professor formador) *para* B (futuro professor ou professor em formação), tampouco de A *sobre* B, mas de A *com* B mediatizados pelo mundo, que, na analogia aqui proposta, seria o mundo do ensino concreto, real, o mundo no qual professores em formação e futuros professores interagem entre si, com os demais atores do processo educativo, com a profissão e com todas as suas nuances.

Essa perspectiva aponta para a superação da educação "bancária" denunciada por Freire, na qual não há espaço para o diálogo e prepondera uma forma de comunicação vertical, em que os professores formadores (ou os órgão formadores que eles representam) se configuram como detentores de saberes que precisam ser repassados (depositados) aos docentes, a fim de que estes passem a exercer suas funções de acordo com o que se "espera" deles por parte de quem gerencia o ensino, o que, certamente, não coaduna com o que se "demanda" deles para atender às necessidades educacionais concretas de seus estudantes. Como explica Freire (2017b, p. 80-81),

> Em lugar de comunicar-se, o educador faz "comunicados" e depósitos que os educandos, meras incidências, recebem pacientemente, memorizam e repetem. Eis a concepção "bancária" da educação, em que a única margem de ação que se oferece aos educandos é a de receberem os depósitos, guardá-los e arquivá-los. Margem para serem colecionadores ou fichadores das coisas que arquivam. No fundo, porém, os grandes arquivados são os homens, nesta (na melhor das hipóteses) equivocada concepção "bancária" da educação. Arquivados, porque, fora da busca, fora da práxis, os homens não podem ser. Educador e educandos se arquivam na medida em que, nesta distorcida visão da educação, não há criatividade, não há transformação, não há saber. Só existe saber na invenção, na busca inquieta, impaciente, permanente, que os homens fazem no mundo, com o mundo e com os outros. Busca esperançosa também.

É diante dessa concepção apontada por Freire, da qual é preciso desvencilhar-se, que emerge a perspectiva de uma formação docente pautada no diálogo, na coletividade, nas trocas horizontais e no compartilhamento de ideias.

Em trabalho recente, em que foram analisados aspectos conceituais e práticos do desenvolvimento profissional dos professores (Hobold, 2018), foi relembrado um modelo de desenvolvimento profissional discutido por Oliveira-Formosinho (2009), denominado **curricular e/ou organizacional ou baseado em projetos**, no qual o trabalho coletivo na formação de professores passa a ser um grande desafio e, ao mesmo tempo, uma excelente oportunidade para que os professores se ajudem mutuamente. Trata-se de uma possibilidade a ser considerada e que vem ao encontro das pistas apontadas por Freire, as quais tentamos resgatar neste texto. Para Hobold (2018, p. 437), "dessa forma, o que precisa ser pensado para que esse modelo de desenvolvimento profissional aconteça, na prática, é propiciar espaços e tempo para que os professores possam dialogar e trocar experiências, fazeres e saberes". Ainda mais, espera-se que os professores possam se conscientizar da necessidade de romper com a característica individualizada que sua função, por vezes, assume (ou é levada a assumir) e que eles se unam na busca pela melhoria das condições de trabalho, dos planos de carreira, da valorização profissional docente, ou seja, se articulem para resistir aos aspectos fortemente impostos pelos princípios do sistema neoliberal. Trata-se de uma busca constante que garanta momentos de formação coletiva, a fim de que se solidarizem uns com os outros, se reconheçam como classe e se emancipem como unidade com exponencial potencial transformador da realidade social.

A FORMAÇÃO DE PROFESSORES E A CONSCIENTIZAÇÃO

Em sua obra, Freire evidencia a importância de os sujeitos tomarem consciência da realidade concreta em que estão inseridos, no sentido de avançarem da conscientização para um posicionamento crítico sobre essa realidade, bem como se engajarem na busca por uma atuação social pautada em uma práxis transformadora da realidade.

Com relação à especificidade de sua teoria no âmbito educacional, Freira tomou por base a concepção de consciência como condição elementar para a superação de uma pedagogia opressora, pensada *para* os sujeitos, e não *com/por* eles.

Dada a centralidade que a concepção de conscientização ocupa em seus textos, o próprio Freire preocupou-se em situá-la, ao discutir sobre a ampliação da visão de mundo por meio do ato educativo.

> Acredita-se geralmente que sou autor deste estranho vocábulo "conscientização" por ser este o conceito central de minhas ideias sobre a educação. [...]. Ao ouvir pela primeira vez a palavra conscientização, percebi imediatamente a profundidade de seu significado, porque estou absolutamente convencido de que a educação, como prática da liberdade, é um ato de conhecimento, uma aproximação crítica da realidade. (Freire, 1980, p. 25)

A aproximação crítica da realidade à qual se refere o autor corresponde à consciência dos sujeitos sobre sua condição no mundo e sobre as possibilidades que se apresentam de transformá-lo na direção de seus anseios. Portanto, educar, formar implica engajar-se na busca constante pela tomada de consciência, tanto individual quanto dos coletivos de sujeitos.

Para promover o encontro desse conceito com a formação de professores na atual conjuntura brasileira, objeto deste capítulo, é possível pensar por uma ótica dupla: o primeiro ponto é o trabalho dos professores formadores voltados a essa proposta conscientizadora no campo acadêmico; o segundo é a oferta de uma formação que possibilite aos futuros professores atuar com esse propósito junto às crianças, adolescentes e adultos para os quais lecionarão depois de formados.

Quanto ao processo de formação de professores nos cursos de formação inicial e continuada, bem como em outros momentos dessa formação, é essencial que os futuros docentes e os professores em exercício adquiram a consciência de que sua profissão (assim como seu desenvolvimento pessoal) exige um aprimoramento constante, tendo em vista que somos sujeitos (e profissionais) constantemente inacabados, sempre em formação, que estão aprendendo e se desenvolvendo. Para Freire (2017a, p. 56-57), "a consciência do mundo e a consciência de si como ser inacabado necessariamente inscrevem o ser consciente de sua inconclusão num permanente movimento de busca".

Com base na ideia de inconclusão, a tese de Freire coaduna com os pressupostos de uma formação docente compreendida como processo de desenvolvimento profissional, conceito que expressa uma "conotação de evolução e continuidade que, em nosso entender, supera a tradicional justaposição entre formação inicial e formação contínua dos professores" (Marcelo Garcia, 2009, p. 9).

No processo de formação docente, é primordial que a atuação dos professores formadores busque levar a seus estudantes (professores ou futuros professores) a compreensão da incompletude dessa formação.

> É na inconclusão do ser, que se sabe como tal, que se funda a educação como processo permanente. Mulheres e homens se tornaram educáveis na medida em que se reconheceram inacabados. Não foi a educação que fez mulheres e homens educáveis, mas a consciência de sua inconclusão é que gerou sua educabilidade. É também na inconclusão de que nos tornamos conscientes e nos inserta no movimento permanente de procura que se alicerça a esperança. (Freire, 2017a, p. 57)

Ao passo que o docente toma consciência da incompletude de sua formação, reconhece também sua incompletude como sujeito, percebendo-se no mundo (e na profissão) como ser em constante busca pela superação dos mecanismos sociais que cerceiam seu pleno desenvolvimento em ambos os aspectos. Portanto, a formação dos professores, além da dimensão técnica na qual se inscreve, tem a responsabilidade com a dimensão ético-política da profissão e com a consciência dos docentes acerca dessa dimensão. Assim,

> há uma diferença radical entre treinar e formar. Não é somente uma questão semântica. Formar é algo mais profundo que simplesmente treinar. Formar é uma necessidade precisamente para transformar a consciência que temos, aumentar sua curiosidade intuitiva, que nos caracteriza como seres humanos. (Freire, Freire, Oliveira, 2014, p. 73)

Ao adquirir consciência crítica sobre sua profissão e sua vida, o docente compreende também a necessidade de que seu trabalho concorra para a tomada de consciência, inclusive, daqueles com os quais interage no exercício da docência (seus alunos, estudantes). Ressaltamos que, como esclarece Freire, não é possível o educador pensar uma educação que conscientize seus estudantes, sem ter estreita relação com esses sujeitos, conhecer sua realidade e compartilhar de suas necessidades, para, assim, promover junto com eles um ensino que estimule a criticidade consciente e que vise à superação de quaisquer condições de submissão ou opressão social, ou seja, em que façam uma leitura ampliada de mundo.

Tendo em vista o cenário político antidemocrático que se tem desenhado no Brasil, e que incitou a escrita deste texto, faz-se premente aos estudiosos da formação docente problematizar a perspectiva de uma formação que fomente o debate e que permita aos atuais e futuros professores se engajarem, unidos, na superação desse cenário, contribuindo, pela via da educação, com a (re)construção de uma sociedade efetivamente democrática.

Ademais, pensar a formação docente como potencialmente conscientizadora dos sujeitos professores implica denunciar retrocessos e anunciar possibilidades coletivas de retomada dos rumos democráticos ora subjugados, pois "não se pode dar conscientização ao povo sem uma denúncia radical das estruturas desumanizantes, que marche junto com a proclamação de uma nova realidade que pode ser criada pelos homens" (Freire, 1980, p. 90).

A FORMAÇÃO DE PROFESSORES COMO ATO POLÍTICO

Conscientes de si, de sua profissão e do mundo, os professores certamente compreenderão o caráter político-ideológico que permeia a educação, por ser esta uma ação humana e, como todas as demais, encontrar-se encharcada de intencionalidades individuais e coletivas. Ao se tratar da educação como ato político, é importante elucidar a concepção de política adotada.

> Há uma dimensão na matriz da prática educativa que eu chamo de "politicidade". Politicidade é nada a mais, nada a menos do que a qualidade de ser político. [...] Mas quando eu falo de politicidade da Educação não estou falando de política partidária, apesar de reconhecer o direito dos partidos a suas concepções de Educação e a lutar por colocar estas concepções em prática. (Freire; Freire; Oliveira, 2014, p. 76)

Essa colocação de Freire sobre o que entende por *política* e como enxerga essa dimensão no ato educativo se torna preponderante para esta discussão, haja vista que, em virtude das recorrentes disputas ideológicas apresentadas no campo da educação brasileira, é comum que, por vezes, a sociedade e os próprios professores e demais profissionais do ensino sejam engendrados pelo discurso de neutralidade educativa, em que se alega a proposição de um ensino neutro, não ideológico (como a proposta do projeto Escola sem Partido, já mencionada no início deste capítulo).

Embora assimilada, por vezes, de modo ingênuo, a proposição de uma educação pautada na neutralidade está, na verdade, carregada de intencionalidade ideológica que visa à manutenção do *status quo*, uma perspectiva que prevê o aniquilamento de iniciativas de transformação consciente da realidade (humana, educacional ou da formação de professores). Nas palavras de Freire (2017a, p. 108-109),

> para que a educação fosse neutra era preciso que não houvesse discordância nenhuma entre as pessoas com relação aos modos de vida individual e social, com relação ao estilo político a ser posto em prática, aos valores a ser encarnados. Era preciso que não houvesse, em nosso caso, por exemplo, nenhuma divergência em face da fome e da miséria no Brasil e no mundo; era necessário que toda a população nacional aceitasse mesmo que elas, miséria e fome, aqui e fora daqui, são uma fatalidade do fim do século. Era preciso também que houvesse unanimidade na forma de enfrentá-las para superá-las. Para que a educação não fosse uma forma política de intervenção no mundo era indispensável que o mundo em que ela se desse não fosse humano.

Diante dessa concepção de que as ações humanas têm intencionalidade e, portanto, são políticas e de que a educação, por conseguinte, é uma ação humana política, podemos assegurar que a formação de professores se configura, necessariamente, como um **ato político**. Assim, emerge a demanda para os processos de formação abordarem essa perspectiva, levando os futuros professores e aqueles em exercício a tomar consciência dessa condição e a assumir a responsabilidade em sua condução.

Mediante a compreensão do viés ideológico presente nas proposições educativas, de formação, fica evidente que a possibilidade de transformação social perpassa pela tomada de consciência dos sujeitos, coletivamente. No tocante à formação de professores, que, por característica singular da profissão, formam a si mesmos e a seus pares, desponta ainda mais uma fecunda condição de mudança, de transformação. Para tanto, cabe àqueles que reconhecem a necessidade dessa mudança e que acreditam que o mundo pode se tornar um lugar melhor, para todos e todas, com o auxílio da educação, envidar esforços para desenvolver uma práxis docente reflexiva e efetivamente transformadora.

FINALIZANDO

Na busca por possíveis considerações a serem feitas por meio do estudo realizado para a produção deste capítulo, fica assegurada a fecunda possibilidade de discutir os processos de formação de professores, em um contexto de desenvolvimento profissional, com base nas contribuições de Paulo Freire, tanto por meio dos conceitos elencados (dialogicidade – conscientização – politicidade) quanto por meio de outros conceitos fundantes de sua teoria.

A respeito da dialogicidade como condição para promover uma formação que atenda às reais necessidades dos professores, é preciso considerar que ela se caracteriza como ponto de partida que permite atingir essas necessidades, haja vista que, por meio dela, podemos pensar a educação juntamente com os sujeitos.

Por sua vez, a ideia de conscientização, que perpassa toda a obra de Paulo Freire, configura-se como meio para que a educação, a formação dos sujeitos (professores ou outros), passe de mera reprodução ideológica, de mero depósito de conhecimentos técnicos, para a promoção de sujeitos com consciência crítica de seu espaço e de sua responsabilidade no mundo.

Finalmente, compreender a formação de professores como impossibilitada de assumir uma posição neutra diante da realidade enfatiza a condição política inerente ao ato educativo, que possibilita aos professores usar sua atuação para a busca de um mundo mais justo, em que o ensino (que recebem e que promovem) seja enaltecedor da dignidade humana.

Dadas essas inconclusas, porém promissoras e esperançosas, considerações, acreditamos ser possível conseguir avanços na direção de uma formação docente transformadora, com vistas ao exercício de um ensino, nas escolas, igualmente transformador.

REFERÊNCIAS

AGUIAR, C. R. de. **Desenvolvimento profissional dos professores dos anos iniciais do ensino fundamental**: contribuições da formação continuada. 150 f. Dissertação (Mestrado em Educação) – Universidade da Região de Joinville, Joinville, 2013.

BRASIL. Lei n. 13.415, de 16 de fevereiro de 2017. **Diário Oficial da União**, Poder Executivo, Brasília, DF, 17 fev. 2017a. Disponível em: <http://www.planalto.gov.br/ccivil_03/_ato2015-2018/2017/lei/l13415.htm>. Acesso em: 16 maio 2021.

BRASIL. Ministério da Educação. **Base Nacional Comum Curricular**. Brasília, 2017a.

FREIRE, P. **Conscientização**: teoria e prática da libertação. 3. ed. São Paulo: Moraes, 1980.

FREIRE, P. **Pedagogia da autonomia**: saberes necessários à prática educativa. 55. ed. Rio de Janeiro/São Paulo: Paz e Terra, 2017a.

FREIRE, P. **Pedagogia do oprimido**. 64. ed. Rio de Janeiro/São Paulo: Paz e Terra, 2017b.

FREIRE, P.; FREIRE, A. M. A.; OLIVEIRA, W. F. de. **Pedagogia da solidariedade**. São Paulo: Paz e Terra, 2014.

HOBOLD, M. de S. Desenvolvimento profissional dos professores: aspectos conceituais e práticos. **Práxis Educativa**, Ponta Grossa, v. 13, n. 2, p. 425-442, maio/ago. 2018.

IMBERNÓN, F. **Formação docente e profissional**: formar-se para a mudança e a incerteza. 9. ed. São Paulo: Cortez, 2011.

MARCELO GARCIA, C. Desenvolvimento profissional docente: passado e futuro. **Sísifo: Revista de Ciências da Educação**, Lisboa, n. 8, p. 7-22, jan./abr. 2009.

MENSLIN, M. S. **Desenvolvimento profissional dos professores dos anos finais do ensino fundamental**: as contribuições da formação continuada. 159 f. Dissertação (Mestrado em Educação) – Universidade da Região de Joinville, Joinville, 2012.

OLIVEIRA-FORMOSINHO, J. Desenvolvimento profissional dos professores. In: FORMOSINHO, J. (Coord.). **Formação de professores**: aprendizagem profissional e acção docente. Portugal: Porto, 2009. p. 221-284.

PENA, A. C.; NUNES, M. F. R.; KRAMER, S. Formação humana, visão de mundo, diálogo e educação: a atualidade de Paulo Freire e Martin Buber. **Educação em Revista**, Belo Horizonte, n. 34, e172870, 2018.

SAVIANI, D. Democracia, educação e emancipação humana: desafios do atual momento brasileiro. **Psicologia Escolar e Educacional**, São Paulo, v. 21, n. 3, p. 653-662, set./dez. 2017.

Vera Lucia Martiniak
Luciana Kubaski Alves
Eliane Travensoli Parise Cruz

CAPÍTULO 12

Formação de professores na perspectiva da pedagogia histórico-crítica

INTRODUÇÃO

Este capítulo tem por objetivo refletir sobre a formação de professores com base nas proposições do educador brasileiro Dermeval Saviani, a fim de evidenciar, no conjunto de sua obra, os aspectos que permeiam a educação e sua contribuição com base na perspectiva da pedagogia histórico-crítica.

As obras de Saviani estão centradas em três principais linhas de investigação: (1) a análise das políticas educacionais contemporâneas; (2) a discussão a respeito das teorias da educação; e (3) as contribuições da história da educação para o campo educacional.

Sua produção acadêmica tem início com a defesa da tese de doutoramento intitulada *O conceito de sistema na Lei de Diretrizes e Bases da Educação* (1971), em que tratou do sistema de educação no Brasil e analisou as legislações e as reformas educacionais implementadas no período do regime militar. Por meio da análise da trajetória da legislação e dos embates ocorridos para sua promulgação, foi possível constatar que o país não contava com um sistema de educação. Suas reflexões foram publicadas na obra *Educação brasileira: estrutura e sistema*, publicada em 1973.

Com base nos estudos desenvolvidos em sua tese, o educador brasileiro sistematizou um conjunto de obras que permitem analisar a **trajetória das políticas educacionais**. Seus estudos servem de base para a discussão a respeito da Lei de Diretrizes e Bases da Educação Nacional (LDBEN) – Lei n. 9.394, de 20 de dezembro de 1996 (Brasil, 1996), considerando-se o percurso de seu desenvolvimento, seus limites e suas perspectivas.

Posteriormente, integram essa discussão as obras *Da nova LDB ao novo Plano Nacional de Educação: por uma outra política educacional*

(Saviani, 2007a); *PDE – Plano de Desenvolvimento da Educação: análise crítica da política do MEC* (Saviani, 2009b); *Sistema Nacional de Educação e Plano Nacional de Educação: significado, controvérsias e perspectivas* (Saviani, 2014).

Uma segunda linha de investigação centra-se na análise das **teorias da educação**, identificando-se nesse contexto dois grupos: (1) as teorias não críticas, representadas pela pedagogia tradicional, pela pedagogia nova e pela pedagogia tecnicista, que entendem a educação como equalizadora social, e (2) as teorias que entendem a educação como um instrumento de discriminação social, ou teorias crítico-reprodutivistas: teoria do sistema de ensino como violência simbólica, teoria da escola como aparelho ideológico de Estado e teoria da escola dualista.

Essas discussões estão sistematizadas em uma de suas obras de maior repercussão, que subsidia muitos cursos de formação de professores: *Escola e democracia: para além da teoria da curvatura da vara*, publicada pela primeira vez em 1983. Na obra, o autor aponta as principais teorias pedagógicas e a necessidade de uma teoria que vá além daquelas que apenas denunciam as relações de dominação. Para isso, o autor utiliza-se da metáfora da "curvatura da vara", explicando que, quando a vara está torta, ela se curva de um lado, porém, para endireitá-la, não basta colocá-la na posição correta, é preciso curvá-la para o lado oposto (Saviani, 2012b).

Com a análise baseada nas teorias da educação presentes na educação brasileira, o autor delineia uma nova teoria, que denomina de **pedagogia revolucionária**, empenhada em colocar a educação a serviço da transformação das relações de produção. A partir de 1984, Saviani passou a chamá-la de **pedagogia histórico-crítica**, porque parte da compreensão da história com base no desenvolvimento material, na determinação das condições materiais da existência humana.

A última linha de investigação refere-se aos estudos sobre a **evolução histórica da educação** e é representada pela obra *História das ideias pedagógicas no Brasil* (2007b). Esse livro recebeu o Prêmio Jabuti em 2008 e propõe uma síntese sobre as ideias pedagógicas que se tornaram hegemônicas em determinados períodos da história e que influenciaram as práticas educacionais.

Além dessa obra, outros estudos foram desenvolvidos no campo da história da educação, principalmente com base na contribuição do Grupo de Estudos e Pesquisas História, Sociedade e Educação no Brasil (HISTEDBR), criado em 1986 por Saviani. O grupo, inicialmente, era formado pelos orientandos que desenvolviam projetos de tese de doutorado no âmbito da história da educação. Sua organização repercutiu em nível nacional e, nos anos seguintes, os orientandos, após a defesa da tese, voltaram para suas instituições de origem e formaram os grupos de trabalho com o intuito de catalogar e organizar as fontes primárias e secundárias da história da educação brasileira.

Os estudos de Saviani têm se tornado uma importante referência nas discussões que permeiam a formação de professores, seja no ensino superior, seja na educação básica, especialmente pela defesa da escola pública como instrumento de transformação das classes dominadas.

Assim, neste texto, apresentaremos considerações a respeito da vida e da obra do educador Dermeval Saviani para subsidiar a compreensão acerca dos aspectos teóricos e históricos presentes na formação de professores.

O EDUCADOR DERMEVAL SAVIANI: TRAJETÓRIA PROFISSIONAL E ACADÊMICA

Dermeval Saviani, sétimo filho de uma família de imigrantes italianos, esposo de Maria Aparecida e pai de Benjamin, graduou-se em Filosofia (1966) na Pontifícia Universidade Católica de São Paulo (PUC-SP). Durante seus estudos, aliou suas atividades profissionais com a militância estudantil, marcando sua juventude com o envolvimento em assembleias e passeatas (Saviani, 2002).

Sua trajetória profissional foi construída com a docência na educação básica, no curso de magistério e, posteriormente, no ensino superior com a disciplina de Filosofia da Educação na PUC-SP, ministrada para os acadêmicos de Pedagogia. Nessa mesma instituição, obteve o título de doutor com a tese *O conceito de sistema na Lei de Diretrizes e Bases da Educação Nacional*, defendida em 18 de novembro de 1971 e publicada em livro com o título *Educação brasileira: estrutura e sistema*, em 1973 (Saviani, 2002).

No início da década de 1970, suas atividades docentes se intensificaram no ensino superior, em particular na pós-graduação, em que ministrou, em nível de mestrado, a disciplina Problemas da Educação, primeiramente, no Instituto Educacional Piracicabano, hoje conhecida como Universidade Metodista de Piracicaba (Unimep), no segundo semestre e, a partir de 1973, também na PUC-SP (Saviani, 2002). Além da docência, Saviani atuou na implantação do Programa de Pós-Graduação em Educação na Universidade Federal de São Carlos (UFSCar), assumindo, posteriormente, sua coordenação.

O contato com a Universidade Estadual de Campinas (Unicamp) deu-se no início da década de 1980, atuando no Departamento de Filosofia e História da Educação (Defhe) da

Faculdade de Educação. Em 1986, obteve o título de livre-docente em História da Educação e, com a apresentação da pesquisa *O Congresso Nacional e a educação brasileira: significado político da ação do Congresso Nacional no processo de elaboração das Leis 4.024/61, 5.540/68 e 5.692/71*, que deu origem ao livro *Política e educação no Brasil: o papel do Congresso Nacional na legislação do ensino* (1987). Assim, a partir de 1989, passou a manter vínculo exclusivo com a Unicamp, desenvolvendo projeto de pesquisa, ensino e extensão.

Além das atividades de pesquisa no Brasil, Saviani foi convidado pela Universidade de Paris (Sorbonne) para cursar estágio de pesquisa e, na oportunidade, também realizou estágio de pesquisa no Instituto Gramsci, em Roma, em 1978. Nos anos seguintes, retornou à Europa para fazer um intercâmbio acadêmico nas seguintes instituições da então Alemanha Ocidental: Pädagogische Hochschule/Universidade de Colônia, Pädagogische Hochschule/Universidade de Münster, Lateinamerika Institut de Berlim e Deutsches Institut für Pädagogische Forschung de Frankfurt (Almeida, 2015). Em 1994, retornou à Itália para desenvolver o projeto "A emergência da escola como forma principal e dominante de educação e o problema da formação de professores: um estudo de história da educação em universidades italianas", com apoio do Conselho Nacional de Desenvolvimento Científico e Tecnológico (CNPq).

Aliado às suas pesquisas e estudos, Saviani também atuou como membro de comitês científicos de diversas revistas científicas do país, além de participar ativamente da fundação da Associação Nacional de Pós-Graduação e Pesquisa (Anped), da fundação do Centro de Estudos Educação e Sociedade (Cedes) e da Associação Nacional de Educação (Ande) (Vidal, 2001)

Apesar de sua aposentadoria em 2001, após 34 anos de magistério e 31 anos de serviço público, manteve as orientações de dissertações, teses e pós-doutorado. Também manteve os projetos de pesquisa articulados ao HISTEDBR, tendo recebido, em 2008, o Prêmio Jabuti na categoria Educação, Psicologia e Psicanálise com a obra *História das ideias pedagógicas no Brasil*. Por sua contribuição para a educação brasileira, recebeu, em 2009, o título de Professor Emérito da Unicamp e, em 2010, o reconhecimento do CNPq com o título de Pesquisador Emérito.

Sua trajetória intelectual é sistematizada pelas discussões e reflexões no sentido de contribuir para o entendimento acerca da escola pública, por meio da análise das condições objetivas determinadas pelos interesses dominantes na sociedade capitalista. Nessa conjuntura, a discussão a respeito da formação de professores torna-se fundamental pelo entendimento dos problemas que a permeiam, considerando-se seus aspectos históricos e teóricos.

A FORMAÇÃO DE PROFESSORES NO BRASIL: CONSIDERAÇÕES COM BASE NOS ASPECTOS HISTÓRICOS E TEÓRICOS

A formação de professores ainda se constitui em um dos grandes desafios da educação no Brasil. As discussões sobre essa temática são abordadas por meio de dois aspectos: históricos e teóricos. Saviani (2009a) contextualiza a formação de professores no Brasil dividindo-a em seis períodos:

1. Ensaios intermitentes de formação de professores (1827-1890), cujo início se deu com o dispositivo da Lei das Escolas de Primeiras Letras, que obrigava os professores a se instruírem no método do ensino mútuo.

2. Estabelecimento e expansão do padrão das escolas normais (1890-1932).
3. Organização dos institutos de educação (1932-1939).
4. Organização e implantação dos cursos de Pedagogia e de licenciatura e consolidação do modelo das escolas normais (1939-1971).
5. Substituição da escola normal pela habilitação específica ao magistério (1971-1996).
6. Advento dos institutos superiores de educação, das escolas normais superiores e do novo perfil do curso de Pedagogia (1996-2006).

O primeiro período apresentado por Saviani (2009a) foi marcado pela implementação de medidas relativas à organização da instrução, entre as quais estavam a implantação de cursos superiores e a criação de colégios e bibliotecas. Apesar de a educação brasileira ter recebido grande impulso a partir de 1808, com a vinda da família real, permaneceu o descaso com o ensino primário. Houve o predomínio de investimentos na educação superior, o que condicionou e delineou a estrutura do ensino secundário, que se voltou para a garantia do acesso à formação universitária.

As medidas tomadas para incentivar a criação de cursos superiores tinham como objetivo formar profissionais que dariam suporte ao aparelho administrativo que se implantou no país com a transferência da Corte. O ensino secundário era garantido por instituições particulares ou colégios considerados modelos, e aos filhos dos pobres restavam as escolas públicas primárias oficiais, que se encontravam em condições precárias. Conforme a Lei de 15 de novembro de 1827, deveria haver escolas de primeiras letras em todas as cidades, vilas e lugares populosos (Brasil, 1827). Lentamente, o termo foi substituído por *instrução elementar*, articulando-se não apenas a necessidade de generalizar o acesso às primeiras letras, mas também um conjunto de outros conhecimentos necessários para inserir o aluno na sociedade.

A reforma constitucional de 1834 reforçou essa situação ao transferir para as províncias a responsabilidade com a organização dos sistemas de ensino (primário e secundário) e a formação de professores. Em 1835, teve início a formação de professores primários, com a criação da primeira escola normal, em Niterói, no Rio de Janeiro. Ainda que tenha havido outras iniciativas, como a criação de escolas normais em São Paulo, na Bahia e no Rio Grande do Sul, estas acabaram sendo desativadas.

Nesse período, iniciou-se a formação assistemática de professores como uma tentativa para organizar um sistema de instrução primária, com a nomeação de professores e a implantação do método mútuo. Houve também uma iniciativa de organização e normatização do exercício da profissão docente, mas a nova etapa nesse processo só teve início com a criação da escola normal.

Como vemos, a formação de professores foi caracterizada por um ritmo de avanços e retrocessos, de criações e extinções de escolas normais e, da mesma maneira que o Estado instituiu os meios de formação, também estabeleceu outros mecanismos de conformação da profissão docente, como o controle pelos órgãos de inspeção e direção escolar, por exemplo.

Com a Proclamação da República, em 1889, a sociedade brasileira foi gradativamente modificando sua estrutura política e econômica. No âmbito da educação, com a instituição do sistema federativo de governo, a União reservou-se o direito de criar instituições de ensino superior e secundário nos estados e prover a instrução secundária no Distrito Federal. Consequentemente, couberam aos estados a manutenção e a organização da instrução primária e do ensino profissional, que compreendia as escolas normais, para as moças, e as escolas técnicas, para os rapazes. Essa determinação consagrou o dualismo na educação brasileira e oficializou a separação entre a educação para a classe dominante e a educação para o povo. Entretanto, a estrutura social à qual se destinava a instrução pública primária e profissionalizante era mais complexa do que a anterior, na sociedade escravocrata. A composição social popular abrangia uma divergência de interesses, origens e posições. Havia uma pequena burguesia, uma camada média de intelectuais, a classe militar, uma burguesia industrial em ascensão e um contingente de imigrantes que, na zona urbana, ocupavam-se de diferentes profissões e, na zona rural, dedicavam-se à agricultura. Essa heterogeneidade social abalou o sistema dual instituído pelo governo, o que gerou reformas na tentativa de solucionar os problemas educacionais mais graves.

Todavia, as reformas implementadas não passaram de tentativas frustradas para a sistematização da educação brasileira. Com o avanço das relações capitalistas no período republicano e a influência da ideologia liberal, as preocupações educacionais se intensificaram e os apelos em torno da reforma e difusão do ensino tornaram-se mais fortes. Contudo, a forma de organização do novo regime, consolidado na "política dos governadores", no "voto de cabresto", nas fraudes eleitorais e no federalismo, que garantiu o domínio das oligarquias regionais, em nada favoreceu a ampliação das oportunidades educacionais ou a instauração de mudanças qualitativas no âmbito educacional.

A educação passou a ser considerada como fator fundamental para o desenvolvimento do país e deveria ser estendida a todas as camadas sociais, para promover o aperfeiçoamento do indivíduo e, consequentemente, da sociedade. No entanto, a instabilidade política vivida no país nesse período e o domínio das oligarquias regionais acentuaram as desigualdades sociais e prejudicaram uma mudança qualitativa na educação. A União ampliou o ensino médio e superior nas regiões urbanas, porém a formação técnico-científica ficou abandonada, apesar do relativo crescimento industrial.

No Estado de São Paulo, foram implementadas reformas nos cursos normal e primário, que exerceram grande influência nos outros estados, os quais enviaram representantes para observar as modificações. Não obstante as reformulações sucessivas no ensino normal, a ausência de uma linha de continuidade e coerência entre as diversas propostas ficou evidente. No início do século XX, a política educacional brasileira ocupava-se mais especificamente com o ensino superior do que com os outros graus de ensino. Dessa forma, continuava presente a diferença entre a educação destinada às elites, nos ginásios que encaminhavam para o curso superior, e a educação destinada ao restante da população, em escolas complementares e escolas normais, que possibilitavam o exercício de uma atividade.

Para Nagle (1974), as reformas empreendidas nos estados mencionados tiveram como ponto favorável o papel desempenhado pelas escolas-modelo ou escolas de aplicação, anexas às escolas normais, para o desenvolvimento da prática pedagógica dos futuros professores e para o aperfeiçoamento contínuo dos professores em serviço, por meio da instituição de cursos de férias. A criação de Gabinetes de Psicologia e Pedagogia Experimental, bibliotecas para professores e alunos, laboratórios e museus pedagógicos representa iniciativas cujo objetivo foi fornecer melhores condições para a efetivação do processo de ensino.

A respeito disso, Ribeiro (1986, p. 91) complementa afirmando que as reformas empreendidas apresentaram grandes limitações, entre elas a teórica, que representou uma "forma de transplante cultural e de pedagogismo, isto é, de interpretação do fenômeno educacional sem ter claro as verdadeiras relações que ele estabelece com o contexto do qual é parte". O fenômeno educacional a que a autora se refere foi concebido como isolado do contexto, acreditando-se que a educação seria um fator determinante na mudança social.

Essa concepção ingênua da realidade é o resultado da adesão dos educadores brasileiros ao movimento da **Escola Nova**, cujos ideais foram transplantados da Europa e dos Estados Unidos. O movimento escola novista visava a um novo tipo de homem para a sociedade capitalista. Entretanto, esquecia-se do fato fundamental que caracterizava essa sociedade: "o de estar ainda dividida em termos de condição humana entre os que detêm e os que não detêm os meios de produção, isto é, entre dominantes e dominados" (Ribeiro, 1986, p. 111-112).

As questões educacionais indicadas inserem-se num contexto em que a agricultura de exportação não oferecia condições para o desenvolvimento econômico, político e social e a dependência da economia brasileira deveria ser rompida com a economia externa. A estimulação do setor industrial apareceu, então, como solução para os dois problemas. A situação desencadeou, porém, a insatisfação de alguns grupos da sociedade que se uniram para tomar o poder e derrubar o Partido Republicano. Nesse cenário, a falta de medidas imediatas do governo liderado por Getúlio Vargas foi responsável pelo descontentamento também dos educadores, que participaram do movimento de reformas da década de 1920. Mais tarde, em 1932, eles apresentaram um "plano de reconstrução educacional", por meio do Manifesto dos Pioneiros da Escola Nova.

Esse documento pautava-se nos princípios da laicidade, da obrigatoriedade, da gratuidade e da universalização do ensino, além de denunciar a falta de organicidade do aparelho escolar.

A luta pela construção de um plano nacional de educação se impôs diante de um quadro marcado pela ausência de políticas de organização nacional do sistema de ensino e, portanto, os fins da educação deveriam ser definidos em função das mudanças econômicas e sociais, contrapondo-se à educação tradicional e verbalista relacionada com os interesses da classe dominante.

Durante o período de 1937 a 1945, denominado *Estado Novo*, foram criadas leis orgânicas, conhecidas como *Reforma Capanema*, constituídas, basicamente, por seis decretos-lei, que ordenavam o ensino primário, o secundário, o industrial, o comercial, o normal e o agrícola. Segundo o Decreto-Lei n. 8.530, de 2 de janeiro de 1946, o ensino normal tinha como finalidade formar professores para as escolas primárias, habilitar administradores escolares e desenvolver e propagar conhecimentos e técnicas sobre a educação da infância (Brasil, 1946). O curso estava dividido em dois níveis: o primeiro era destinado à formação de regentes de ensino primário, com duração de quatro anos, funcionando em escolas normais regionais; o segundo era voltado à formação de professores primários, com duração de três anos, funcionando em escolas normais.

Além das escolas normais regionais e das escolas normais, também foram criados os institutos de educação, que funcionavam com jardim de infância e escola primária anexos, com cursos de especialização de professor primário e habilitação de administradores escolares. A finalidade dos cursos de especialização era especializar professores para atuar em educação pré-primária, ensino complementar primário, ensino supletivo, desenho e artes aplicadas e música. Já a habilitação em administração escolar visava habilitar professores para os cargos de direção escolar, orientação de ensino, inspeção escolar, estatística escolar e avaliação escolar. As alunas que ingressavam nos institutos de educação, posteriormente, poderiam cursar a faculdade de Filosofia, percurso destinado às camadas populares; já os filhos da elite poderiam cursar o primário, depois o ginásio, o colégio e, finalmente, optar por qualquer curso superior.

Ainda no decorrer do governo de Getúlio Vargas, foram criadas duas instituições de ensino: a Universidade de São Paulo, em 1934, e a Universidade do Distrito Federal, em 1935. A partir da criação dessas instituições, os cursos de licenciatura e o curso de Pedagogia se estenderam por todo o país por meio do Decreto--Lei n. 1.190, de 4 de abril de 1939, com vistas à formação de bacharéis e licenciados para várias áreas, inclusive a área pedagógica (Brasil, 1939). Para Saviani (2012a, p. 36), supunha-se que o "perfil profissional do pedagogo já estaria definido, concebeu[-se] um currículo que formaria o bacharel em pedagogia entendido como o técnico em educação que, ao cursar didática geral e especial, se licenciaria como professor".

O curso de Pedagogia, nesse período, com o intuito de formar os primeiros bacharéis e licenciados, era estruturado no esquema 3+1: três anos de bacharelado e um ano reservado apenas para a licenciatura, responsável pela parte didática. A função técnica da escola era destinada a quem tinha a graduação de bacharel, enquanto os licenciados atuavam como professores e seriam responsáveis pelo ensino primário.

Essa estrutura permaneceu mesmo com a aprovação da Lei n. 4.024, de 20 de dezembro de 1961 (Brasil, 1961), a primeira Lei de Diretrizes e Bases (LDB). Contudo, em 1962, um parecer do Conselho Federal de Educação (CFE) determinou que o currículo do curso de Pedagogia deveria ser organizado da seguinte forma: o curso de bacharelado seria composto de sete disciplinas indicadas pelo CFE e mais duas de escolha da instituição; já para a licenciatura, a formação pedagógica seria composta por três disciplinas indicadas pelo CFE. O currículo manteve seu caráter generalista, sem a introdução de habilitações técnicas (Saviani, 2012a).

O período que se estendeu da promulgação da primeira LDB (Brasil, 1961) até a implantação da Lei n. 5.692, de 11 de agosto de 1971 (Brasil, 1971), foi marcado pelo intenso avanço industrial brasileiro decorrente da economia mundial e do desenvolvimento tecnológico, repercutindo em âmbito nacional. Com a aceleração industrial, exigiu-se mão de obra qualificada em um período pequeno para atender à demanda profissional. Surgiu, assim, a necessidade de reorganizar o ensino com base no modelo tecnicista, presente nesse período. Essa tendência resultou na tentativa de aplicar na escola o modelo de racionalização adotado pelas empresas, próprio do sistema capitalista. Portanto, tentou-se adequar as bases desse modelo à área educacional para atender às exigências da industrialização, com economia de esforços e tempo.

Conforme a legislação de 1971, a formação de professores ficou resumida assim:

1. Formação em nível de segundo grau, com duração de três anos: habilitava o professor para atuar nas quatro primeiras séries do primeiro grau.
2. Formação em nível de segundo grau, com um ano de estudos adicionais: o professor poderia lecionar até a sexta série do primeiro grau.
3. Formação superior em licenciatura curta: o professor estaria apto para lecionar em todo o primeiro grau.
4. Formação em licenciatura curta, mais estudos adicionais: o professor poderia lecionar até a segunda série do segundo grau.
5. Formação em nível superior, em licenciatura plena: habilitava o professor em alguma(s) disciplina(s) para atuar até a última série do segundo grau.

O ensino ficou dividido em ensino de primeiro grau, com duração de oito anos, estabelecida a obrigatoriedade dos 7 aos 14 anos, e ensino de segundo grau, com duração de três ou quatro anos; para a formação de professores, as denominações *escola normal* e *instituto de educação* foram substituídas pela expressão *habilitação ao magistério*.

A transformação da escola normal em habilitação ao magistério descaracterizou o ensino de segundo grau. O ensino propedêutico foi reservado aos alunos oriundos da elite e, para as camadas majoritárias da população, passou a ser oferecida uma educação de baixa qualidade, que não atendeu às expectativas da classe popular nem, muito menos, se comprometeu com a transformação social.

Para Saviani (2009a), com o fim do regime militar e a abertura do período democrático no Brasil, o problema da formação docente poderia ter sido equacionado, porém, mesmo com a promulgação da Lei n. 9.394/1996 (LDBEN), essa expectativa não foi correspondida. A legislação permitiu, como alternativa aos cursos de Pedagogia e licenciatura, a criação dos institutos superiores de educação e das escolas normais superiores.

Saviani (2012a) chama atenção para a crise que se instalou sobre a formação de professores no país a partir da década de 1970. Enquanto, nos anos anteriores, havia uma preocupação em garantir bases científicas à prática pedagógica, com a aprovação das Diretrizes Curriculares Nacionais para o Curso de Pedagogia – Resolução n. 1, de 15 de maio de 2006 (Brasil, 2006), do Conselho Nacional de Educação –, houve uma descaracterização da identidade do curso. A formação foi centrada na docência, as habilitações foram extintas e reduziu-se a pedagogia a uma concepção simplicista e fragmentada.

Conforme Saviani (2008), a década de 1990 foi marcada por um clima de perplexidade e descrença, e a orientação neoliberal assumida pelo governo caracteriza-se por políticas educacionais claudicantes, pois esse tipo de política combina um discurso que reconhece a importância da educação com a redução dos investimentos na área e apelos à iniciativa privada e organizações não governamentais, transferindo a responsabilidade do Estado para a população.

Para que o direito à educação seja assegurado na prática efetiva das escolas, na garantia não só do acesso, mas também da permanência e da apropriação do conhecimento escolar do aluno na instituição, é importante uma formação docente concebida segundo uma perspectiva crítico/político que subsidie teoricamente os docentes em seu trabalho, para que compreendam o estudante como um sujeito social de direitos e, consequentemente, que necessita de uma prática docente coerente com o discurso no qual os professores estejam imbuídos de consciência política, social e intelectual, para atuar em sala de aula, sobretudo, reconhecendo seu fazer pedagógico como espaço possível para refletir sobre a educação.

Diferentes discussões relativas à formação do professor e à prática da alfabetização constituem pauta no cenário nacional. No entanto, projetos educacionais implantados nas últimas décadas são norteados conforme uma perspectiva de individualização dos sujeitos, por meio da formação de competências e habilidades.

O quadro histórico apresentado denuncia a precariedade das políticas formativas, cujas mudanças não lograram êxito ao buscar estabelecer um "padrão minimamente consistente de preparação docente para fazer face aos problemas enfrentados pela educação escolar em nosso país" (Saviani, 2009a, p. 148).

Quanto aos aspectos teóricos que permeiam a formação de professores, Saviani (2009a) delineia dois modelos:

1. **Modelo dos conteúdos culturais-cognitivos**: a formação do professor se esgota na cultura geral e no domínio específico dos conteúdos da área.
2. **Modelo pedagógico-didático**: considera que a formação do professor propriamente dita só se completa com o efetivo preparo pedagógico-didático.

O primeiro modelo corresponde aos conteúdos necessários à formação dos professores secundários oferecida pelas universidades. Em contrapartida, o segundo modelo predominou na formação dos professores primários nas escolas normais. Saviani (2012a) evidencia que a universidade não se preocupou nem se omitiu em relação ao preparo pedagógico-didático dos professores; o que houve foi a disputa entre esses dois modelos diferentes de formação de professores. Nesse contexto, cabe considerar que, além da cultura geral e da formação específica na área de conhecimento, "a instituição formadora deverá assegurar, de forma deliberada e sistemática por meio da organização curricular, a preparação pedagógico-didática, sem a qual não estará, em sentido próprio, formando professores" (Saviani, 2009a, p. 149).

Esses modelos de formação ganham evidência a partir do século XIX, quando surgiu a necessidade de universalizar a instrução elementar e, com isso, a preocupação com a formação de professores. Permeada por esse dualismo, a formação de professores separou teoria e prática nos cursos de formação e no próprio fazer pedagógico. Para Saviani (2012a), isso demonstra a necessidade de retomar a questão da indissociabilidade entre teoria e prática no curso de Pedagogia e nas demais licenciaturas. O problema da educação e da formação de professores deve ser pensado como um processo global, uma totalidade.

Uma das alternativas para recuperar a indissociabilidade entre a forma e o conteúdo nos cursos de formação de professores seria centrá-los nos livros didáticos. Estes fariam a articulação necessária entre a forma e o conteúdo, dispondo os conhecimentos de modo a viabilizar o processo de transmissão-assimilação na relação professor-aluno. Ao se debruçarem sobre a análise dos livros didáticos adotados nas escolas, os cursos de Pedagogia mobilizariam os fundamentos da educação e, com base nisso, fariam a crítica pedagógica evidenciando os limites, as falhas e as eventuais qualidades desses materiais (Saviani, 2012a).

Nesse debate sobre a formação docente, é consenso que o curso deveria formar o profissional com base em uma sólida fundamentação teórica centrada nos fundamentos da educação; assim, estaria capacitado para atuar nas escolas e nos diversos níveis dos sistemas de ensino.

Nessa direção, a pedagogia histórico-crítica é uma possibilidade para a formação de professores, uma vez que sua base teórica fundamenta-se no materialismo histórico-dialético.

A FORMAÇÃO DE PROFESSORES SOB A ÓTICA DA PEDAGOGIA HISTÓRICO-CRÍTICA

Uma das principais obras de Saviani estudadas nos cursos de formação de professores é, sem dúvida, *Escola e democracia: para além da teoria da curvatura da vara*, de 1983*. No livro, Saviani (2012b) discute a questão da marginalidade e, com base em uma análise das teorias educacionais, divide-as em dois grupos: (1) as que concebem a educação como um dos instrumentos de equalização social e (2) as que entendem a educação como um fator de discriminação, reforçando a dominação da classe burguesa; assim, ele as denomina, respectivamente, de *teorias não críticas* e *teorias crítico-reprodutivistas*.

Diante da existência das teorias apontadas por Saviani, é necessário buscar uma alternativa teórica para a educação que, realmente, esteja a serviço da classe dominada e que promova

---

* Publicada pela primeira vez em 1983, a obra está em sua 42ª edição, com o título *Escola e democracia* (Saviani, 2012b).

a emancipação humana. A pedagogia histórico-crítica apresenta uma proposta diferenciada e tem suas bases no marxismo. Portanto, entende que a sociedade é dividida em classes, marcada pela exploração e alienação do homem, e que é urgente e necessária uma mudança nas estruturas sociais.

Na perspectiva da pedagogia histórico-crítica, o trabalho educativo é "o ato de produzir, direta e intencionalmente, em cada indivíduo singular, a humanidade que é produzida historicamente e coletivamente pelo conjunto de homens" (Saviani, 2012b, p. 6). Desse modo, a escola não precisa ser um espaço de reprodução da sociedade, já que a humanidade é construída pelo conjunto de homens de forma histórica e está em constante transformação.

Nesse caso, é possível indagar se a Escola Nova não foi uma tentativa de superar a escola tradicional. No que se refere à questão da marginalidade, não, pois "aprimorou a qualidade do ensino destinado às elites" (Saviani, 2012b, p. 9). Eram escolas caras que surgiram de maneira experimental, com ar de inovação ao dar vez aos aspectos psicológicos do ensino e dar voz aos alunos, preocupando-se com seus interesses, valorizando o **aprender a aprender**.

Entretanto, as desigualdades se aprofundaram, e a pedagogia tecnicista reforçou ainda mais a exploração do trabalhador, pois a preocupação se voltou para a formação da mão de obra. Nesse cenário, a escola deveria ser eficiente para ensinar a executar múltiplas tarefas, exigidas pelo mercado de trabalho, tornando-se burocratizada; por sua vez, o trabalho pedagógico passou a ser fragmentado, reflexo da forma como o mundo do trabalho se organiza.

A questão é que, atualmente, há uma espécie de retomada dessas teorias no pensamento educacional brasileiro por meio de alguns princípios que estão circulando nas políticas e práticas educacionais. A diferença é que, na atualidade, as bases não estão mais no que a ciência produz, pois, agora, a ciência é posta sob suspeição, porque a razão já não recebe tanta confiança da sociedade, e um tipo de conhecimento não merece maior crédito que os demais (Saviani, 2007c).

De acordo com Saviani (2007c), desde as décadas de 1980 e 1990, vivemos um momento de desconstrução de ideias anteriores, chamado por Lyotard (2002) de *pós-moderno*. O período moderno foi caracterizado pela revolução centrada nas máquinas, pela construção de objetos, pela verificação de como a natureza funciona para sujeitá-la ao homem; a pós-modernidade centra-se na revolução da informática e nas diferentes formas de comunicação que podemos experimentar na atualidade, em que se fala na construção de simuladores, modelos. Saviani (2007c) ainda aponta três categorias principais no pensamento educacional brasileiro: (1) o neoprodutivismo; (2) o neoescolanovismo; e (3) o neoconstrutivismo.

No **neoprodutivismo**, a educação é entendida como um investimento e, quanto mais acesso a diferentes graus de escolaridade o indivíduo tiver, mais chances de empregabilidade ele terá; porém, o mercado de trabalho não consegue absorver todos os trabalhadores. É próprio do sistema capitalista manter um número de desempregados – é o crescimento excludente (Saviani, 2007c). Mas, claro, o indivíduo tem "liberdade" para escolher suas capacitações, só não consegue quem "não se esforça". É possível notar a presença de princípios do liberalismo, em que os indivíduos são responsabilizados pelo seu sucesso ou pelo seu fracasso. A ordem é tentar se aperfeiçoar cada vez mais; é a educação ao longo de toda a vida, mas não no sentido de que o ser humano está em constante aprendizado, e sim no de que o indivíduo deve estar em constante formação para que tenha mais chances de empregabilidade, pois o mercado é exigente, a concorrência está posta e não há vagas de trabalho para todos.

O trabalho é necessário e condição para a existência humana, contudo, na sociedade atual, evidencia-se um grau de exploração dos trabalhadores, que parecem nunca estar preparados e "aptos" para o mundo do trabalho. Diante do reduzido número de postos de trabalho, é necessário, além da constante qualificação, que o indivíduo aprenda a aprender, é o chamado **neoescolanovismo**. O mundo do trabalho exige novos tipos de raciocínio, profissionais que sejam flexíveis; por sua vez, na escola, o professor passa a ser um auxiliar dos alunos em seu processo de aprendizado. Já o **neoconstrutivismo** defende a ideia de que é preciso capacitar os alunos para que adquiram novas competências e saberes, com vistas, também, ao comportamento flexível (Saviani, 2007c).

Nesse contexto, podemos situar a **pedagogia histórico-crítica** como uma teoria pedagógica contra-hegemônica, que busca orientar a prática educativa para ser transformadora. De acordo com Saviani (2010), as origens da proposta estão nas discussões travadas na primeira turma de doutorado da PUC-SP no ano de 1979, as quais deram origem ao livro *Escola e democracia* (Saviani, 2012b), que "pode ser lido como um manifesto de lançamento da nova teoria pedagógica" (Saviani, 2010, p. 420).

Para a pedagogia histórico-crítica, a educação é uma mediação no seio da prática social global. As bases da teoria encontram-se no materialismo histórico-dialético e na psicologia histórico-cultural. Com relação à proximidade com a teoria marxista, o próprio autor afirma que não se trata de extrair dos "clássicos do marxismo uma teoria pedagógica [...] é a elaboração de uma concepção pedagógica em consonância com a concepção de mundo e de homem, própria do materialismo histórico (Saviani, 2010, p. 422).

Tendo sua relação com a concepção marxista, a pedagia histórico-crítica configura-se como uma possibilidade para implementação nas escolas, pois busca a transformação da sociedade capitalista em que se vive. Ela é crítica porque contempla as contradições existentes na sociedade e sua influência na educação, buscando superá-las.

A maneira como a escola tem se organizado e pensado a educação só tem dado conta de responder ao meio produtivo, ficando de lado a questão da emancipação humana, por isso é preciso buscar uma teoria que possibilite uma nova perspectiva ao ensino.

É preciso fortalecer o ensino público, pois é onde estão os filhos da classe trabalhadora. Para Saviani (2012b, p. 14), "A escola existe para propiciar a aquisição dos instrumentos que possibilitam o acesso ao saber elaborado (ciência), bem como o próprio acesso aos rudimentos desse saber".

Uma das grandes barreiras para a efetivação desse processo, no entanto, além de todo o contexto em que a escola se insere, é também a própria escola, que se baseia em práticas e organização fragmentadas, que não concebem o conhecimento de forma mais ampla, e sim como uma espécie de "compartimentos fechados". Nesse sentido, com base nos fundamentos da pedagogia histórico-crítica, outros autores também esboçaram críticas e possibilidades para redimensionar a prática pedagógica.

Entre eles, Gasparin (2002) propõe uma diretriz teórico-metodológica que procede da teoria dialética do conhecimento, cuja construção dá-se no movimento dinâmico entre o conhecimento empírico (visão caótica do todo) e o conhecimento científico (proporcionado pelo ambiente escolar). Sua efetivação, no aspecto didático, ocorre por meio dos seguintes passos:

- prática social inicial (o que os alunos e os professores já sabem);
- problematização (reflexão sobre os principais problemas da prática social);
- instrumentalização (ações didático-pedagógicas);
- catarse (nova forma de entender a prática social)
- prática social final (nova proposta de ação a partir do novo conteúdo sistematizado).

Apesar das orientações didáticas, a pedagogia histórico-crítica não pode resumir-se a passos para o ensino de conteúdos escolares, já que se trata de uma concepção de mundo, de ser humano, um projeto de educação, pois seu fim último é a superação da sociedade capitalista. O currículo também recebe um entendimento próprio no âmbito da proposta: é visto como um produto histórico, advindo da luta de classes, que deve propiciar, além da aquisição do conhecimento, a compreensão das contradições existentes na sociedade, formando a consciência crítica para uma prática social capaz de alterar a realidade nos planos histórico e social. A pedagogia histórico-crítica pretende que o conhecimento vá além das questões práticas e de utilidade e questione a sociedade atual na perspectiva de construir o futuro (Orso; Malanchen, 2016).

Assim, reafirmamos que, muito mais do que conteúdos, a pedagogia histórico-crítica configura-se como uma visão e uma postura diante do mundo. Visão porque busca a superação do modo de produção capitalista para uma sociedade socialista. Postura porque ela se efetiva no plano real, na maneira como todos os educadores transformarão seus pressupostos em ato.

FINALIZANDO

A pedagogia histórico-crítica é uma proposta de caráter revolucionário e inovadora ao almejar uma mudança não só na escola, mas também em toda a sociedade. Com suas bases no materialismo histórico-dialético, constitui-se também como uma postura diante do mundo. Quando se toma consciência de quanto a sociedade capitalista explora e excluiu cada indivíduo, surge a necessidade interna de buscar uma alternativa teórica que se efetive na prática, por isso é essencial compreender e aprofundar os estudos acerca da pedagogia histórico-crítica nos cursos de formação de professores.

Embora a pedagogia histórico-crítica tenha sido proposta, inicialmente, na década de 1980, Saviani (2011, p. 12-13) reitera que ela permanece em construção e "necessita ter prosseguimento, não se constituindo em uma tarefa individual, mas coletiva". A construção coletiva tem contribuído para o avanço da teoria, por isso Saviani (2011) cita outros autores que vêm colaborando para a socialização da pedagogia histórico-crítica no âmbito da didática, como João Luiz Gasparin (2002); Antonio Carlos Hidalgo Geraldo (2006); Suze Gomes Scalcon (2002); César Sátiro dos Santos (2005); e Ana Carolina Galvão Marsiglia (2005).

Saviani destaca que, para alcançar uma sociedade justa e igualitária, é necessário ter clareza de que a socialização do saber elaborado é essencial, pois a valorização do saber objetivo é fundamental na formação humana. Nesse sentido, ressaltamos a importância dos conteúdos historicamente acumulados, os conteúdos clássicos. Tornar o aluno um sujeito emancipado futuramente requer uma educação que tenha essa premissa como prioridade. Para isso, precisa estar afinada com as tendências manifestadas na sociedade que apontam para a necessidade de uma formação geral sólida, que promova a capacidade de manejar conceitos e desenvolver o pensamento abstrato (Saviani, 1995).

Entretanto, não podemos esquecer as dificuldades para a implantação da pedagogia histórico-crítica: a ausência de um sistema de educação qualitativo de nível nacional, a precariedade no que diz respeito à verba para a educação, a falta de investimento profissional e a má remuneração, bem como a questão material da organização do sistema e das escolas e a descontinuidade, a cada governo, das medidas já implementadas, com sucesso ou não (Saviani, 2011).

As obras de Dermeval Saviani são imprescindíveis para os professores que buscam compreender as teorias pedagógicas e suas influências no processo educativo. Ademais, vislumbra-se, por meio da pedagogia histórico-crítica, uma possibilidade para entender o sistema capitalista e as formas que a educação e a escola assumem nesse contexto.

REFERÊNCIAS

ALMEIDA, C. de C. C. **Dermeval Saviani**: professor intelectual. 327f. Tese (Doutorado em Educação) – Universidade Federal de São Carlos, São Carlos, 2015.

BRASIL. Decreto-Lei n. 1.190, de 4 de abril de 1939. **Diário Oficial da União**, Poder Executivo, Rio de Janeiro, 6 abr. 1939. Disponível em: <http://www.planalto.gov.br/CCivil_03/Decreto-Lei/1937-1946/Del1190.htm>. Acesso em: 15 abr. 2021.

BRASIL. Decreto-Lei n. 8.530, de 2 de janeiro de 1946. **Diário Oficial da União**, Poder Executivo, Rio de Janeiro, 4 jan. 1946. Disponível em: <https://www2.camara.leg.br/legin/fed/declei/1940-1949/decreto-lei-8530-2-janeiro-1946-458443-publicacaooriginal-1-pe.html>. Acesso em: 15 abr. 2021.

BRASIL. Lei de 15 de novembro de 1827. **Coleção de Leis do Império do Brasil 1827**, p. 110, v. 1, pt. I (Publicação Original). Rio de Janeiro, 22 nov. 1827. Disponível em: <https://www2.camara.leg.br/legin/fed/lei_sn/1824-1899/lei-38438-15-novembro-1827-566772-publicacaooriginal-90262-pl.html>. Acesso em: 13 maio 2021.

BRASIL. Lei n. 4.024, de 20 de dezembro de 1961. **Diário Oficial da União**, Poder Legislativo, Brasília, DF, 27 dez. 1961. Disponível em:<https://www2.camara.leg.br/legin/fed/lei/1960-1969/lei-4024-20-dezembro-1961-353722-publicacaooriginal-1-pl.html>. Acesso em: 15 abr. 2021.

BRASIL. Lei n. 5.692, de 11 de agosto de 1971. **Diário Oficial da União**, Poder Legislativo, Brasília, DF, 12 ago. 1971. Disponível em: <http://www.planalto.gov.br/ccivil_03/leis/l5692.htm>. Acesso em: 15 abr. 2021.

BRASIL. Lei n. 9.394, de 20 de dezembro de 1996. **Diário Oficial da União**, Poder Legislativo, Brasília, DF, 23 dez. 1996. Disponível em: <http://www.planalto.gov.br/ccivil_03/leis/l9394.htm>. Acesso em: 15 abr. 2021.

BRASIL. Ministério da Educação. Conselho Nacional de Educação. Resolução n. 1, de 15 de maio de 2006. **Diário Oficial da União**, Brasília, DF, 16 maio. 2006. Disponível em: <http://portal.mec.gov.br/cne/arquivos/pdf/rcp01_06.pdf>. Acesso em: 15 abr. 2021.

GASPARIN, J. L. **Uma didática para a pedagogia histórico-crítica**. 3. ed. Campinas: Autores Associados, 2002.

GERALDO, A. C. H. **Didática de ciências e de biologia na perspectiva da pedagogia histórico-crítica**. 201 f. Tese (Doutorado em Educação para a Ciência) – Universidade Estadual Paulista Júlio de Mesquita Filho, Bauru, 2006. Disponível em: <https://repositorio.unesp.br/bitstream/handle/11449/101998/geraldo_ach_dr_bauru.pdf?sequence=1&isAllowed=y>. Acesso em: 13 maio 2021.

LYOTARD, J. F. **A condição pós-moderna**. Rio de Janeiro: J. Olympio, 2002.

MARSIGLIA, A. C. G. **Como transpor a pedagogia histórico-crítica para a prática pedagógica do professor na educação infantil?** Trabalho de Conclusão de Curso. Universidade Estadual Paulista Júlio de Mesquita Filho, Bauru, 2005.

NAGLE, J. **Educação e sociedade na Primeira República**. São Paulo: EPU, 1974.

ORSO, P. J.; MALANCHEN, J. Pedagogia histórico-crítica e a defesa do saber objetivo como centro do currículo escolar. In: SEMINÁRIO NACIONAL DO HISTEDBR, 10., 2016, Campinas. Disponível em: <https://www.fe.unicamp.br/eventos/histedbr2016/anais/pdf/881-2719-1-pb.pdf>. Acesso em: 13 maio 2021.

RIBEIRO, M. L. S. **História da educação brasileira**. São Paulo: Moraes, 1986.

SANTOS, C. S. **Ensino de ciências**: abordagem histórico-crítica. Campinas: Autores Associados, 2005.

SAVIANI, D. **A nova lei da educação (LDB)**: trajetória, limites e perspectivas. 11. ed. Campinas: Autores Associados, 1999.

SAVIANI, D. **A pedagogia no Brasil**: história e teoria. Campinas: Autores Associados, 2012a.

SAVIANI, D. **Da nova LDB ao Fundeb**: por uma outra política educacional. 2. ed. Campinas: Autores Associados, 2007a.

SAVIANI, D. Desafios para a construção coletiva da ação supervisora: uma abordagem histórica. **Série Ideias**, n. 24, São Paulo, FDE, 1995.

SAVIANI, D. **Educação brasileira**: estrutura e sistema. São Paulo: Saraiva, 1973.

SAVIANI, D. **Escola e democracia**. 42. ed. Campinas: Autores Associados, 2012b.

SAVIANI, D. Formação de professores: aspectos históricos e teóricos do problema no contexto brasileiro. **Revista Brasileira de Educação**, v. 14, n. 40, p. 143-155, 2009a. Disponível em: <http://www.scielo.br/pdf/rbedu/v14n40/v14n40a12.pdf>. Acesso em: 13 maio 2021.

SAVIANI, D. **História das ideias pedagógicas no Brasil**. Campinas: Autores Associados, 2007b.

SAVIANI, D. **História das ideias pedagógicas no Brasil**. 3. ed. rev. Campinas: Autores Associados, 2010.

SAVIANI, D. O pensamento pedagógico brasileiro: da aspiração à ciência à ciência sob suspeição. **Educação e Filosofia**, v. 21, n. 42, p. 13-35, 2007c.

SAVIANI, D. **PDE – Plano de Desenvolvimento da Educação**: análise crítica da política do MEC. Campinas: Autores Associados, 2009b.

SAVIANI, D. **Pedagogia histórico-crítica**: primeiras aproximações. Campinas: Autores Associados, 2011.

SAVIANI, D. Percorrendo caminhos na educação. **Educação & Sociedade**, Campinas, v. 23, n. 81, p. 273-290, dez. 2002. Disponível em: <http://www.scielo.br/scielo.php?script=sci_arttext&pid=S0101-73302002008100014&lng=en&nrm=iso>. Acesso em: 13 maio 2021.

SAVIANI, D. Política educacional brasileira: limites e perspectivas. **Revista de Educação PUC-Campinas**, n. 24, p. 7-16, jun. 2008.

SAVIANI, D. **Sistema Nacional de Educação e Plano Nacional de Educação**: significado, controvérsias e perspectivas. 2. ed. rev. e ampl. Campinas: Autores Associados, 2014.

SCALCON, S. **À procura da unidade psicopedagógica**: articulando a psicologia histórico-cultural com a pedagogia histórico-crítica. Campinas: Autores Associados, 2002.

VIDAL, D. G. (Org.). **Dermeval Saviani**: pesquisador, professor e educador. Belo Horizonte: Autêntica/Autores Associados, 2001. (Coleção Perfis da Educação, 3).

CONSIDERAÇÕES FINAIS

A presunção dos autores desta obra foi discutir proposições teóricas constitutivas dos processos de formação docente com base em diferentes autores. Ao debatermos os autores internacionais que vêm fundamentando, teoricamente e metodologicamente, a formação de professores no Brasil, propusemo-nos a reafirmar a importância e a necessidade de uma base teórica sólida no processo formativo dos profissionais da educação. Portanto, é imponderável a defesa da teoria ancorada na práxis para que ambas assegurem a construção de intelectuais competentes na escola.

Em face do atual momento em que se arquiteta o desmonte da educação pública no Brasil, argumentamos a favor de uma proposta de formação de professores calcada em referenciais teóricos e metodológicos consistentes, norteados pelo posicionamento crítico, que conduza o docente a profundas análises do contexto educacional. Assim, defendemos a qualidade da formação do profissional da educação, socialmente referenciada, indissociável de sua valorização, aportada em uma proposta democrática e coletiva, historicamente construída (Anfope, 2021*) e reafirmada na presente obra por meio dos diferentes capítulos aqui apresentados.

Nessa conjuntura, a formação dos professores se volta para a análise reflexiva do contexto da escola, numa abordagem dialética, pensando a educação como um dos caminhos para a formação do cidadão consciente e problematizadora das situações de seu cotidiano. Um ponto importante no processo formativo do professor passa a ser a necessidade de um projeto com uma concepção crítica, com autonomia universitária, calcado na gestão democrática e sólido em termos teóricos e interdisciplinares.

Acreditamos no professor como produtor do conhecimento próprio de sua profissão, que se mostre responsável pela construção de um projeto educativo fundamentado na democracia, engajado politicamente e humanitário.

Um professor envolvido com as tramas sociais e que constrói seu repertório precisa de fundamentos teóricos e metodológicos consistentes e coerentes para dominar as capacidades necessárias para sua atuação. A docência exige uma base de conhecimentos com características próprias, pois é uma atividade complexa e em contínua transformação. Todavia, reconhecer a necessidade do domínio de habilidades específicas para a docência aponta para um campo de conhecimento importante e vasto no processo formativo dos professores. Esse profissional detém conhecimento

---

* ANFOPE – Associação Nacional Pela Formação dos Profissionais da Educação. Política de formação e valorização dos profissionais da educação: resistências propositivas à BNC da formação inicial e continuada. In: ENCONTRO NACIONAL DA ANFOPE, 20., 2021. Disponível em: <http://www.anfope.org.br/wp-content/uploads/2021/04/20%E2%81%B0-ENANFOPE-%E2%80%93-Documento-Final-2021.pdf>. Acesso em: 1 jul. 2021.

científico e técnico para a transmissão do saber escolar e requer uma formação inicial e continuada, que garanta a difusão e a aplicação do conhecimento adquirido.

Defender a formação de professores com consistência teórica e metodológica tem como objetivo a construção de uma sociedade justa e bem informada. O vínculo entre a formação do docente e sua atuação na escola é uma rota direta, pois o professor ensina o que sabe, trabalha com a bagagem de conhecimentos que traz de seu processo formativo. Assim, torna-se necessário romper com o modelo positivista nos cursos de formação de professores, com a forma linear da organização desses cursos e promover a aproximação entre a realidade social e científica e o saber docente.

A reflexão sobre a formação docente com base teórica e metodológica consistente foi um caminho percorrido pelos autores deste livro. A aprendizagem do futuro professor não é um ato isolado; ela ocorre de forma interativa, dialética com o contexto com o qual o agente está envolvido. As discussões teóricas e práticas sobre o trabalho docente, permeadas pela reflexão e pela pesquisa, mostram a necessidade de um curso de formação que aprofunde a análise histórica e política para a compreensão da realidade atual do trabalho do magistério.

Parece ser consenso entre os autores deste livro que a formação dos professores requer saberes científicos construídos por meio de uma prática docente crítica e reflexiva. A formação inicial e/ou continuada dos professores, ao se pautar numa postura crítica e reflexiva, contribui para o rompimento da cultura hegemônica da escola, gerando um desconforto em relação à perspectiva positivista e linear do processo de ensino-aprendizagem. A reflexão sobre a ação pedagógica e com a ação pedagógica torna-se fundamental no processo formativo do docente para o entendimento profundo do papel que o professor exerce na sociedade contemporânea.

É nesse contexto que o tema da formação de professores não pode desconsiderar a compreensão daquilo que constitui o trabalho docente numa perspectiva crítica, com uma sólida formação teórica e prática. Desse modo, as universidades, como espaço de formação dos professores, devem oferecer cursos que formem docentes voltados à realidade social, política e cultural em que estão imersos.

Na esteira dos desafios de formar professores no Brasil, buscamos alternativas que atendam às necessidades provocadas por um novo contexto educacional. Assim, esta obra foi uma tentativa de criar um diálogo com a área de formação de professores e oferecer opções teóricas e metodológicas que se articulam com uma proposta que rompe com o senso comum.

SOBRE OS AUTORES

Andressa Gomes Dias é licenciada em Pedagogia pela Universidade Regional de Blumenau (Furb).

E-mail: andressagomesdias@yahooo.com.br

Ari Raimann é doutor em Educação pela Universidade Estadual Paulista (Unesp). Docente da Universidade Federal de Goiás (CAJ-UFG), coordena o Grupo de Estudos e Pesquisas sobre Formação de Professores e Práticas Educativas.

E-mail: raimann@gmail.com

Camila Macenhan é doutora e mestre em Educação pela Universidade Estadual de Ponta Grossa (UEPG). É professora do Instituto Federal do Paraná (IFPR), Campus Palmas, e integrante do Grupo de Estudos e Pesquisas sobre Trabalho Docente (Geptrado/UEPG) e da Rede Interinstitucional de Pesquisas de Formação e Práticas Docentes (Ripefor). Além disso, é vice-coordenadora estadual da Associação Nacional pela Formação dos Profissionais da Educação (Anfope/PR).

E-mail: camila.macenhan@ifpr.edu.br

Carla Irene Roggenkamp é doutoranda do Programa de Pós--Graduação em Educação da Universidade Estadual de Ponta Grossa (UEPG), mestre em Educação pela mesma instituição e licenciada em Música pela Universidade Federal do Paraná (UFPR). É professora no Departamento de Artes da UEPG.

E-mail: carlaroggenkamp@yahoo.com.br

Eliane Travensoli Parise Cruz é doutora em Educação pela Universidade Estadual de Ponta Grossa (UEPG) e professora da Rede Estadual de Ensino do Paraná. É pesquisadora do Grupo de Estudos e Pesquisas História, Sociedade e Educação no Brasil (HISTEDBR).

Flavia Martinez é doutora e mestre em Educação pela Universidade Estadual de Ponta Grossa (UEPG). Atua como professora no curso de licenciatura em Ciências Biológicas da Universidade Estadual do Norte do Paraná (Uenp) e como professora titular do Departamento de Pedagogia da Faculdade de Educação, Administração e Tecnologia de Ibaiti (Feati). Também é pesquisadora do Grupo de Estudos e Pesquisas sobre Trabalho Docente (Geptrado/UEPG) e do Grupo de Estudo e Pesquisa em Educação, Ética e Sociedade (Gepees/Unesp) e membro da Rede Interinstitucional de Pesquisas de Formação e Práticas Docentes (Ripefor).

E-mail: fwmartinez@uenp.edu.br

Gisele Masson é doutora em Educação pela Universidade Federal de Santa Catarina (UFSC). Atua como professora no Departamento de Educação e no Programa de Pós-Graduação em Educação da Universidade Estadual de Ponta Grossa (UEPG). É coordenadora do Grupo de Pesquisa Capital, Trabalho, Estado, Educação e Políticas Educacionais (GPCATE/UEPG), membro da diretoria da Associação Nacional pela Formação dos Profissionais da Educação (Anfope) e integrante do Conselho Acadêmico da Red de Estudios Teóricos y Epistemológicos en Política Educativa (Relepe).

E-mail: gimasson@uol.com.br

Isabela Cristina Daeuble Girardi é mestranda do Programa de Pós-Graduação em Educação da Universidade Regional de Blumenau (Furb) e licenciada em Pedagogia. É pesquisadora no Grupo de Pesquisa em Formação de Professores e Práticas Educativas (GPFOPE).

E-mail: isabelagirardi@gmail.com

Joana Paulin Romanowski é doutora em Educação pela Universidade de São Paulo (USP) e bolsista de produtividade em pesquisa (nível 1D) do Conselho Nacional de Desenvolvimento Científico e Tecnológico (CNPq). É professora titular e membro do corpo docente do Programa de Pós-Graduação em Educação (PPGE) da Pontifícia Universidade Católica do Paraná (PUCPR) e do Grupo de Pesquisa Práxis Educativa: Dimensões e Processos (pesquisas financiadas pelo CNPq, Capes Edital Universal), assim como é professora do Centro Universitário Uninter. É também líder da Rede Interinstitucional de Pesquisas de Formação e Práticas Docentes (Ripefor).

E-mail: joana.romanowski@gmail.com

Joselma Salazar de Castro é doutora em Educação pela Universidade Federal de Santa Catarina (UFSC), com estágio na Università degli Studi di Pavia, na Itália, de dezembro de 2014 a setembro de 2015, com ênfase na formação de professores para a educação infantil e para a educação de crianças de 0 a 3 anos. É mestre em Educação também pela UFSC e integrante do Grupo de Pesquisas e Estudos Vigotskiano, Arte, Infância e Formação de Professores (Gecriarp/UFSC).

Juliano Agapito é doutorando em Educação pela Universidade Federal de Santa Catarina (UFSC) e mestre em Educação pela Universidade da Região de Joinville (Univille). Atua como professor na Rede Municipal de Ensino de Joinville e no curso de licenciatura em Pedagogia da Faculdade de Guilherme Guimbala (ACE-FGG).

Júlio Emílio Diniz-Pereira é doutor em Educação pela Universidade do Estado de Wisconsin, em Madison, nos Estados Unidos, e professor da Faculdade de Educação da Universidade Federal de Minas Gerais (UFMG). É bolsista de produtividade em pesquisa (nível 2) do Conselho Nacional de Desenvolvimento Científico e Tecnológico (CNPq).

E-mail: julioemiliodiniz@yahoo.com

Luciana Kubaski Alves é doutoranda do Programa de Pós-Graduação em Educação da Universidade Estadual de Ponta Grossa (UEPG) e professora do Departamento de Pedagogia da mesma instituição. É pesquisadora do Grupo de Estudos e Pesquisas História, Sociedade e Educação no Brasil (HISTEDBR).

Luciane Maria Schlindwein realizou estágio pós-doutoral na Faculdade de Educação da Universidade Estadual de Campinas (Unicamp), entre 2017 e 2018, com bolsa do Conselho Nacional de Desenvolvimento Científico e Tecnológico (CNPq). É doutora e mestre em Educação e graduada em Pedagogia pela Pontifícia Universidade Católica de São Paulo (PUC-SP). É docente do curso de Pedagogia e do Programa de Pós-Graduação em Educação (PPGE) e professora titular do Departamento de Metodologia de Ensino (MEN) do Centro de Ciências da Educação (CED) da Universidade Federal de Santa Catarina (UFSC).

Luciane Schulz é doutora em Educação pela Universidade Federal da Paraíba (UFPB) e pós-doutoranda do Programa de Pós-Graduação em Educação da Universidade Regional de Blumenau (Furb). É pesquisadora no Grupo de Pesquisa em Formação de Professores e Práticas Educativas (GPFOPE) e membro da Rede Interinstitucional de Pesquisas de Formação e Práticas Docentes (Ripefor).

E-mail: luciane.schulz19@gmail.com

Márcia de Souza Hobold é doutora em Educação pela Pontifícia Universidade Católica de São Paulo (PUC-SP), com estágio de pós-doutoramento (CNPq PDJ) na mesma instituição. É professora da Universidade Federal de Santa Catarina (UFSC), vinculada ao Programa de Pós-Graduação em Educação (PPGE) e ao Departamento de Metodologia de Ensino (MEN) do Centro de Ciências da Educação (CED/UFSC). É líder do Grupo de Estudos e Pesquisas Formação de Professores e Práticas de Ensino (Foppe/UFSC), membro da Rede Interinstitucional de Pesquisas de Formação e Práticas Docentes (Ripefor), integrante do Grupo de Trabalho (GT8) de Formação de Professores da Anped Nacional, bem como do Núcleo de Estudos e Pesquisas sobre Desenvolvimento Profissional Docente (PUC-SP).

E-mail: mhobold@gmail.com

Marta Chaves é pós-doutora em Psicologia da Educação pela Universidade Estadual Paulista (Unesp), doutora em Educação pela Universidade Federal do Paraná (UFPR) e mestre em Fundamentos da Educação pela Universidade Estadual de Maringá (UEM). É professora associada do Departamento de Teoria e Prática da Educação e do Programa de Pós-Graduação em Educação da UEM e líder do Grupo de Pesquisa e Estudos em Educação Infantil da mesma instituição.

E-mail: mchaves@wnet.com.br

Rita Buzzi Rausch é doutora em Educação pela Universidade Estadual de Campinas (Unicamp). Docente e pesquisadora no Programa de Pós-Graduação em Educação da Universidade Regional de Blumenau (Furb), é líder do Grupo de Pesquisa em Formação de Professores e Práticas Educativas (GPFOPE) e integrante da Rede Interinstitucional de Pesquisas de Formação e Práticas Docentes (Ripefor).

E-mail: ritabuzzirausch@gmail.com

Simone Regina Manosso Cartaxo é doutora em Educação pela Pontifícia Universidade Católica do Paraná (PUCPR). É professora do Departamento de Pedagogia e do Programa de Pós-Graduação em Educação da Universidade Estadual de Ponta Grossa (UEPG). É líder do Grupo de Estudos e Pesquisas Didática e Formação Docente (Gepedido/UEPG) e membro da Rede Interinstitucional de Pesquisas de Formação e Práticas Docentes (Ripefor).

E-mail: simonemcartaxo@hotmail.com

Susana Soares Tozetto é doutora em Educação pela Universidade Estadual Paulista (Unesp) e mestre em Educação pela Universidade Estadual de Ponta Grossa (UEPG). É professora associada do Departamento de Educação e do Programa de Pós-Graduação em Educação da UEPG, líder do Grupo de Estudos e Pesquisas sobre Trabalho Docente (Geptrado/UEPG) e membro da Rede Interinstitucional de Pesquisas e Estudos de Formação e Práticas Docentes (Ripefor). É integrante do Grupo de Trabalho (GT8) de Formação de Professores da Anped Nacional e coordenadora da Associação Nacional pela Formação dos Profissionais da Educação (Anfope/PR).

E-mail: tozettosusana@hotmail.com

Thaiane de Góis Domingues é doutoranda e mestre em Educação pela Universidade Estadual de Ponta Grossa (UEPG). É integrante do Grupo de Estudos e Pesquisas sobre Trabalho Docente (Geptrado/UEPG) e da Rede Interinstitucional de Pesquisas de Formação e Práticas Docentes (Ripefor).

E-mail: thaicampos@hotmail.com

Valéria Marcondes Brasil é doutoranda do Programa de Pós-Graduação em Educação da Universidade Estadual de Ponta Grossa (UEPG) e professora na Universidade Positivo (UP).

Vera Lucia Martiniak é professora associada do Departamento de Educação e professora do Programa de Pós-Graduação em Educação da Universidade Estadual de Ponta Grossa (UEPG). É pesquisadora do Grupo de Estudos e Pesquisas História, Sociedade e Educação no Brasil (HISTEDBR).

Os papéis utilizados neste livro, certificados por instituições ambientais competentes, são recicláveis, provenientes de fontes renováveis e, portanto, um meio responsável e natural de informação e conhecimento.

FSC
www.fsc.org
MISTO
Papel produzido
a partir de
fontes responsáveis
FSC® C103535

Impressão: Reproset
Abril/2022